부산대학교 교육연구소
연구총서 1

다문화 교육의 현황과 과제

MULTICULTURAL EDUCATION

안경식 · 김동광 · 김향은 · 김회용 · 박천응 · 이철호 · 장인실 공저

학지사

| 머리말 |

이 책은 지난 2년간 부산대학교 교육연구소에서 다문화 교육을 주제로 개최한 학술 행사의 산물이다. 우리 사회가 언제부터 본격적으로 다문화 사회가 되었느냐 하는 것은 다문화 사회를 보는 기준과 시각에 따라 차이가 있겠지만 다문화가 사회적 관심사가 된 계기는 미식축구 선수 하인스 워드의 입국에서부터라고 할 수 있다. 그때까지 다민족 문제나 다인종 문제, 더 나아가 다문화의 문제도 우리와는 무관한 것으로 생각해 왔고, 학교 교육에서도 이러한 문제에 대해 큰 관심을 기울이지 않았다. 그러나 실제로 그때까지 우리 사회가 다문화 사회가 아니었던 것도 아니고, 그 분야와 관련된 실천 운동이 없었던 것도 아니다. 다만 우리가 무관심하였거나 무시하고 있었을 뿐이다. 2006년 10월 부산대학교 교육연구소에서 '다문화 교육의 현황과 과제' 라는 주제로 학술 행사를 열었던 당시를 회고해 보면, 이제 막 교육부나 시 · 도 교육청 차원에서 다문화 가정을 대상으로 교육 지원 대책을 강구하던 시점이었다. 그러나 어느 누구도 다문화 교육의 전문가로 자처하거나 다문화 교육에 대한 경험을 자신 있게 말하지는 못했다. 우리는 그런 상황에서 그때까지의 다문화 교육의 선구자들을 초빙해서 우리의 현황과 과제를 점검해 보아야 했고, 아울러 외국의 다문화 교육을 연구한 사람들을 초빙하여 다른 나라의 사례도 들어 보아야 했다. 다문화 교육 상황은, 2007년에 전국적으로 사회교육기관과 학교교육기관까지 서서히 뿌리를 내리는 단계로 진입하였고, 우리가 하고 있는 다문화 교육의 정책과 방향에 대해서도 이론적으로 점검해 보는 시도들도 생겨나게 되었다. 그래서 2007년 11월에 개최된 부산대학교 교육연구소의 연구 주제를 '학교에서의 다문화 교육의 현황과 과제' 로 잡고 관련 전문가들을 초빙하여 다양한 관점에서 새롭고 풍부한 내용으로 다문화 담론을 이끌어 내었다.

이 책은 모두 7개장으로 구성되어 있다. 제1장 '다문화 사회와 다문화 교육' 에서는 우리 사회가 다문화 사회로 진입하는 과정을 대중매체와 통계자료를 통하여 보여 주고 있으며, 다문화 사회에서 발생하고 있는 문제점을 개인과 가족, 사회적응의 문제로 나누어 논의하였다. 또 다문화 교육 실천의 배경과 현황을 민간과 정부 차원으로 구분하여 상세히 소개하고, 해결해야 할 과제도 제시하였다.

제2장 '다문화 사회에서의 문화통합과 문화교양' 에서는 먼저 우리나라 상황에서 다문화 교육의 현실을 점검한 다음 미국 보수주의자들의 문화통합과 문화교양 정책을 비판적으로 논의하였다. 그리하여 우리에게 적합한 다문화 교육의 방향을 모색하고자 하였다.

제3장 '지역사회와 다문화 공동체 교육' 에서는 우리나라 다문화 사회와 다문화 정책 현황을 소개하고, 다문화 교육의 정의, 목적과 목표, 범주와 내용을 개념적으로 정리한 다음, 우리나라 다문화 교육의 현실을 정부, 지방자치단체, NGO로 나누어 설명하였다. 그리고 다문화 프로그램 평가의 시안까지 제시하였다. 이어 지역사회 다문화 교육의 장으로서 '국경없는 마을' 의 역사와

교육 실제를 상세히 소개하면서 우리나라 지역사회에서의 다문화 교육의 정책적 과제를 제시하였다.

제4장 '대안교육과 사회운동으로서의 아시아공동체학교' 에서는 평화교육, 인권교육, 생태교육과 더불어 다문화 교육을 교육이념으로 삼고 있는 대안학교인 아시아공동체학교의 현황과 과제를 소개하였다. 아시아공동체학교가 추진하고 있는 재원 마련 방안을 비롯하여 디딤돌학교, 아시아공동체국제어린이도서관, 아시아공동체어린이집, 이주여성 재교육 프로그램, 다문화사회연구소, 다문화청소년상담센터 등을 실례로 들어 다문화 교육의 성공 가능성을 체험적으로 설명하고 있다.

제5장에서 제7장까지는 외국 다문화 교육의 현황과 과제를 제시하고 있다. 제5장 '미국 다문화 교육의 현황과 과제' 에서는 먼저 미국 다문화 교육의 역사와 이론을 소개하고, 연방정부와 주정부의 정책적 지원 내용을 설명하였다. 이어 미국 다문화 교육과정에 대해서도 이론 분류와 개발 모형을 설명함으로써 우리나라 학교 교육과정이 다문화 교육과 관련하여 무엇을 어떻게 준비해야 하는지에 대한 시사점을 제공하고 있다.

제6장 '일본 다문화 교육의 현황과 과제' 에서는 일본이 다문화 교육을 사회적 이슈로 생각하게 된 배경에 '다문화 공생' 의 추진 필요성이 있다는 점을 먼저 설명하고, 일본 다문화 교육의 현상을 '뉴커머' '올드커머' '선주민' 으로 구분하여 그 현실과 문제점을 논의했다. 아울러 일본 다문화 교육의 향후

과제를 '삶의 인간다운 조건 형성' 이라는 관점 아래서 제시했다.

제7장 '중국 다문화 교육의 현황과 과제' 에서는 중국 다문화 교육은 기본적으로 소수 민족 교육이 주된 내용이라는 점을 전제로 하여, 소수민족 교육의 변천 과정을 설명하고, 21세기 소수민족 교육의 현황과 과제를 제시하였다. 다문화 교육은 나라마다 상황이 다르고 중심 과제가 다르기는 하나 근본적으로는 '중심' 과 '주변' 의 문제이며, '힘' 의 문제이기에 교육 문제도 정치적 관점으로 해결해야 할 필요성이 있음도 언급하였다.

앞서 밝혔듯이 이 책은 부산대학교 교육연구소가 기획한 다문화 관련 학술대회 연구물을 바탕으로 엮어졌다. 그러나 저자들은 연구물의 상당부분을 단행본 체재에 맞게 새롭게 구성했다. 또 책의 체재를 고려하여 일부 연구물들은 제외할 수밖에 없어 연구자들에게 미안한 마음이 크다. 부산대학교 교육연구소에서는 앞으로도 사회적 약자를 위한 교육 연구에 집중할 것임을 기약하는 의미에서 이 책을 '부산대학교 교육연구소 연구총서 1' 로 정하였다.

귀한 원고를 보내 주신 김동광, 김향은, 김회용, 박천응, 이철호, 장인실 선생님께 감사드리며, 이 책이 우리나라 다문화 교육의 방향 모색에 도움이 되기를 기대한다.

부산대학교 교육연구소장

안경식

| 차례 |

제1장

다문화 사회와 다문화 교육

1. 다문화 사회로의 진입
2. 다문화 사회의 문제
3. 다문화 사회와 교육

1. 다문화 사회로의 진입

1) 다문화 사회의 신호

2007년 12월 중순 서울시내의 한 회관에서는 동서고금의 음악과 춤이 어우러진 콘서트가 열렸다. 각종 공연과 행사가 넘쳐나는 연말에 이 콘서트가 유독 관심을 끌게 된 데에는 몇 가지 이유가 있었다. 우선 '비빔밥 콘서트' 라는 재미있는 공연 제목이 세인의 이목을 집중시켰다. 콘서트에 앞서 참석자들에게 실제로 비빔밥을 제공한 색다른 구성도 많은 이들의 흥미를 불러일으키기에 충분하였다. 그러나 다른 무엇보다도 이 콘서트를 돋보이게 한 것은 공연의 숨은 의도였다. 다양한 재료들이 각각의 맛을 살려가면서 한데 어우러져 제 맛을 내는 비빔밥과 같이 '다양한 문화들이 모여 한국이라는 공간에서 하나의 새로운 문화를 만들어 간다.' 는 뜻이 담겨 있었다. 다문화 가정을 위해 서울시 여성가족재단이 개최한 이날 공연은 한국 사회가 다문화 시대라는 일대 전환기에 들어섰음을 알리는 여러 신호탄 가운데 하나라고 할 수 있다.

개방화 · 국제화 · 세계화가 본격적으로 진행됨에 따라 한국 사회는 빠른 속도로 다인종 · 다민족 · 다문화 사회로 진입하고 있다. 우리와 피부색이 다르고 언어가 다르며 사회문화적 배경이 다른 외국인을 접하는 일은 이제 더 이상 드문 일도 아니고 특별한 일도 아니다. 과거 유명 관광지에서나 '구경' 할 수 있었던 외국인들을 이제는 우리 주변에서 어렵지 않게 볼 수 있게 된 것이다. 가깝게는 우리가 살고 있는 거주지와 지역사회에서부터 학교와 직장, 도시와 농촌 할 것 없이 다양한 나라에서 온 다양한 사람들이 우리의 이웃으로 우리와 함께 살고 있다. 얼마 전 경상북도 구미시에서는 날로 늘어나고 있는 이들을 위해 한국어, 영어, 일본어, 중국어로 된 생활정보 안내문을 지역에 보급하여 눈길을

김향은(고신대학교 사회복지학부 교수)

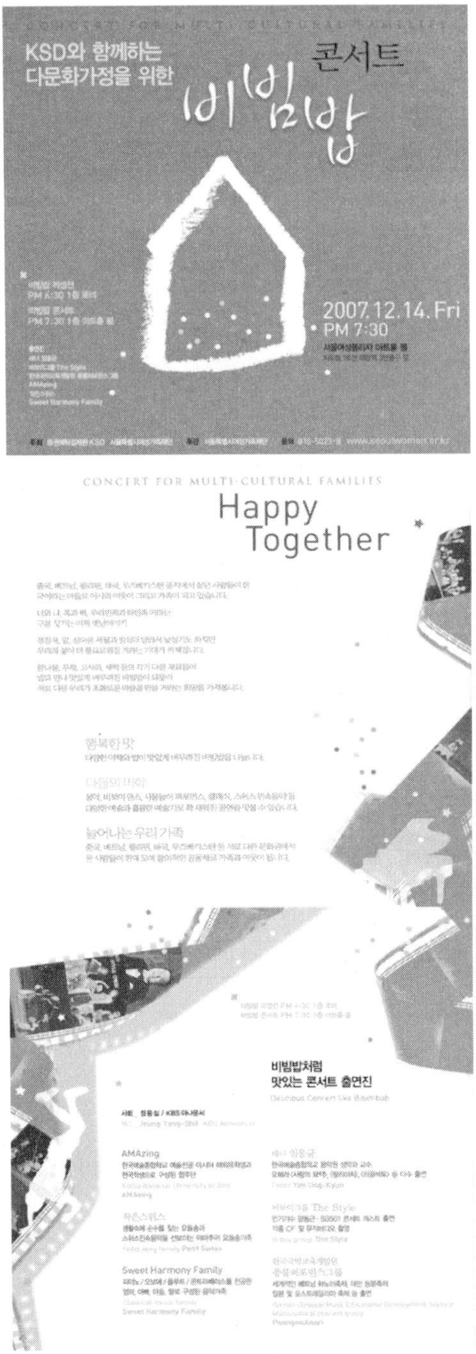

끌었다. 쓰레기 배출 방법과 배출 시간에 대한 전단과 현수막을 4개국어로 제작하여 관내에 배포한 것이다. 이를 두고 한 신문에서는 '글로벌 시대의 청소행정' 이 주민들에게 큰 호응을 얻고 있다고 평가하였다(경북일보, 2007a). 이는 다문화 시대를 알리는 또 하나의 신호탄이 아닐 수 없다.

다문화 사회로의 급속한 전환은 시대적 흐름을 가장 민감하게 반영하는 매스컴을 통해서도 쉽게 감지할 수 있다. 불과 몇 해 전만 하더라도 TV를 통해 우리나라에 거주하고 있는 외국인을 볼 수 있는 경우는 비정규 프로그램으로 추석 명절에 한 차례 방영되곤 했던 '외국인 장기자랑' 이 유일하다시피 했다. 그러나 이제는 TV에서 외국인이 등장하는 프로그램을 거의 하루도 빠짐없이 볼 수 있다. 방송사마다 이들이 고정적으로 출연하는 정규 편성물을 가지고 있으며 출연자의 인종, 민족, 국가, 체류 사유도 무척 다양하다. 프로그램의 종류와 내용 역시 하루가 다르게 다양해지고 있다. 이 외에도 영화, 다큐멘터리와 같은 영상물이나 각종 서적 및 출판물 등을 통해 이들을 만나는 일도 흔한 일이 되고 있다([그림 1-1] 참조). 요컨대 다양한 대중매체를 통한 다문화 관련 콘텐츠의 폭발적인 증가 역시 우리 사회가 다

[그림 1-1] 대중매체에 반영된 다문화 사회의 신호

문화 사회의 문턱을 넘어서고 있음을 알리는 신호탄과 같다.

2) 다문화 성원의 증가

우리는 지금 국내 체류 외국인 100만 시대에 살고 있다. 법무부의 보도에 따르면 2007년 8월 단기 체류 외국인을 포함한 국내 체류 외국인이 사상 처음 100만 명을 돌파하여 1,000,254에 이르고 있다([그림 1-2] 참조). 이는 전 국민의 2%에 해당하는 것이며 1년 전인 2006년 7월에 비해 15%, 10년 전인 1997년에 비해 158% 증가한 것이다. 이 역시 우리 사회가 다인종 · 다문화 사회로 급속히 진전하고 있음을 나타내는 지표라고 할 수 있다. 외국인 출입국자와 체류자의 증가 추세는 앞으로도 지속될 것으로 전망된다. 이에 정부는 '외국인

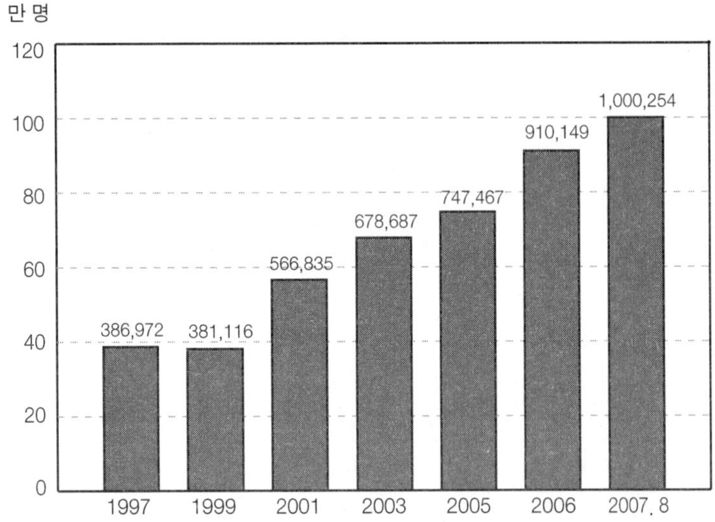

자료: 법무부(2007).

[그림 1-2] 국내 체류 외국인의 연도별 증가 추이

과 더불어 사는 열린 사회 구현'을 정책 목표로 삼고 매년 5월 20일을 '세계인의 날'로 지정하는 등 다문화 이해 증진을 위한 다각적인 노력을 기울일 방침을 표명하고 있다(법무부, 2007).

한편 국내 체류 외국인 가운데 91일 이상 머물고 있는 장기 체류 외국인, 곧 등록 외국인의 수도 계속해서 증가하고 있다. 2007년 8월 현재 등록 외국인은 724,967명으로 전 국민의 1.48%에 해당한다(〈표 1-1〉 참조). 장기 체류자의 국적은 중국이 과반수에 가까운 높은 비율을 차지하고 있으며, 그다음 베트남, 미국, 필리핀, 태국, 인도네시아, 대만, 몽골, 일본, 스리랑카의 순으로 나타나고 있다(〈표 1-2〉 참조). 이들의 지역별 거주 현황을 보면 경기(30%)와 서울(28.5%)에 가장 많고 그다음 인천(6%), 경남(5.8%), 경북(4.6%), 충남(4.1%), 충북(2.8%)의 순으로 나타나, 체류자의 약 2/3가 수도권에 편중되어 거주하고 있다([그림 1-3] 참조).

이들 국내 장기 체류 외국인들의 체류 사유를 보면 외국인 근로자가 전체 장

〈표 1-1〉 국내 장기 체류 외국인의 동향

단위: 명, %

연도	1980년	1985년	1990년	1995년	2000년	2005년	2007년 8월
등록 외국인	40,519	40,920	40,507	110,028	210,249	510,509	724,967
전체 외국인	38,123천	40,805천	42,869천	45,092천	47,008천	48,294천	49,134천
대비	0.10	0.10	0.11	0.24	0.44	1.05	1.48

자료: 법무부(2007).

〈표 1-2〉 국내 장기 체류 외국인의 국적별 분포

단위: 명, %

중국	베트남	미국	필리핀	태국	인도네시아	대만	몽골	일본	스리랑카	기타	계
356,409	59,796	48,817	41,937	30,890	23.309	21,984	20,212	18,673	11,652	90,288	724,967
49.2	8.3	6.7	5.8	4.3	3.2	3.0	2.8	2.6	1.6	12.5	100.0

자료: 법무부(2007).

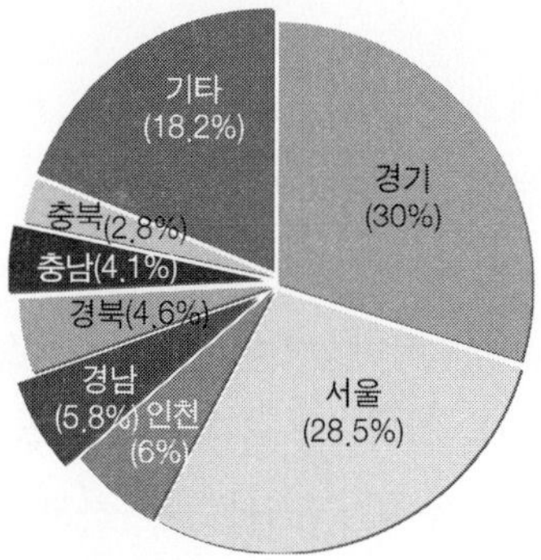

자료: 법무부(2007).

[그림 1-3] 국내 장기 체류 외국인의 지역별 거주 현황

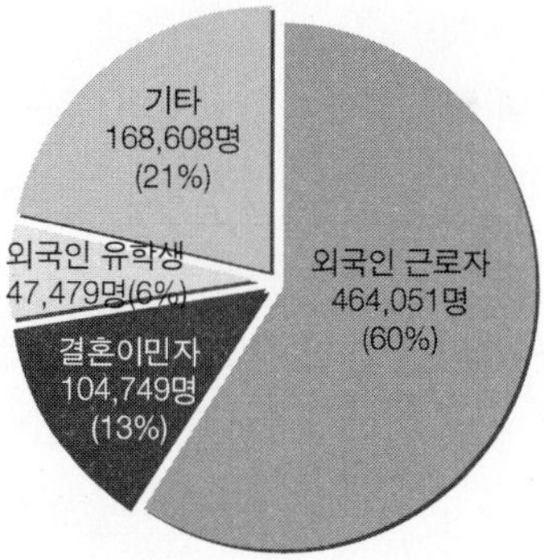

자료: 법무부(2007).

[그림 1-4] 국내 장기 체류 외국인의 체류 사유

기 체류 외국인의 과반수 이상인 60%에 이르고 있으며, 결혼 이민자가 13%, 한국어 연수생을 포함한 외국인 유학생이 6%에 달하고 있다. 즉, 취업과 결혼을 통한 장기 체류의 사례가 대다수인 상황이라고 할 수 있다([그림 1-4] 참조).

(1) 외국인 근로자

1990년대 이후 취업과 결혼을 통해 한국 사회에 정착한 이주 노동자와 결혼 이민자의 수가 급증하였다. 이들이 장기적 또는 영구적으로 국내에 머물게 되면서 오늘날의 우리 사회를 다문화 사회로 불리게 한 결정적인 요인으로 작용하고 있다.

그중에서도 외국인 근로자는 현재 수적으로 가장 많은 비율을 차지하고 있다. 1987년 6,409명이 국내에 유입된 것을 시작으로 해마다 그 수가 꾸준히 증가해 왔다. 2007년 8월 현재, 공식적으로 등록된 외국인 노동자가 404,051명에 이르고 있다. 그러나 225,273명의 불법 체류자가 국내에 있고 그 대부분이 취업을 위해 한국으로 건너온 것을 감안하면, 현재 약 60만 명 정도의 이주 노동자가 우리와 함께 생활하고 있는 것으로 짐작된다(법무부, 2007). 한편, 최근에 발표된 정부의 외국인력 도입계획에 따르면 지난해보다 23,000명 늘어난 132,000명의 외국인 근로자가 2008년 한 해 동안 국내에 유입될 것으로 추정되며, 앞으로도 이주 노동자 인구는 계속해서 증가할 것으로 전망된다(국무조정실, 2008).

국내 제조업이나 건설업의 경우 3D 업종에 대한 취업 기피 현상으로 극심한 인력난에 허덕이고 있는데 이들 외국인 근로자들이 이 '공동화' 부문을 메우면서 한국 경제를 지탱하는 역할을 하고 있다. 중소 제조업이나 건설업의 경우 이들이 없으면 가동이 불가능한 경우도 적지 않다. 서비스업의 경우도 타 업종에 비해 외국인의 취업이 늘어나고 있는데, 인건비를 줄여 이윤을 늘리고자 하는 고용주의 입장과 맞닿으면서 외국인 노동자의 유입이 증가하고 있다. 2003년 한국노동연구원이 불법 체류자를 포함한 외국인 328,822명을 대상으로 국내 외국인 노동자의 산업별 분포를 조사한 결과, 과반수가 제조업에 종사하고 있었으며 다음으로 건설업, 숙박 · 음식업, 가사 서비스업의 순으로 종사하고 있는 것으로 나타났다(〈표 1-3〉 참조).

경제협력개발기구(OECD)의 세계 이민 보고서에 따르면 외국 인력은 새 일자리를 창출하고 고용시장에 활력을 불어넣는 요소로 평가받고 있다. 국내에

▶▶▶ 〈표 1-3〉 국내 외국인 노동자의 산업별 분포

단위: 명, %

제조업	건설업	숙박·음식업	가사 서비스업	개인 서비스업	농업·임업	기타	계
51	23	16	3.9	2.2	1.2	2.7	100.0

자료: 매일경제(2008).

서도 이주 노동자들이 시장의 임금 수준을 낮추고 고용을 증대시켜 우리 경제를 이끄는 주체로 점점 주목을 받고 있다. 2007년 12월 말 현재 우리나라 산업체의 외국 인력 비중은 1.7%에 이르며, 외국 인력 1인당 GDP에 기여하는 가치는 260만 원에 해당하는 것으로 산정되고 있다(매일경제, 2008). 때로는 사회 내부의 갈등을 야기하는 요인이 되기도 하지만, 이들은 산업현장의 부족한 노동력을 채워 주고 우리 사회의 문화적 토양을 풍부하게 해 줄 뿐 아니라 단일 민족 이데올로기에 갇힌 우리에게 세계와 소통할 수 있는 좋은 통로가 되고 있다.

(2) 결혼 이민자

외국인 근로자와 더불어 국내 체류 외국인의 다수를 차지하고 있는 우리 사회의 구성원은 바로 결혼 이민자들이다. 결혼 이민자는 우리나라 사람과 혼인한 재한 외국인을 일컫는데, 2007년 8월 현재 104,749명의 결혼 이민자가 국내에 거주하고 있다. 2002년의 경우 불과 34,710명이었던 것을 볼 때 5년 사이에 3배 이상 증가한 셈이다. 이와 같은 결혼 이민자의 급증은 곧 국제결혼의 증가에 따른 결과다. 2006년 현재 한국인과 외국인 간의 혼인은 총 39,690건으로 2000년의 12,319건에 비해 3배 이상 증가하였다([그림 1-5] 참조).

1990년대 전반만 하더라도 외국인과의 결혼은 1%대에 지나지 않았다. 그러다가 1990년대 후반에서 2000년대 초반에 걸쳐 2~5%대로 늘어났다. 이후 가파른 상승세를 보이면서 2003년 8.4%, 2004년 11.4%에 이어 2005년에는 13.6%로 증가하여 결혼하는 여덟 쌍 가운데 한 쌍꼴로 국제결혼이 이루어졌

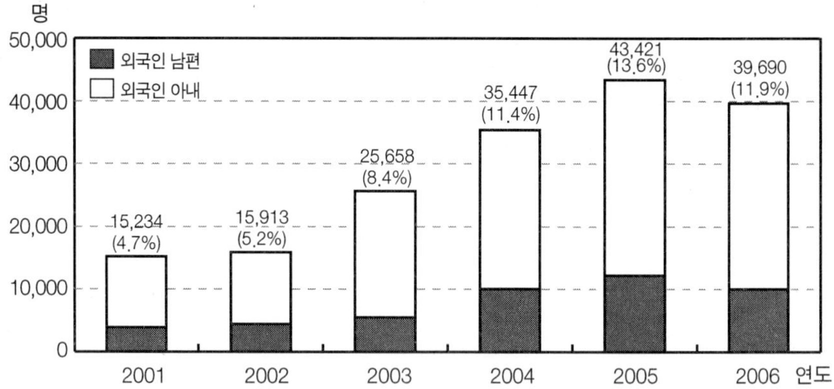

자료: 통계청(2007).

[그림 1-5] 연도별 국제결혼 추이

다. 2006년의 경우 다소 하향하여 11.9%로 나타났는데, 이는 외국 국적 동포에 대한 방문취업이 허용될 것으로 예고됨에 따라 국제결혼을 하지 않고서도 입국과 취업이 쉬워졌기 때문인 것으로 풀이된다. 그럼에도 불구하고 앞으로도 국제결혼은 계속해서 증가할 것으로 보인다. 오는 2020년경에는 결혼하는 다섯 쌍 중의 한 쌍이 국제결혼일 것으로 전망되고 있다. 이와 같은 상황 속에서 국제결혼 가정의 자녀들 역시 급증하게 될 것으로 예측된다. 지금과 같은 추세가 지속된다면 2010년경에는 초등학교 입학생 중 국제결혼 2세의 비율이 10% 이상을 차지하게 될 것이며, 2020년에는 20대 한국인 5명 중 1명, 신생아 3명 중 1명이 국제결혼 가정의 자녀일 것으로 추정된다(국민일보, 2007). 또한 6~7년 후 농어촌의 초등학교에는 입학생 세 명 가운데 한 명 이상이 결혼이민자가족의 자녀가 될 것으로 예상된다(여성가족부, 2007a).

특히 농림어업에 종사하는 남성들의 국제결혼 비율이 전체의 평균 비율을 훨씬 웃돌고 있는 상황인데, 2000년 27.4%에서 2005년 35.9% 그리고 2006년 현재는 41%로 급격한 상승을 보이고 있다. 이는 최근 들어 국제결혼이 급증하게 된 주된 배경으로 작용하고 있다. 1990년대 전반까지만 하더라도 한국 여성과 외국 남성 간의 국제결혼이 더 많은 비율을 이루었다. 그러다가 1990년대 중반 이후로 눈에 띄게 늘어난 농촌 총각의 국제결혼으로 인해 한국 남성과 외국 여성의 결혼 비율이 높아지고 있다. 2006년의 경우 국제결혼의 3/4 이상이 한국 남성과 외국 여성의 결혼이었고 1/4 정도만이 한국 여성과 외국 남성의 결혼이었다. 한국 남성과 외국 여성 간의 결혼의 경우 부부간의 혼인 연령차가 높아지고 있으나(2000년 6.7세, 2006년 11.5세), 한국 여성과 외국 남성 간의 혼인 연령차는 낮아지고 있다(2000년 6.5세, 2006년 4.1세).

한편 2006년 12월을 기준으로 볼 때 국제결혼을 통해 우리나라에 체류 중인 결혼 이민자들의 출신 국가는 93개국에 이를 정도로 다양해졌다. 이 가운데 한국 남성과 결혼한 외국 여성의 출신국은 한국계 동포를 포함한 중국(48.4%)이 가장 많았고, 다음은 베트남(33.5%), 일본(4.9%), 필리핀(3.8%)의 순이었다. 한국 여성과 결혼한 외국 남성의 경우는 일본(39.6%)이 가장 많았고, 다음은 중국(27.4%), 미국(15.3%), 캐나다(3.3%), 파키스탄(1.6%)의 순이었다. 결혼 이민자의 체류 지역을 살펴보면 서울(26.6%)과 경기(28.5%), 인천(6.1%) 등 수도권이 주를 이루고 있다(통계청, 2007).

(3) 북한 이탈주민

이상에서 다문화 구성원의 주를 이루고 있는 외국인 근로자와 결혼 이민자의 현황을 간략히 살펴보았다. 이들과 같이 우리와 다른 인종적 · 민족적 특성을 지닌 외국인은 아니지만 때로는 이들 못지 않게 한국 사회에서의 적응을 힘들어하고 있는 우리 사회의 다문화 성원으로 북한 이탈주민의 존재를 간과할 수 없다. 비록 같은 언어를 쓰는 같은 민족이지만 반세기에 걸친 남북 분단의 역사를 통해 남한과 북한에서는 이질적인 사회적 · 경제적 · 문화적 환경이 고착되고 있다. 이로 인해 북한을 탈출하여 남한에 정착한 이주민들은 외국인 근로자나 국제결혼 이민자만큼이나, 경우에 따라서는 그 이상으로 어려움을 겪을 수 있다. 이들을 받아들인 우리에게는 이방인과 같이 낯선 이들과의 조화로운 동거를 통해 통일을 대비한 실험적 과제를 성공적으로 수행해야 할 책임과 부담이 있다.

더 나은 삶을 찾아 남한에 뿌리 내리고자 하는 북한 이탈주민의 수가 최근 1만 명을 넘어섰다. 1990년대 초반만 하더라도 해마다 10명 안팎에 불과했던 북한 이탈주민의 수는 1990년대 중반 이후 급격히 증가하여 1999년 100명을 넘어섰고, 2002년에는 1,000명을 넘었으며, 2006년에는 한 해에만 2,000명이 넘는 이주민이 국내에 입국하였다(〈표 1-4〉 참조). 이들의 입국은 식량난과 경제난으로 인한 북한 체제의 위기, 남한 사회에 대한 동경, 제3국 체류 중 신변상의 위협, 남한 입국 경로의 다양화, 남한 연고 가족의 지원 등에 따라 앞으로도 계속해서 증가할 것으로 보인다(김재숙, 2006).

한편 북한 이탈주민들의 입국 양상도 다양하게 변화하고 있다. 우선 여성의 비율이 높아지고 있다. 1995년 이전에는 여성 입국자가 극소수에 불과했으나 2006년 현재는 입국자의 2/3 이상이 여성인 것으로 집계되고 있다. 출신 지역도 다양해져서 입국자의 대다수가 함경북도 출신인 것에는 큰 변화가 없으나 최근 들어 함경남도나 평안도, 황해도 출신의 입국자가 점차 증가하는 추세를 보이고 있다. 탈북의 주된 동기는 경제적인 이유지만 이외에 삶의 질을 향상시키기 위한 다양한 동기로 다각화되고 있다. 재북 당시 직업을 가지고 있었던 경우는 과반수를 약간 넘은 수준인데, 그 대부분이 일반 노동직에 종사한 경우이며 기타 관리직 · 전문직 · 봉사직 종사자의 경우도 눈에 띄고 있다. 연령층도 다양해지고 있는 추세다. 1990년대 전후로는 20~30대의 젊은 층이 대부분이었으나 이후 가족 단위의 입국이 증가하면서 유아와 청소년, 노인층의

〈표 1-4〉 북한 이탈주민의 연도별 입국 현황

연도	1989 이전	1990	1991	1992	1993	1994	1995	1996	1997
인원	607	9	9	8	8	52	41	56	56
연도	1998	1999	2000	2001	2002	2003	2004	2005	2006
인원	72	148	312	583	1,139	1,281	1,894	1,383	2,019

자료: 통일부(2007).

입국이 증가하고 있다. 2006년 현재 입국자의 약 60%가 서울 및 경기 지역에 거주하고 있으며, 취업자의 절반 이상이 제조업 분야의 단순 노무직에 종사하고 있다(통일부, 2007).

부산 · 경남 지역에 거주하고 있는 북한 이탈주민 131명을 대상으로 실시한 심층면접에 따르면, 정착과정에서 겪는 스트레스의 주된 원인은 언어적 의사소통의 문제였고 이들이 한국 생활 적응을 위해 가장 필요로 한 것은 취업 정보였다. 가족생활의 어려움으로는 경제 문제와 자녀 교육 문제가 주로 거론되었고, 한국에 정착한 후 네 가족 중 한 가족꼴로 이혼이 발생하였다. 조사 대상의 80%가 취업 경험이 있었으나 불안정한 일터에서 단기간 근무하면서 저임금과 장시간 노동에 시달린 경우가 대부분인 것으로 보고되었다(부산 YWCA, 2005).

3) 다문화 국가의 위상

이상에서 살펴본 바와 같이 다문화 사회로의 전환이 가시화 · 가속화되면서 우리는 이미 다문화 사회의 한복판에 와 있다. 다른 인종 · 민족 · 문화권의 사람들을 받아들이고 더불어 살아가는 것은 이제 선택의 문제가 아니라 피할 수 없는 현실이 된 것이다. 이는 지구상의 많은 국가가 예외 없이 경험해 온 전 세계적인 현상이기도 하고 앞으로도 계속될 현상임이 틀림없다. 특별히 세계가 '국경 없는 이주민의 시대' 로 전환되고 있는 추세에 따라 다인종 · 다문화 사회로의 진입이 매우 빠른 속도로 진행되고 있는 것이다(박천웅, 2006).

이와 같은 시대적 · 세계적 사조를 반영하듯 2007년 10월 대만에서는 각 나라의 국제화 노력을 주제로 한 심포지엄이 열렸다. 이 심포지엄에서는 국제화를 통한 경제적 이익 창출, 국제화 수단으로서의 영어교육과 함께 증가하고 있는 외국인 이주민들과 조화롭게 살아가는 방법에 관한 '내향적 국제화' 에 대한 논의가 심도 있게 다뤄졌다. 한국, 일본, 대만 등 참가국마다 정도와 시간의 차이는 있지만 국제화의 과정을 비슷하게 겪고 있으며, 국제 이주민의 급격한 증가를 통해 다문화 사회로 변화해 가는 것이 시대적인 추세라는 점이 부각되었다(국민일보, 2007).

다문화 사회로의 전환이 비단 한국만의 과제는 아니지만, 우리의 경우 다문화 사회를 맞을 준비나 대비가 거의 전무하다시피 했고 이민족 · 이문화를 포용하는 사회적 기반이 여러모로 취약한 실정에 있다. 단일민족의 전통을 지나치게 강조하는 배타적이고 국수적인 사회 풍토 속에서 '다른' 것은 곧 '틀린' 것으로 단정하는 사회적 분위기가 만연했다. 또한 단기간에 이룩한 고도의 경제 성장과 부에 기대어 우리보다 경제적으로 열악한 국가와 국민들을 무시하거나 홀대하고 '차이'를 '차별'로 귀결 짓는 경우도 빈번히 발생하고 있다(김향은, 2007).

지난해 8월 스위스 제네바에서 열린 UN 인종차별철폐위원회에서도 우리나라의 순혈주의에 내포된 위험에 대해 경고한 바 있다. 한국의 '순수한 혈통'에 대한 개념 속에는 다른 나라 사람들은 '불순한 혈통'을 가지고 있다는 뜻이 내포되어 있으며, 궁극적으로 이는 인종적 우월성으로 다가가게 된다는 것이다. 이러한 지적에 대하여 한편에서는 지나친 간섭이라며 불쾌해하는 반응도 있었으나, 한편으로는 고깝고 떨떠름하긴 해도 그렇게만 치부할 수 없는 것이 우리의 현실이라는 자성적 견해도 있었다(고기복, 2007).

우리나라의 문화적 폐쇄성을 인지한 바깥의 시각은 부정적일 수밖에 없다. 호주 시드니의 국제정책 두뇌집단인 로위연구소가 발표한 국가별 호감도 조사에 의하면 한국은 전체 15개국 중 동티모르에 이어 10위 수준에 그치고 있다. 또한 싱가포르 정치경제연구소가 발간한 '외국인들이 느끼는 아시아 각국의 삶의 질 비교' 보고서에는 한국인의 문화개방 수준이 베트남에 이어 최하위인 것으로 평가되어 있고, 스위스 국제경영개발원의 국가 간 경쟁력 보고서에는 한국인의 문화적 개방성이 세계 49개국 중 44위에 머물러 있다(조선일보, 2007).

한편, 제조업에서의 노동인력 부족과 농어촌 남성과의 결혼 기피 현상으로 인해 동남아 등지로부터 외국인 근로자와 결혼 이주자를 대거 유입해 오는 과정에서 불법 중계, 노동 착취, 임금 체불, 학대 및 폭력 등의 문제가 불거지면서 국내외적으로 비판의 목소리가 커지고 있다. 캄보디아에서는 불법적인 집단 맞선으로 한국 남성과 중개업자가 인신매매 혐의로 체포된 바 있고, 베트남에서는 결혼 중계과정의 비인격적인 행위가 문제시되어 한국을 특별관리 대상국으로 삼고, 한국 남성과의 결혼을 까다롭게 하는 절차로 혼인법을 개정하였다.

지난해 한국으로 시집간 베트남 여성이 남편의 폭력에 시달려 사망하는 사건이 연달아 발생하자 베트남 국민들은 한국 제품 불매운동을 벌이겠다고 분노했다. 베트남 여성연맹 주석은 베트남 신부에 대한 폭행을 막기 위해 한국과 베트남 간의 사법공조 협정을 맺자고 제의해 오기도 했다. 심지어 베트남 주석이 베트남 주재 한국 대사에게 신임장을 수여하는 자리에서 "베트남 신부들을 잘 대해 달라."고 공식적으로 요청하는 지경에 이르렀다. 유엔 산하 국제이주기구(IOM)에서도 한국의 외국계 신부에 대한 인권 침해에 대해 경고하고 나섰다(동아일보, 2007).

물론 이상과 같은 부정적이고 비관적인 모습만이 전부이고 긍정적이고 낙관적인 모습을 전혀 찾아볼 수 없다는 것은 아니다. 그럼에도 불구하고 외부로부터의 비판적인 평가를 근거로 다문화 사회에 진입한 한국의 위상이나 이미지가 좋지 못한 현실에 대해 중점적으로 언급한 것은 본격적인 다문화 시대에 우리에게 주어진 오늘의 과제를 현명하게 해결하기 위함이다. 즉, 우리 자신에 대한 냉철한 반성과 아울러 주위의 쓴 소리를 약으로 달게 받아 앞으로의 개선 방안에 대해 진지하게 고민해 볼 필요가 있다.

다문화 사회가 우리에게 하나의 도전이 되는 것은 그만큼 우리가 오랜 세월 동안 인종적·언어적·문화적으로 동질적인 사회를 유지해 왔기 때문이다. 이민자의 나라인 미국이나 외국인 노동자를 많이 받아들인 독일과 프랑스와 달리 다양한 인종과 언어, 문화가 공존하면서 발생하는 여러 문제에 대처해 온 경험이 거의 전무한 우리로서는 사상 초유의 큰 도전에 직면한 셈이다. 이 새로운 도전은 우리 사회를 근본적으로 변화시킬 독립변수가 되며 우리의 미래를 가늠하는 바로미터가 될 것이다. 다문화 사회로의 진입이 충돌과 갈등의 가능성을 품고 있는 동시에 역동적이고 창조적인 변화의 가능성을 내포하고 있음을 주지해야 할 것이다(강대근, 2007a).

2. 다문화 사회의 문제

1) 개인적 적응의 문제

(1) 언어적 소통의 문제

언어는 세상과 소통하는 가장 강력한 수단 가운데 하나다. 언어는 바깥세상을 이해하고 다른 사람들과 관계를 맺어 가는 데 있어 매우 중요한 구실을 하는 매개체다. 개인이 한 사회의 성원으로 살아간다는 것은 그 사회에서 통용되고 있는 언어를 소유하고 그 언어 속에 내포된 사회문화적 맥락을 다른 사람들과 공유함을 의미한다. 그런 이유로 한 공동체에 속한 사람들에 대해 같은 말을 하고 같은 말로 소통하는 사람들이라 일컫기도 하는 것이다. 요컨대, 그들 사이에는 언어적 공동체로서의 정체감과 유대감이 형성되고 발달되어 간다.

만일 한 사람이 자신이 속한 집단의 말과 글을 알지 못한다면 그것은 비단 특정 언어에 대한 무지나 몰이해의 차원에 그치는 것이 아니다. 그 언어를 사용하는 집단에 대한 무지와 몰이해, 나아가 그 집단과의 오해, 갈등, 분리, 단절을 불러오기 쉽다. 특정 문화권에서 특정 언어를 줄곧 써 온 사람이 자신이 사용해 온 언어와 그것을 둘러싼 사회문화적 맥락이 상이한 다른 문화권으로 이주할 경우 가장 우선적으로 다가오는 문제는 바로 의사소통의 문제다. 우리나라에 건너와 살고 있는 이주민들의 경우에도 실제로 한국어의 습득이 그들의 한국 생활 적응에 일차적인 과제가 되고 있다(한국염, 2006).

국제결혼 이주민 여성 10명 가운데 8명이 한국어를 모른 채 결혼한다는 조사 결과(경기가족여성개발원, 2007)에서와 같이, 외국인 근로자나 결혼 이주자가 한국으로 오기 전에 미리 한국말을 익히거나 한국말에 대한 정보를 가지고 국내에 들어오는 경우는 드물다. 따라서 이주자들은 한국에 발을 딛는 순간부터 언어 소통의 문제를 경험하게 될 가능성이 매우 높다. 한국어가 서툰 외국인 근로자가 기계 조작법에 대한 설명을 제대로 알아듣지 못해 작업장에서 상해를 입게 되는 경우가 종종 발생한다. 또 몸이 아픈 이주 여성이 병원에 갔을 때 어디가 어떻게 아픈지 상세하게 설명할 수 없어 답답해하는 경우도 흔히 발생하고 있다.

이주 여성들을 대상으로 한 연구들을 보면 이들이 한국 생활에서 가장 힘들어하는 것이 바로 '언어상의 문제' 라는 것이 밝혀지고 있다(경기가족여성개발원, 2007; 양정화, 2005). 또한 이주 여성 가운데 직장에서 무시, 조롱, 폭언 등으로 피해를 입은 경우, 그 원인을 자신의 한국어 실력 부족과 그로 인한 주위 사람들의 오해 때문인 것으로 여기고 있어 언어의 문제가 차별의 문제로 이어질 수 있음을 시사하고 있다. 이런 가운데 이주 여성들은 당장 도움을 받고 싶은 문제로 '언어 소통' 을, 자신에게 가장 필요한 교육으로 '언어교육' 을 지목하였다. 그러나 외국인 이주자들이 체계적으로 한국어를 배울 수 있는 곳은 그리 많지 않은 형편이다. 특별히 지방의 경우 한국어를 지도하는 전문교사를 확보하기가 어렵고 외국인 근로자들을 위한 한국어 교재도 부족해서 체계적인 교육이 미흡한 실정이다(김남중 · 한애란, 2006).

사실 의사소통의 문제는 국적을 막론하고 모든 가정에서 모든 부부들이 해결해 나가야 할 중요한 과제임에 틀림없다. 그러나 언어와 문화가 다른 두 나라의 남성과 여성이 결합한 국제결혼의 경우, 특히 중계업체를 통해 단기간에 결혼을 하게 된 경우에는 기본적인 의사표현조차 자유롭게 할 수 없는 상황이 대부분이다. 그러므로 이들 가정에 있어 의사소통의 문제는 부부와 자녀들에게 더더욱 힘든 도전임에 틀림없다. 국제결혼 이주자들을 대상으로 실시한 기존의 조사들을 보면 한결같이 언어적 소통이 원활하지 못해서 빚어지는 갖가지 문제들을 열거하고 있다. 그리고 이를 해결하기 위한 대책으로 한국어 교육의 필요성을 공통적으로 강조하고 있음을 알 수 있다.

많은 국제결혼 이주 여성들이 배우자 또는 시부모와의 의사소통에 어려움을 느끼고 있고, 한국어가 능통하지 못한 관계로 자녀의 숙제를 도와주고 공부를 뒷받침해 주지 못해 안타까워하고 있다. 또한 사회복지 서비스를 이용할 때에도 담당자와 언어 소통이 잘 안 되는 것을 가장 큰 어려움으로 인식하고 있다(양옥경, 2007). 취업을 하려 해도 한국말이 서툰 것이 큰 걸림돌이 되고 있다(설동훈 외, 2005). 이러한 현실은 곧 한국어 학습에 대한 높은 욕구로 이어져 결혼 이민자들이 가장 희망하는 서비스로 한국어 교육이 우선시되고 있다(여성가족부, 2007a).

한국어에 대한 이해력과 표현력이 부족해서 고통을 당하고 있는 이들은 비단 이들만이 아니다. 우리와 같은 말을 쓰고 있는 북한 이탈주민들 역시 의사소통의 문제로 역경에 처하곤 한다. 남한에 정착해 살고 있는 북한 이탈주민들을 대상으로 실시한 한 조사에서는 일상생활에서 겪는 스트레스 가운데 가장 큰 것이 바로 의사소통의 어려움으로 밝힌 바 있다(심규석, 2008). 이들에게는 어휘, 억양, 어투가 다른 남한 말이 생소하고, 곳곳에 등장하는 외래어와 전문용어도 난해하며 유행어나 속어, 사투리 역시 낯설게 느껴진다. 또한 북한 이탈주민 가운데 과반수 이상이 의사소통이 원활하지 못해 오해를 사거나 불편을 겪은 적이 있었고, 남한 사람과의 대화 자체를 스트레스로 여기고 있는 것으로 조사되었다(부산YMCA, 2005).

(2) 문화적 적응의 문제

문화는 삶의 구체적인 방식이자 세계를 이해하는 관점이다(박해광, 2007). 한 개인의 역사는 그 개인과 문화로 표현되는 총체적인 사회환경 사이에 이루어지는 상호작용의 결과라고 할 수 있다. 따라서 개인은 그 자신이 외부의 문화적 환경에 둘러싸여 있는 동시에 자기 내부에 그 문화적 요소를 지니고 있다. 요컨대, 개인 밖의 문화가 개인 안에도 담겨 있는 것이다. 이처럼 체득된 문화, 가치관, 삶의 양식은 쉽게 바꾸거나 없애 버리기 어렵다. 직장을 찾아서, 배우자를 찾아서, 행복을 찾아서 한국에 정착하게 된 외국인 근로자와 결혼 이주자, 북한 이주민은 그동안 다른 사회문화적 배경과 역사 속에서 살아왔기에, 모국의 언어, 음식, 관습, 제도, 가치관, 생활양식과 상이한 맥락의 환경을 접하게 되면 이 새로운 문화에 적응하는 과정에서 상당한 어려움을 겪게 되거나 심한 압박감을 느낄 수 있다. 흔히 말하는 문화적 충격 및 충돌을 이들은 몸 안팎에서 경험하게 되는 것이다.

최근 여성가족부(2007b)는 전국의 성인 남녀 1,000명을 대상으로 국제결혼 이주자에 대한 국민 의식을 조사한 바 있다. 이 조사에서 결혼 이주자에 대해 부정적인 태도를 보인 사람들이 제시한 주된 이유 중 하나는 문화적 차이 였는데, 이는 자국 문화에 대한 보수성과 이국 문화에 대한 폐쇄성이 강한 우리 사회의 특성을 잘 반영하는 결과로 해석할 수 있다. 이러한 사회적 풍토는 다른 문화권으로부터 이주해 온 사람들로 하여금 한국 문화에 대한 적응 또는 동화 압력 스트레스를 느끼게 할 수 있다(양옥경, 2007).

이들 이주자들에게는 고국에서 한국에 대한 정보를 얻을 수 있는 통로가 거의 또는 전혀 없었던 것으로 보이는데(여성가족부, 2007a), 이처럼 한국 사회와 문화에 대한 사전 정보나 인지가 부족한 상태에서 시작된 이들의 한국살이는 초반부터 난관에 부딪힐 것이 불 보듯 뻔하다. 특별히 서로 다른 두 문화가 한 가정에서 만나는 국제결혼의 경우 적잖은 어려움이 있을 것으로 예상되는데, 실제로도 문화적 차이로 인한 갈등이 이들의 가정생활을 힘들게 하는 가장 큰 요인으로 보고되고 있다(박해광, 2007; 양정화, 2005).

특별히 한국 남성과 결혼한 이주 여성들은 문화적 이질감 속에서 단시일 내에 거의 일방적으로 한국 문화에 동화되길 기대하는 주변의 기대와 압력으로 인해 극심한 스트레스를 느끼기도 한다. 많은 이주여성들이 결혼과 동시에 뼛속까지 한국인이기를 요구당하는 것이다(주경미, 2007). 또한 한국의 가부장적 가족문화에 적응하면서 겪게 되는 어려움을 극복해야 하는 동시에 부부간의 연령차로 인한 세대 문화의 차이도 극복해야 하는 과제에 직면하게 된다.

지난해 다문화 가족에 대한 지원을 논의한 정부 부처의 한 회의 석상에서는 다음과 같은 사례가 소개되어 문화적 차이에 대한 이해와 상호 적응의 필요성이 강조된 바 있다. "한국의 시어머니들은 더운 나라에서 온 낙천적이고 여유로운 성격의 필리핀 며느리를 게으른 것으로 오해하거나 갈등을 빚기 쉽다. 한국의 '빨리빨리' 문화에 익숙한 시어머니와 남편의 눈에 그런 며느리가 달가울 리 없기 때문이다. 남편의 볼을 때리거나 발로 허벅지를 툭툭 치는 베트남 여성의 애정 표현도 한국 남편이나 시어머니가 볼 때 터무니없이 볼썽사나운 행동이다. 그리고 한국보다 여권이 신장된 문화 속에서 살아온 중국인 아내의 당당한 태도 역시 순종적이고 헌신적인 모습을 기대했던 한국인 남편과 그 가족이 쉽게 받아들일 수 없는 부분이다."(연합뉴스, 2007b) 국제결혼 가족의 경우 이처럼 서로 다른 문화에 대한 이해가 부족할 때 가족 간의 불필요한 마찰과 갈등이 뒤따르기 쉽다.

한편 북한 이탈주민 역시 문화적 이질감을 느끼면서 여러 방면에서 심리적 스트레스를 경험하고 있다(조정아 · 정진경, 2006). 목숨 걸고 북한을 탈출하여 천신만고 끝에 남한에 도착했건만 새로운 체제에의 적응은 그리 녹록치 않다. 자본주의 경제 논리나 고용 원리에 익숙지 않아 혼란을 겪기도 하고, 가치관이 다르고 도덕성을 평가하는 잣대가 달라 혼란을 겪기도 한다(이경희 · 배성우, 2006). 또한 이웃과의 교류도 활발하지 않아 지역사회에 적응하는 것도 쉬운 일이 아닌 것으로 보인다(김재숙, 2006). 대부분의 북한 이탈주민이 일상생활에서 많은 스트레스를 겪고 있고, 남한의 사회제도를 복잡하고 이해하기 어려운 것으로 인식하고 있으며 새로운 사회문화에의 적응이 쉽지 않은 현실을 토로하고 있다(부산YWCA, 2005). 이들의 한국 생활 적응을 위해 상담 등 사후관리의 필요성이 높이 인식되고 있음에도 불구하고 실제로 전문 상담기관과의 연계는 거의 없는 상황이다(이금순 외, 2003).

북한 출신 근로자들이 직장 문화와 노동 문화에 적응하는 데에도 많은 어려움이 따르는 것으로 보인다. 상이한 업무 용어나 노동 강도, 의사소통 방식에 적응하지 못해 오해를 사는 경우도 많다. 북한의 경우 공산주의 체제 아래 잦은 휴식과 '느릿느릿 일하기'가 일반화되어 대충대충 일하는 것이 체질화되어 있는데 남한에서는 이것이 용납되지 않는 문화여서 때로 심한 스트레스를 느끼게 되기도 한다. 또한 집단주의적 문화 속에서 살아온 탓에 개인주의적 성향이 강한 남한의 직장 분위기에 적응하기 힘들어하기도 한다. 때로는 직장 내 의사소통 방식의 차이를 고려하지 못하고 북한에서와 같이 직장 동료에게 직설적으로 이야기한 것이 화근이 되어 어려움을 겪기도 한다(문성규, 2007).

2) 가족적 적응의 문제

(1) 가족 관계 및 생활의 문제

가족적인 차원에서 이들 다문화 가족이 해결해야 하는 적응의 과제를 논의할 때마다 가장 많이 거론되는 경우가 국제결혼 가족의 경우다. 그 이유는 서로 다른 문화가 만나서 빚어진 문화적 충격이나 갈등, 적응이 가정이라는 일차 집단을 통해 가장 직접적이고도 극명하게 드러나기 때문이다. 즉, 다양한 사회문화적 배경을 지닌 이주자들이 한국이라는 생경한 환경에 처하면서 부딪히게 되는 여러 문제들이 한국인 배우자와 만나 살고 있는 가족의 울타리 안에서 가족관계, 가족생활, 가족체계의 문제로 나타나기 때문이다(양옥경, 2007).

우리나라의 경우 아직까지도 보수적이고 가부장적인 가족 윤리의 전통이 강하게 남아 있다. 따라서 한국 남성과 외국 여성으로 이루어진 국제결혼 가정, 그중에서도 보통 상업적 중계업체를 통해 단기간에 결혼이 성사되는 농어촌의 노총각과 저개발국 출신의 어린 처녀의 결혼으로 이루어진 국제결혼 가족의 문제가 다문화 가족이 겪고 있는 문제의 전형인 것처럼 주목을 받고 있다. 이들의 경우 무자격 결혼업체의 부실 영업, 한국 입국을 노린 위장 결혼 등의 위험과 아울러 정확한 정보나 충분한 교제가 이루어지지 않은 졸속 결혼이 많아 가정이 유지될 수 있는 최소한의 안정성조차 확보하기 어려운 경우가 많다.

2005년에 실시한 보건복지부의 조사에 따르면 중계업체를 통해 결혼한 여성의 40% 이상이 결혼 전에 배우자에 대해 사실과 다른 정보를 들었다고 한다. 그 가운데 소득이나 직업, 보유 재산 등 경제적인 상황을 부풀린 경우가 50%를 넘었다(권태선, 2007). 이외에 나이, 학력, 직업, 가족관계, 건강 상태, 이혼 경력 등을 속이는 경우도 많다. 한 조사에서는 결혼 전에 들었던 배우자에 대한 정보가 실제와 달라 심각한 갈등을 경험한 비율이 18%에 이르는 것으로 보고된 바 있다(경기가족여성개발원, 2007). 한편, 여성의 경우 한국에 대한 막연한 동경을 갖고 결혼하거나 결혼으로 인해 경제적 여건이 향상될 수 있고 본국에 있는 가족들에게 경제적 지원을 할 수 있을 것이라 기대하고 결혼에 임하는 경우가 흔하다. 이들 '준비 없는 도전자들' 의 결혼생활은 출발부터 난관을 예상케 한다(이윤미, 2006).

결혼 이주 여성들은 낯선 한국 땅에서 자연히 남편에게 의존하며 살아가게 된다. 국제결혼 여성들의 실태를 통해서도 남편과 가족에 대한 의존도가 매우 높은 것으로 보고되고 있다(양옥경, 2007). 이들에게 남편은 가장 든든한 후원자인 동시에 가장 심각한 갈등원이기도 하다. 가정생활에서 가장 힘든 점으로 남편과의 관계가 지목되고 있는데(양정화, 2005), 남성 중심의 가부장적 가족문화가 원만한 부부관계 형성에 장애 요소가 될 수 있다. 부부싸움의 가장 큰 원인도 이와 같은 문화 또는 가치관의 차이로 밝혀지고 있다(경기가족여성개발원, 2007). 외국인 배우자를 선택한 이유로 한국 여성은 '사랑해서' 를, 한국 남성은 '순종적이고 부모를 잘 모실 것 같아서' '한국 사람과 외모에서 거의 차이가 없어서' 를 들고 있었다. 반면, 외국인 아내들은 바람직한 남편의 역할에 대해 '아내를 배려하는 남편' '조언을 주고받는 동반자' 로 생각하고 있었다(여성가족부, 2007a).

이러한 상황에서 부부간 연령차도 보통 10년 이상 벌어져 있어 연령에 의한 세대 격차의 문제까지 겹쳐지면서 평등하고 만족스러운 부부관계를 실현하는 데 많은 어려움이 따를 것으로 생각된다. 동등한 반려자보다는 성적 파트너, 자녀 출산과 양육의 책임자, 노부모를 봉양하는 며느리로서의 역할에 대한 기대가 우선시되는 경우가 흔하다(한국염, 2006). '한국에 왔으니 한국 사람이 돼라.' 는 식으로 일방적인 동화를 강요함으로써 가정과 사회로부터 이중적 차별의 고통을 당하고 있는 경우도 빈번하다(박원기, 2008). 게다가 많은 이들이 경제적으로 궁핍한 처지에 있다. 보건복지부의 조사에 의하면 결혼 이주민 여성 가족의 과반수 이상이 절대 빈곤층인 상황이다(정선애, 2007). 더러는 남편과 시부모로부터 신체적 · 정서적 학대를 당하는 경우도 있다. 이주 여성의 폭력 경험을 다룬 한 연구에서는 조사 대상의 51%가 남편으로부터 구타당한 경험이 있는 것으로 밝혀졌다(양정화, 2005).

이러한 현실을 반영하듯 국제결혼 가정의 이혼이 크게 늘어나고 있다. 2002년 1,866건에서 2004년 3,400건으로 증가한 데 이어, 2006년에는 6,280건으로 증가하여 전체 이혼 건수의 4.9%를 차지하였다. 결혼 4년 이내에 이혼하는 경우가 무려 80%에 달했으며, 가족의 무시와 이해 부족이 이혼의 가장 큰 원인으로 지목되었다(통계청, 2007).

우리 사회의 또 다른 다문화 가족인 북한 이탈주민의 경우에도 경제 문제와 자녀 문제로 인한 가족생활의 어려움이 큰 것으로 보인다. 국가인원위원회 광주지역사무소가 2007년에 북한 이탈주민 140명을 대상으로 실시한 조사에서는 60%의 응답자가 실업 상태였고 직업이 있어도 월평균 소득이 100만 원 미만인 경우가 대부분이어서 가정의 재정 형편이 매우 열악한 것으로 드러났다(장덕종, 2007). 부산 YMCA의 조사에서도 경제적인 문제가 북한 이탈주민이 가족생활에서 경험하는 가장 큰 문제로 나타났다. 대부분의 사람이 1년 미만의 비정규 계약직이나 일용직에 종사하고 있었으며, 소득 수준도 매우 낮아 약 2/3에 달하는 사람들이 월 100만 원 이하의 수입을 얻고 있었고 월 150만 원 이상의 수입을 올린 경우는 10% 미만이었다. 이러한 상황에서 대다수가 취업 스트레스를 느끼고 있었다. 한편, 이들 가정에 속한 자녀들의 경우 1/4 가량이 학교생활에 적응하지 못하고 있었는데, 부모들은 자녀 양육과 관련하여 방과후 학습지도, 자녀 양육방법 상담, 탁아 서비스 등을 필요로 하고 있었다(부산 YWCA, 2005).

(2) 자녀 양육 및 교육의 문제

다문화 가족이 한국 생활에서 경험하고 있는 힘겨운 도전 가운데 하나는 바로 자녀 양육과 교육에 관한 문제다. 많은 부모들이 자신의 한국 사회 적응 못지않게 다문화 가정의 부모로서 자녀를 돌보고 기르는 일에 많은 어려움을 겪고 있다(경기도, 2006; 권태선, 2007; 양정화, 2005). 특별히 자녀 양육과 교육의 역할을 어머니의 몫으로 간주하고 자녀와 관련된 모든 책임을 어머니에게 떠맡기다시피 하는 우리네 풍토 속에서, 결혼 이주 여성들은 보통의 한국 어머니들에게 기대되는 어머니의 역할을 수행해야 함과 동시에 다문화 가정의 부모로서 자녀를 지도함에 있어 남다른 애로를 느낄 수밖에 없는 실정이다. 이러한 연유로 인해 많은 결혼 이주 여성들이 한국 생활의 가장 힘든 점으로 자녀 문제를 들곤 한다(정후식, 2007a).

다문화 가정 자녀들의 현황을 보면, 외국인 근로자 자녀의 경우 2007년 현재 약 17,000명 가량이 학령기에 있는 것으로 추정되고 있는데 이 가운데 1,209명이 우리나라 학교에, 7,500명이 외국인 학교에 재학 중이다. 나머지 약 8,000명의 자녀들은 제도권 교육 밖에 방치되어 있는 셈이다. 국제결혼 가정의 자녀는 2007년 현재 44,258명이며, 0~6세에 60%, 7~12세에 33%가 분포되어 있다(박원기, 2008). 초 · 중 · 고교에 다니고 있는 학생 수는 13,445명이고, 이들 가운데 초 · 중 · 고교에 재학 중인 84%가 한국인 아버지와 외국인 어머니의 자녀이고 16%가 한국인 어머니와 외국인 아버지의 자녀다. 한편, 북한 이탈주민 가정의 자녀 가운데 초 · 중 · 고교에 재학 중인 자녀는 2007년 현재 586명이며 초등학교에 56%, 중학교에 31%, 고등학교에 13% 분포해 있다(교육인적자원부, 2007).

우리 사회에 다문화 구성원이 늘어나면서 다문화 가정이 늘어나고 있으며 다문화 가정 출신의 자녀들도 해가 갈수록 급격하게 늘어나고 있는 상황이다. 지금과 같은 추세라면 불과 10여 년 후인 2020년에는 전체 학생의 약 1/3이 다문화 가정 출신의 자녀일 것으로 전망되고 있다. 이러한 상황 속에서 다문화 가정 자녀들의 실태와 문제를 파악하고 그에 대한 대책을 마련하는 일에 많은 관심이 집중되고 있다. 이들을 대상으로 한 최근의 한 연구에 따르면 농어촌 저소득층에 밀집되어 있는 결혼 이주자 가정의 자녀들은 학교에서 '소외' 되고 있고, 외국인 근로자 가정의 자녀들은 불법 체류자 신분인 경우가 많아 제도권 교육 밖에 '방치' 되고 있다. 그리고 북한 이탈주민 가정의 자녀들은 남북 간의 학제 차이나 탈북과정에서의 교육 지체로 제도권 교육에서 '탈락' 하는 현상을 보이고 있다(조영달, 2006).

다문화 가정의 자녀 문제와 관련하여 지금까지 가장 활발하게 논의가 이루어지고 있는 부분은 한국인 아버지와 외국인 어머니 사이에 태어난 2세들의 문제에 초점을 둔 결혼 이주자 가정의 자녀 문제다. 특별히 경제적 상황이 열악하고 결혼의 안정적 기반이 취약한 계층으로 여겨지고 있는 한국인 아버지와 동남아 출신의 어머니 사이에서 태어난 자녀들의 경우 성장과 발달의 전반적인 차원에서 여러 가지 문제가 발생하고 있는 것으로 거론되고 있다. 자녀들의 문제 가운데 가장 자주 등장하는 것 가운데 하나는 언어 발달의 지체다. 많은 아이들이 일상적이고 간단한 대화에서조차 곤란을 겪기도 하는데, 이는 언어 습득의 결정적 시기인 영유아기에 한국말이 서툰 외국인 어머니 밑에서 자라면서 언어 발달이 늦어지고 의사소통이 제한되기 때문인 것으로 분석된다.

경상북도 지역의 다문화 가정 학생들을 대상으로 실시한 한 조사에서는 여덟 명 중 한 명꼴로 아이들의 한국어 사용이 서툰 것으로 보고되었다(경북일보, 2007b). 아이들의 언어 발달 지체는 곧 학습 부진으로 이어진다. 다문화 가정의 자녀들은 어휘력이나 독해력, 언어구사력 등이 낮고 학습 이해도와 기초 학습 능력이 떨어지는 것으로 보고되고 있다. 그러나 이들의 학업을 지원할 수 있는 가정의 기반은 매우 취약한 실정이다. 실제로 외국인 어머니의 80%는 가정에서 자녀의 숙제를 돕거나 학습을 보충 지도해 주는 일이 어렵다고 느끼고 있다(정후식, 2007a). 여기에 빈곤과 가족 해체의 문제까지 겹치는 경우에는 자녀들의 학업 손실이 회복되기 어려울 정도로 악화되기 쉽다.

언어지체와 학습결손 외에 국제결혼 가정에서 태어난 아이들은 정체성에 대한 혼란을 경험하기 쉽다. 아버지와 어머니 사이의 인종적 · 민족적 · 문화적 차이를 지각하면서 자신은 그 어느 편에도 속하지 않는 듯한 정체감 상실이나 정체감 유예의 고민에 직면하기 쉽다. 또한 국제결혼 가정 2세들에 대한 주변의 편견이나 차별, 멸시를 경험하면서 심리적인 상처를 받거나 자신감을 상실할 수 있다. 남들과 다른 외모, 어눌한 말투, 형편없는 성적으로 인해 또래들의 놀림감이 되거나 배척 대상이 되기도 한다. 국제결혼 가정의 자녀들을 대상으로 한 보건복지부의 실태 조사에서는 응답자의 17.6%가 학교에서 집단 따돌림을 경험한 것으로 나타났는데, 그 이유로 '엄마가 외국인이라서' 라는 대답이 가장 높게 나타났다(설동훈 외, 2005). 요컨대, 국제결혼 가정의 자녀들은 열악한 교육환경 속에서 언어 발달, 인지 발달, 정서 발달, 사회성 발달 등의 영역에서 총체적인 어려움을 경험하기 쉬운 불리한 위치에 놓여 있다.

한편 북한 이탈주민 자녀들의 적응 문제도 심각한 것으로 나타나고 있다. 대부분의 청소년들이 일반 학교에 들어가길 희망하고 있지만 탈북 후의 공백기간과 남북 간의 학제 차이로 인해 취학률이 43%에 그치고 있으며, 취학이 이루어진 경우에도 남한의 언어와 수업 방식, 학교 분위기 등에 적응하지 못해 중도에 탈락하는 중 · 고교생의 비율이 15%에 달하는 것으로 보고되고 있다. 초등학교와 중학교에 재학 중인 북한 출신의 청소년 65명을 대상으로 가장 큰 고민이 무엇인지 물어본 결과, 초등학생들의 고민은 성적(60%), 북한 사투리(21%), 외모(9%), 친구들로부터의 소외(6%) 순으로 나타났으며, 중학생들의 고민은 성적(90%), 외모(7%), 친구들로부터의 소외(3%) 순으로 나타났다(조영달, 2006). 이처럼 탈북 청소년들은 뒤떨어지는 성적과 북한 사투리, 왜소한 체격 등으로 친구들로부터 무시당하거나 조롱당하고 따돌림당하는 등 학교생활 적응에 많은 어려움을 겪고 있는데, 학교 부적응의 문제는 대학생활로도 이어지고 있다. 통일부의 조사에 따르면 2005년까지 대학에 입학한 424명의 대학생 가운데 절반 이상이 중도에 학업을 포기한 것으로 파악되고 있다(한기홍, 2006).

3) 사회적 적응의 문제

(1) 편견과 차별의 문제

우리 사회의 다문화 성원들은 우리의 말과 문화를 익히는 과정에서, 결혼 후 가족을 이루고 자녀를 기르는 과정에서 크고 작은 어려움을 겪게 된다. 뿐만 아니라 배타적인 사회 분위기 속에서 다름을 인정받거나 존중받지 못한 채 차가운 시선 속에 살아가야 하는 또 다른 고통에 직면하게 된다. 단일민족 · 순혈주의 이념에 뿌리박은 자민족중심주의와 인종차별주의, 문화우월주의가 이들로 하여금 '서러운 타국 땅' 에서 소수자로 무시당하고 배척당하는 느낌을 갖게 하고 있다(최충옥, 2007). 또한 우리 사회에서는 경제적 제국주의에 입각해 우리보다 어려운 형편에 있는 나라와 그 나라의 문화와 국민을 '미개 문화' '후진 국민' 으로 폄하하는 성향이 강하게 드러나고 있다. 이는 곧 저개발국 출신의 이주자들에 대한 편견과 차별로 이어지고 있으며 다문화 성원의 주류사회 진입을 가로막는 걸림돌로 작용하고 있다(김재우, 2007). 이와 같은 문제로 인해 지역사회의 상담 창구에는 상처 입은 다문화인들의 하소연이 끊이지 않고 이어지고 있다(강원일보, 2006).

외국인 근로자들의 경우 저임금, 임금 체불 등의 차별적 대우를 받는 경우가 빈번하게 나타나고 있다. 2005년 노동부의 조사에 따르면 외국인 노동자의 17%가 한국인의 부정적인 태도로 인해 직장생활에 어려움을 겪은 바 있다고 답하고 있다. 근로 현장에서의 차등 대우나 부당한 대우 및 폭력 행위도 각각 10% 가량 보고되고 있다(뉴시스, 2005). 이주 여성을 대상으로 한 양정화(2005)의 연구에서는 직장에서 무시 · 조롱 · 폭언의 피해를 당한 경험이 있는 경우가 43%에 이르렀는데, 이들은 그와 같은 사태의 발생원인으로 자신이 외모나 피부색이 다른 외국인이기 때문이라고 생각하고 있었다. 또한 직장에서 성적 농락, 성관계 강요, 강제 성추행 등의 성폭력 피해를 입은 경우도 42%에 달했다. 이에 대한 대응방식으로는 '그냥 참았다.' 는 답변이 62%나 되었는데, 그 이유로 자신이 외국인이기 때문이라는 대답이 가장 많았다. 또한 이들은 한국 생활에서 인종차별(42%), 법적 지위 차별(42%), 브로커에 의한 착취(38%), 근로 고용 착취(30%)를 당한 적이 있다고 응답하였다. 그들의 자녀들 역시 남과 다른 외모, 말씨, 집안 형편 등으로 인해 주위의 편견과 차별을 경험하며 열등감을 느끼거나 정체성의 혼란을 겪기 쉬운 상황에 처해 있다.

여성가족부의 결혼 이주자 실태 조사에서는 국내 이주 여성의 29%가 한국 생활에서 사회적 차별을 경험한 적이 있는 것으로 나타났다(여성가족부, 2007a). 우리 사회에서는 국제결혼이 행해질 수밖에 없는 한국 사회의 구조적인 문제나 세계화의 과정에서 파생되고 있는 빈곤 여성의 국제적 이동 현상에 기초하여 이들의 삶을 이해하고 이들의 문화를 존중하기보다, '가난 때문에 한국으로 시집 온 사람' '돈을 목적으로 결혼한 사람' '위장 결혼한 사람' 이라는 식으로 색안경을 끼고 바라보는 시선이 더 강하다(한국염, 2006). 많은 이들이 피부색이 다른 외국인이라는 이유로 이상한 눈빛으로 바라보는 주변의 시선에 힘들어하고 있다. 이들은 여느 한국 주부들처럼 자신을 바라보고 이해해 주기를 소망하고 있다. 결혼 이주 여성의 사회복지 서비스에 대한 욕구 조사(양옥경, 2007)에서 결혼 이주자에 대한 지역사회의 인식 개선 캠페인에 대한 욕구가 높게 나타난 것도 이러한 맥락과 닿아 있는 것으로 이해할 수 있다.

결혼 이주 여성에 대한 냉대와 멸시는 곧 그들의 자녀에게 이어진다. 통계청(2007)의 사회조사를 보면 다문화 가정의 혼혈인들을 위해 가장 시급히 해결해야 할 사항으로 가장 우선시된 것이 바로 '다문화 가정에 대한 편견 없는 사회 분위기 조성' 이었다. 그럼에도 불구하고 현실에서는 이들에 대한 배타적 시선이 여전한 것으로 보인다. 최근에 한국청소년연구원이 다문화 가정 자녀들의 생활 실태를 조사한 결과 이들을 바라보는 주위의 시각이 여전히 부정적인 것으로 나타났다(이창호, 2008). 경기도의 한 중학교에서 실시한 조사에서도 다문화 가정에 대한 학생과 학부모들의 이해도가 낮은 것으로 보고된 바 있다(안남중학교, 2007). 광주의 한 초등학교에서 실시한 조사에서는 전체 학생의 약 80%가 외국인에 대한 막연한 거부감을 가지고 있었고 우리와 다른 생활

양식이 '이상하다' 고 생각하고 있었다. 학부모들 역시 외국 문화에 대한 이해도와 수용도가 매우 낮은 것으로 나타났다(정후식, 2007b).

국제결혼을 가리켜 순수 혈통을 훼손하는 행위로 매도하거나 다문화 사회가 국가 정체성을 약화시킬 것이라고 우려하는 시각이 여전하다(김재우, 2007; 메리-제인 리디코트, 2007). 이러한 상황에서 많은 외국인 어머니들은 현재 그들의 자녀가 받고 있거나 앞으로 받게 될 편견과 차별에 대해 크나큰 우려와 불안을 나타내고 있다. 아이를 낳기 전부터 피부색 때문에 걱정에 싸여 정신적 스트레스를 겪는 경우, 아이를 유치원에 보내면서 피부색 때문에 따돌림을 당할까 봐 잠을 못 이루는 경우, 외국인 엄마 때문에 자녀가 놀림을 당할까 봐 자녀가 다니고 있는 학교를 한 번도 방문하지 못한 경우, 엄마의 국적 때문에 자녀가 'made in China' 라고 놀림받고 힘들어하는 모습을 보면서 자녀의 학교생활을 염려하는 경우와 같은 사례가 신문 지면을 통해 소개되고 있다(이창호, 2008; 최병길 · 지성호 · 황봉규, 2006). 어머니들의 우려대로 주위의 부정적인 인식으로 인해 국제결혼 가정의 자녀들은 정체성의 혼란과 대인관계의 어려움을 겪고 있는 것으로 보고되고 있다(오성배, 2006).

이와 같은 처지는 북한 이탈주민의 경우도 마찬가지다. 이들 역시 남한 사람들의 무관심이나 냉대, 멸시 속에서 힘겨운 한국살이를 하고 있다(이경희 · 배성우, 2006). 최근 한국여성정책연구원이 전국의 20세 이상 남녀 1,200명을 대상으로 외국인에 대한 사회적 거리를 조사한 바에 따르면 북한 이탈주민보다 미국인을 더 가깝게 느끼는 것으로 나타났다(한미희, 2008). 부산YWCA(2005)의 조사에 따르면 북한 이탈주민이 경험한 차별의 내용으로 '탈북자에 대한 편견과 선입견' (82%), '동등한 대한민국 국민으로의 불인정' (62%), '언어 소통의 문제로 인한 차별' (37%) 등이 언급되었다. 또한 구직과 관련하여 경험한 어려움에 대한 내용에서도 '탈북자에 대한 편견과 차별' 을 지목하는 경우가 많았다. 상황이 이러하다 보니 일상생활에서 겪는 스트레스 가운데 '탈북자에 대한 선입견' 이 주된 스트레스로 지각되고 있었다. 대한적십자사가 2006년 북한 이탈주민 284명을 대상으로 실시한 조사에서도 남한 사람들의 무시나 편견이 주된 어려움으로 인식되고 있었다(한승호, 2007). 일간지를 통해서도 '가족을 버리고 온 피도 눈물도 없는 인간' '먹을 것을 찾아 새 땅을 찾는 화전민' '외국인보다 못한 외계인' 취급을 받거나 때로 북한식 사투리 때문에 간첩으로 오인받아 경찰서로 연행되기도 하는 등의 사례를 어렵지 않게 찾아볼 수 있다(안윤석, 2007; 안정숙, 2007).

일반적으로 국제결혼 가정의 부모와 자녀들은 순혈주의에 입격한 차별적 용어라 할 수 있는 '혼혈아'나 '튀기'라는 명칭에 대해 매우 강렬한 저항감을 가지고 있다. 애초에 선의에서 사용하기 시작한 '코시안' '온누리안'이란 또 다른 이름에 대해서도 이들은 강한 거부 반응을 보이고 있다. 북한 이탈주민들의 경우는 2005년 통일부가 기존의 탈북자라는 용어가 갖는 부정적인 이미지를 개선하기 위해 여론 수렴의 과정을 거쳐 제정한 '새로운 터전에서 삶의 희망을 갖고 사는 사람'이라는 뜻의 '새터민'이란 용어에 반대하며 사용을 중단할 것을 공식 요청한 바 있다. 이 모든 현상은 이 땅에서 살아가는 우리 사회의 다문화 성원들이 겪고 있는 편견과 차별, 그로 인한 피해의식을 반영하는 것이라 할 수 있다. 그들을 향한 '차별적 시각'이나 '특별한 대우' 모두 그들을 불편하게 만들고 있는 것이다(심규석, 2008).

(2) 소외와 갈등의 문제

앞에서 살펴본 바와 같이 외국인 근로자, 결혼 이민자, 북한 이탈주민과 같은 다문화 배경의 사회 성원들은 한국에 건너와 살면서 우선 이질적인 언어와 문화를 배우고 익혀야 하는 과제에 직면한다. 이들 이주민들은 결혼을 통해 맺은 가족관계와 가족생활 가운데 빚어지는 다양한 도전을 생소한 사회문화적 맥락 속에서 해결해 나가야 한다. 또한 이들은 문화적 보수성이 농후하고 타 문화 · 이문화에 대한 배타성이 강한 한국인과 한국 사회로부터 수용받거나 존중받지 못한 채 가정과 이웃, 학교, 직장에서 무시당하거나 차별당하며 살아가는 경우가 흔하다. 이와 같은 상황에서 우리 사회의 다문화 집단, 특히 사회경제적 지위가 낮은 다문화 성원들이 한국의 또 다른 소외계층, 또 다른 부적응 집단으로 자리 잡아 가고 있는 상황이다.

특별히 '한 민족 · 한 핏줄' 을 중시하고 그에 바탕을 둔 민족적 자긍심과 우월감을 강조해 온 우리 사회의 정서적 맥락 속에서, 국제결혼 가정과 그 2세에 대한 시선은 곱지 않고 이들에 대한 대우도 공평하지 못하거나 공정하지 못한 경우가 많았다. 그리고 이러한 상황은 결국 심리적 · 사회적 · 문화적 · 경제적 · 교육적 차원에서의 부적응과 소외를 부추기고 있다. 한 조사에서는 다문화 가정 자녀의 10%가 초등학교 때, 18%가 중학교 때 학업을 중단하고 있는 것으로 보고된 바 있다(김종남, 2006). 우리나라 일반 학생들의 중퇴율이 2% 이하인 것을 보면 이들의 교육적 소외가 얼마나 심각한지 잘 알 수 있다. 다문화 가정 자녀의 경제적 지위 역시 열악하여 22%가 실업 상태에 있다. 취업자의 경우 2%만이 사무직에 종사하며 나머지 대다수는 한국인이 기피하는 소위 3D 업종에 종사하면서 겨우 생계를 이어가고 있다.

외국인 근로자들의 경우 고용 · 임금과 관련된 부당한 대우와 차별 속에서 우리 사회의 아웃사이더로 살아가는 사례가 빈번히 보고되고 있다. 저개발 빈국 출신의 불법 체류자들의 상황은 더욱 열악하여 최소한의 제도적 지원마저 기대하기 어려운 처절한 지경에 있다. 이러한 상황에서 외국인 근로자의 자녀들은 기본적인 공교육의 혜택도 받지 못한 채 '방치되는 아이들' 로 불리고 있다(조영달, 2006). 또한 제도권 교육에 편입한 경우라 하더라도 또래들과 다른 외모와 다른 언어로 놀림감이 되어 정체성의 혼란을 겪기 십상이다. 게다가 또래들로부터 거부당하고 따돌림을 당한 경험으로 인해 열등감과 소외감을 느끼고 학교생활에 적응하지 못해 결국은 다문화 가정의 자녀들을 위한 대안학교나 재한 외국인 학교로 전학하는 경우도 종종 발생하고 있다.

북한 이탈주민 역시 낯선 남한 생활에서 주위의 폐쇄적이고 거부적인 반응을 체감하며 한국사회 주류에 끼지 못하는 사회적 소수자로서의 힘겨운 삶을 살아가고 있다. 해마다 탈북 이주민의 수가 급증하면서 과거 탈북자에 대한 '귀순용사' 대접과 연민 어린 동포애의 발휘는 그 자취를 감춘 듯하다. 이들을 바라보는 남한 사람들의 마음 한켠에는 거리감과 부담감이 더 크게 자리하고 있다. 이런 상황에서 이들이 소속감을 가지고 지역사회에 통합되기란 쉽지 않다(김재숙, 2006). 사회에 적응하지 못한 채 주변인으로 겉도는 삶을 살고 있는 이들에게 탈북은 아직 끝나지 않은 것처럼 보이기도 한다. 최근에는 이로 인한 후유증이 다양한 부적응 행동으로 표출되어 학업 중퇴, 직장 이탈, 불건전 유흥업소 출입 등으로 이어지는 경우도 늘고 있다(문성규, 2007). 북한 이탈 주민을 대상으로 실시한 한 조사에서는 응답자의 1/3이 만일 처벌하지 않는다면 북으로 다시 돌아갈 수도 있다는 반응을 보였고(부산일보, 2007), '탈남' 하여 제3국으로 밀입국하는 사례도 실제로 발생하고 있다(한기홍, 2006).

우리 사회 내 약자들인 이들 다문화 성원에 대한 멸시와 차별은 개인적 차원의 부적응과 소외 문제를 넘어서 사회 구성원 간의 갈등과 충돌을 빚는 사회적 문제로 비화될 가능성이 있다. 억눌린 자들의 위축감과 박탈감, 좌절감, 피해의식이 증폭되어 인종 간 · 문화 간 갈등이나 반목을 심화시키고 또 다른 심각한 사회 문제를 야기할 수도 있는 상황이 우려되고 있는 것이다. 해마다 해외로부터 엄청난 규모의 이주 노동자와 결혼 이민자, 탈북 이주민의 유입이 이루어지고 있기에 언제까지나 이들이 우리 사회의 소수자이자 주변인으로 남게 될 것이라 생각하는 것은 착각이다. 가까운 시일 내에 이들이 수적으로나 영향력으로나 무시하지 못할 집단으로 성장할 것임에 틀림없다. 지금은 다문화 가정의 자녀들 대부분이 유소년기에 있어 불만이나 분노의 표출이 그리 심각한 수준에 이르고 있지 않지만 이들이 사회에 진출하는 10년 후쯤에는 우리 사회가 엄청난 홍역을 치를 수도 있다. 이들에 대한 편견과 차별, 그에 따른 소외와 부적응이 고착되고 이들을 향한 이해, 관용, 지원이 이루어지지 않는다면 언젠가는 한국 사회의 근간을 뒤흔들 만한 엄청난 수준의 사회적 · 경제적 · 정치적 비용과 대가를 치를 수 있다는 것이 경고되고 있다(김해성, 2006).

자신의 정체성과 관련된 문화적 배경을 멸시받고 차별받는 열등 시민이 존재하는 한 한국 사회는 건강한 사회가 될 수 없고 사회적 기반도 안정적으로 유지될 수 없다. 다문화 시대의 사회적 성숙도는 '다름' 과 '차이' 를 이해하고 사회적 약자로서의 소수 집단을 다원적 · 관용적으로 받아들이며 품격 있는 통합의 문화로 승화시켜 사회 발전의 원동력으로 활용하는 역량에 의해 판가름된다(주경미, 2007). '우리 안의 세계' 와 더불어 조화와 상생의 공존을 이루어가는 현명한 길을 모색하지 않는다면 공동체 와해와 사회통합 저해의 화를 면하기 어렵다는 것을 잊지 말아야 할 것이다. 미국과 유럽 등지에서 발생하고 있는 인종 · 민족 · 국가 간 마찰이나 갈등은 더 이상 '강 건너 불' 이 아닌 '우리 발등의 불' 이기 때문이다. 따지고 보면 다양한 문화적 배경을 지닌 소수 집단과 기존의 다수 주류 집단 간의 갈등은 필연적인 것이라고 할 수 있다. 문제는 갈등 자체의 출현이나 소멸이 아니라 그것을 평화적인 형태로 표출시켜 사회 발전의 에너지로 삼을 수 있는 방법을 모색하고 실천하는 것이며 우리 사회의 다문화 포용 역량을 키우는 것이라고 하겠다.

3. 다문화 사회와 교육

1) 다문화 교육의 배경

우리가 살고 있는 지구촌은 하루가 다르게 세계화 · 국제화되어 가고 있으며, 이는 지구촌을 빠른 속도로 변화시키고 있다. 세계화의 흐름에 편승한 변화의 속도와 그 변화가 만들어 내는 내용 그리고 그 영향력의 깊이와 폭은 가히 놀랄 만하다. 가속화되고 있는 세계화는 국가와 국민에 대한 기존의 개념을 해체시키고 개인의 삶이나 집단의 구조에 변화를 요구함으로써 개인과 사회, 나아가 국가의 정체성과 미래에 대한 위협적인 도전이 될 수도 있고 위기를 슬기롭게 극복할 수 있는 창조적인 기회로 다가올 수도 있다(강대근, 2007b).

이와 같은 세계 사조 속에서 우리 사회는 빠른 속도로 다문화 사회에 들어서고 있다. 앞서 살펴본 바와 같이 국내에 거주하고 있는 외국인이 100만 명을 넘어섰고, 이주 노동자와 결혼 이민자, 북한 이탈주민 등 다양한 인종적 · 문화적 배경의 사회 구성원들이 날로 늘어나고 있는 가운데 이들과의 조화로운 공존이 새로운 사회적 과제로 부각되고 있다. 그러나 단일민족 신화와 순혈주의에 입각한 민족적 우월감과 문화적 폐쇄성이 우리 사회에 편입한 다문화 구성원들에 대한 편견과 억압을 부추기고 한국 사회에 대한 이들의 순조로운 적응을 가로막는 장애물이 되고 있다.

우리 사회가 '다른' 것을 '틀린' 것으로 간주하고 '차이'를 '차별'의 구실로 삼으며 우리 사회 속의 다양성을 인정하고 존중하며 수용하지 않을 경우, 프랑스에서 일어났던 무슬림 폭동이나 미국에서 벌어졌던 조승희 군 총기난사 사건과 같이 우리 사회의 근간을 흔들 수 있는 심각한 문제들이 촉발될 수 있음을 명심해야 할 것이다. 바야흐로 배타적 국수주의에서 벗어나 다른 문화를 이해하고 포용하는 열린사회로의 전환이 요구되는 시점에서 다문화 사회의 과제를 지혜롭게 해결하는 방안에 귀추가 주목되고 있으며, 이와 관련하여 '교육'의 기능과 역할에 많은 관심과 기대가 집중되고 있다.

우리 사회에 존재하는 다양한 문화를 인정하고 소수 문화에 대한 차별을 해소하며 사회통합에 기여하는 다문화 교육이 절실히 필요한 상황이라는 데 공감적 합의가 도출되고 있다. 사실 다문화 교육은 기본적으로 인류의 특성과 관련된 자연스러운 교육 방향이라고 할 수 있다. 관용이라든가 다양성의 존중, 차이의 고려와 같은 것에 대한 교육적인 요구는 늘 있어 왔으나, 정말로 '다른' 사람들과 어떻게 살아야 하는지, 무엇을 받아들이고 무엇을 배제해야 하는지, 차이가 차별이 되지 않도록 얼마나 많은 고민이 필요한지는 아직 겪어 보지 못했던 것이 사실이다(곽한영, 2007).

20세기 후반에 접어들면서 해외 노동자의 유입이 본격화되고 국제결혼 가정이나 북한 이탈주민의 한국 정착이 증가함에 따라, 이들 다문화 구성원의 사회문화적 적응이나 그 자녀들의 교육 문제를 포함해 미래 다문화 사회에의 대비 가운데 하나로 '다문화 교육'이라는 개념이 새롭게 등장하였고 21세기 교육의 새로운 화두로 자주 언급되고 있다(김현덕, 2007). 즉, 우리 속에 세계가 이미 들어와 있는 자명한 사실 속에서 이제껏 우리가 한 번도 심각하게 고민하지 않았던 다문화 사회에서의 교육에 대해 고민을 하게 된 것이다(이승미, 2007).

주지하다시피 교육은 인간의 기본적인 권리이고 성장과 발전의 동력이자 미래를 위한 계획이며 실천이다. 개인과 국가의 안전과 번영을 담보하는 가장 확실한 미래 지향적 투자가 바로 교육인 것이다. 교육이 우선적으로 해야 할 일은 세계 속에서 한국의 미래를 담보할 수 있는 발전의 원동력을 이끌어 내는 것이다. 특별히 다인종 · 다문화 사회로의 전환은 전통적인 교육에 대한 인식의 전환과 새로운 교육의 실천을 요구하며, 서로 다른 인종과 문화에 대한 이해와 관용을 바탕으로 다양한 사람들과 공존할 수 있는 새로운 가치관과 태도, 행동 양식과 생활 방식을 요구하고 있다.

이와 같은 맥락에 기초하여 다문화 교육은 한 사회의 문화적 정체성을 강화할 뿐 아니라 다양성 속의 통합을 통하여 세계를 이해할 수 있는 능력을 창조하는 것이어야 한다(Woodrow et al., 1997). 다문화 교육은 인권의 차원에서는 개인의 교육 및 학습권을 보장하고, 사회적 차원에서는 문화 간 갈등을 해소하며, 문화적 차원에서는 다양성을 바탕으로 새로운 문화 창조의 기회를 제공하는 측면에서 그 필요성이 널리 강조되고 있다.

우리 사회가 직면하고 있는 다문화 사회화의 현상적 특징을 바탕으로 다문화 교육의 목표와 내용, 교육개혁의 방향을 구체적으로 설정하는 것은 다문화 교육의 과제를 보다 체계적으로 수행하는 데 도움이 될 것이다. 우선 다문화 교육의 목표는 다양한 인종적 · 민족적 · 문화적 배경을 지닌 우리 사회 구성원들이 다원화된 민주사회에서 효율적으로 기능하게 하고, 다양한 집단의 사람들과 상호작용 · 협상 · 의사소통하는 데 필요한 지식과 태도 및 기능을 습득하게 함으로써 공동선을 추구하는 시민 공동체의 건설을 돕는 것에 초점을 두고 교육적 기회를 균등하게 보장하는 것이다(Banks, 2001).

다문화 교육에서 다루게 되는 주된 교육의 내용과 범위는 크게 둘로 나뉜다. 하나는 다문화 구성원과 그 가족에 대한 교육 및 지원이고, 다른 하나는 일반인을 대상으로 하는 다문화 이해 차원의 교육 활동이다. 전자가 다문화 가정을 포괄적인 소외 계층으로 보고 소수자를 보호하는 차원에서 그 복지에 초점을 맞춰 실시하는 교육이라면, 후자는 일반 시민이나 학생들을 대상으로 소수자에 대한 이해나 세계화 시대에 적합한 가치관 교육을 실시함으로써 보다 근본적인 차원에서 다수자의 변화를 도모하는 교육이다. 기존의 다문화 교육은 전자의 교육에 크게 치중하고 있는데, 앞으로는 보다 균형적인 안목을 가지고 두 영역의 교육을 병행할 필요가 있다(최종식, 2007).

2) 다문화 교육의 현황

최근 다문화 사회와 다문화 교육에 대한 논의가 부쩍 활발해지면서 중앙 정부는 물론 지방 자치단체들도 갖가지 다문화 관련 정책을 광범위하게 추진하고 있다. 정책 추진 분야와 종류도 매우 다양하여 단일한 정책 대상에 관한 것으로는 그 유례를 찾아보기 힘들 정도다(곽한영, 2007). 사실 다문화 사회에 대한 준비와 대비가 전무하다시피 했던 상황에서 다문화 교육을 비롯한 각종 대책에 많은 관심과 노력이 기울여지고 있는 것은 매우 고무적인 일이라고 하겠다. 현재 정부는 물론 지역사회 내 각종 민간단체들을 통해서도 지원 프로그램이 개발 · 보급되고 있다. 민간 차원의 다문화 교육에 대해서는 3장과 4장을 통하여 그 구체적인 사례가 자세히 다루어지게 될 것이므로 여기에서는 관을 중심으로 이루어지고 있는 각종 정책의 방향을 소개하고자 한다.

현재 중앙정부와 지방정부를 통해 이루어지고 있는 다문화 관련 지원정책은 결혼이민자가족, 그중에서도 한국 남성과 외국 여성으로 결합된 국제결혼가정을 주된 대상으로 하여 결혼 이민 여성과 그 자녀에 대한 지원을 중심으로 전개되고 있다. 이들의 경우 결혼을 통해 한국 사회에 영주하게 되면서 당사자는 물론 자녀들까지 언어적 · 인종적 · 문화적 적응과정에 큰 어려움을 겪고 있기 때문에, 취업 계약의 만료와 함께 출신국으로 돌아가는 외국인 근로자나 상대적으로 언어적 · 인종적 불이익이 덜한 북한 이탈주민에 비해 다문화 교육을 비롯한 각종 지원정책의 주요 대상이 되고 있다.

결혼 이민 여성과 그 자녀에 대한 정책을 총괄적으로 담당하고 있는 부처는 여성가족부다. 그동안 여성가족부에서는 결혼 이주자의 체계적인 한국어 교육을 위해 수준별 한국어 교재를 발간하였고, 결혼이민자가족 지원센터를 통해 한국어 교육과 찾아가는 서비스, 아동양육 사업 등을 실시해 왔다. 또한 가족교육 및 문화이해 교육을 실시하고, 가족상담, 배우자 교육, 멘터링 및 후원가족 매칭 등의 사업을 진행하는 등 결혼 이주자의 입국부터 결혼과 자녀 양육에 이르기까지 다양한 영역에 걸친 지원 서비스를 도입해 왔다. 2008년에는 이와 같은 사업을 본격적으로 추진하기 위해 전년도보다 예산을 4배 이상 대폭 늘리고, 결혼이민자가족 지원센터도 확대하였다. 2006년 21개소의 개설을 시작으로 2007년 38개소로, 이어 2008년에는 80개소로 확대하였다. 향후 전국적으로 늘어난 결혼이민자가족 지원센터를 통해 한국어 교육, 아동 양육지도, 가족상담 등에 관한 방문교육 사업을 확장하고 결혼 이민자의 피해를 구조 · 지원할 계획이다. 또한 육아와 관련된 각종 서비스를 제공하고 육아휴게소를 시범적으로 운영하며 결혼이민자가족 지원센터 운영의 효율성과 전문성을 강화하는 등 보다 적극적이고 내실 있는 지원을 실시할 방침이다. 이와 같은 계획을 구체적으로 실현하기 위해 여성가족부가 설정한 사업 추진체계는 [그림 1-6]과 같다.

이외에 법무부는 외국인 정책의 기본 방향 및 추진체계를 주관하는 부처로 다문화 가족에 대한 국민의식 개선에 앞장서고 있으며, 보건복지부는 개정된 모 · 부자복지법과 국민기초생활보장법을 통해 여성 결혼 이민자에 대한 긴급지원 사업과 무료진료 사업을 실시하여 생계와 의료를 지원하는 정책을 펼치고 있다. 또한 최근에는 입국부터 한국 생활 정착에 이르기까지 필요한 각종 정보를 담은 안내지 「행복한 한국생활도우미」를 발간 · 배포하여 생활정보 지원 서비스를 실시하고 있다. 농림부에서는 농촌 다문화 가족의 안정적인 농촌 정착을 위해 농촌생활 전반에 필요한 생활문화 교육과 농업 기초기술 교육을 지원하고 육아와 상담을 위한 멘터링 프로그램을 운영하며 찾아가는 도우미 서비스 등을 제공하고 있다. 또한 최근에는 결혼 이주 여성의 주요 출신국인

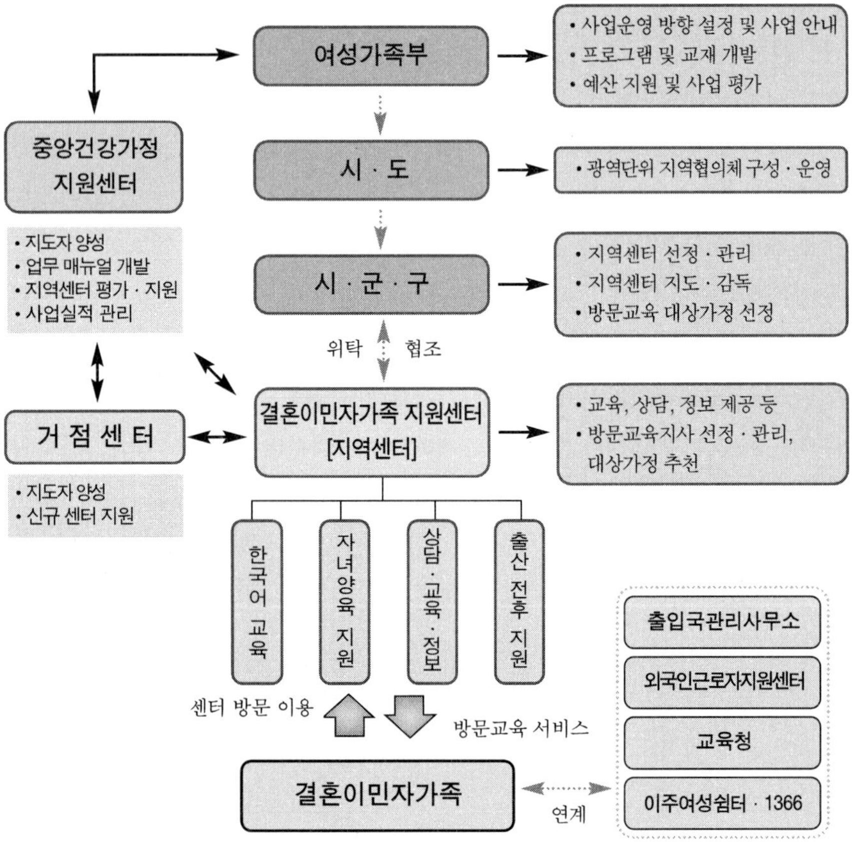

자료: 여성가족부(2008b).

[그림 1-6] 여성가족부의 결혼이민자가족 지원체계

베트남, 필리핀, 중국 등 10개국의 사회와 문화를 소개하는 책자를 발간하여 국제결혼 상대국에 대한 다문화 이해교육을 지원하고 있다(이중근, 2008). 문화관광부에서는 문화 소외계층 지원사업의 일환으로 지방문화원과 한국어세계화재단을 통해 결혼 이주 여성에 대한 문화예술 교육을 실시하고 있다. 그리고 정보통신부는 정보 접근권 취약계층 사업의 일환으로 결혼 이주 여성을 대상으로 컴퓨터 교실을 운영하고 있다(정선애, 2007).

여성가족부가 결혼 이주 여성과 그 가족을 위한 생활복지 전반과 교육 서비스 사업에 중추적인 역할을 담당하고 있다면, 교육인적자원부는 다문화 가정의 자녀들을 위한 교육지원 사업에 핵심적인 지원 주체가 되고 있다. 교육인적자원부는 2006년 5월 우리 사회 내의 다양한 구성원의 인권보호 및 사회통합을 도모하고, 다문화 가정 자녀들의 교육적 소외를 방지하며, 이들을 글로벌 시대의 인적자원으로 육성하기 위한 목적으로 '다문화 가정 자녀교육 지원대책'을 발표하였다. 이는 다문화 가족 지원을 위한 부처 간 협력체계 구축, 지역사회 내 다문화 가정 지원 협력체계 구축 지원, 학교의 다문화 가정 자녀에 대한 지원 기능 강화, 다문화 가정 자녀의 교육을 위한 교사 역량 강화, 교육과정 및 교과서에 다문화 교육 요소 반영, '대학생 멘터링 사업'을 통한 다문화 가정 자녀지원 등을 골자로 하는 것이다(교육인적자원부, 2006).

이 정책의 추진 과제로 실시된 대표적인 지원 사업 가운데 하나가 바로 다문화 교육 정책연구학교 운영사업이다. 보통 방과후 학교 프로그램을 활용하여 다문화 가정의 자녀, 그중에서도 국제결혼 가정의 자녀를 중심으로 1년간 언어지도, 학습지도, 정체성 강화, 부모교육 등을 운영함으로써 다문화 가정 자녀들의 교육적 소외를 해소하고자 한 것이 주된 사업 내용이자 목적이었다. 최근 들어 이 사업의 결과가 대외적으로 하나둘씩 발표되고 있어 관심을 불러일으키고 있다. 이 사업의 교육적 성과로 보고된 바에 의하면, 다문화 교육을 통해 다문화 가정 자녀들의 정체성이 향상되었고(광천초등학교, 2007; 미원초등학교, 2007; 장수초등학교, 2007), 학부모들의 한글 능력과 한국문화 이해 수준이 향상되었으며, 일반 학생들과 교사들의 다문화 사회에 대한 인식과 다양성에 대한 수용도가 높아졌고, 다문화 이해교육에 대한 만족도가 높게 나타나고 있다(경동초등학교, 2007; 구지초등학교, 2006).

이후 교육인적자원부는 2007년 '다문화 가정 자녀교육 지원계획'을 발표하였다. 이는 기존의 추진 과제를 주기적으로 평가 · 관리하고 사업의 내실화와 다양화를 도모함으로써 다문화 가정의 언어 및 문화 장벽을 해소하고 사회적 귀속감을 증대시키며 일반인의 다문화 감수성을 증진시킨다는 향후 사업의 목표를 제시한 것이다. 그리고 이와 같은 목표를 달성하기 위해 학교를 중심으로 교육력을 제고하고 다문화 이해교육을 강화한다는 방향을 설정하였다. 또한 전국에 다문화 교육센터를 설립하여 각 시 · 도의 교육청과 일선 학교, 지역사회 유관 단체와의 유기적인 공조체계를 통해 이 사업을 본격적으로 추진할 계획을 세우고 있다([그림 1-7] 참조).

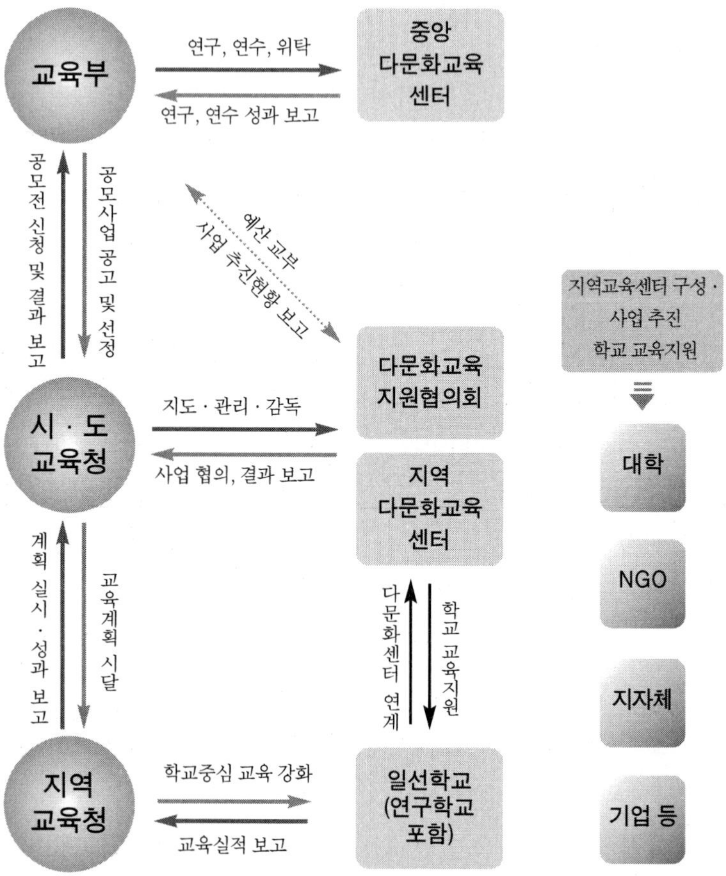

자료: 교육인적자원부(2007).

[그림 1-7] 교육인적자원부의 다문화 교육 지원체계

학교 교육력의 강화 차원에서는 외국인 근로자 자녀들의 취학률을 적극적으로 제고하고, 학부모와 학생들의 국적에 따른 다양한 교육 프로그램 자료를 개발하며, 담임교사의 연수를 활성화하고, 기존 사업의 성과에 대한 분석을 바탕으로 학생별 · 상황별 통합 지원을 실시할 방침이다. 그리고 다문화 이해 교육을 강화하기 위해 민족적 · 문화적 배타성을 완화하고, 타 문화에 대한 이해와 존중 및 편견 극복을 강조하는 내용으로 교육과정을 개편하며, 유입 인원이 많은 국가와 지역의 문화 · 언어 · 역사에 대한 다각적인 연구와 교육, 정보 제공을 활성화할 계획이다. 아울러 다문화 교육 관련 사업을 지속적으로 모니터링하고 대국민 인식 개선을 위한 홍보에 주력하는 사업도 펼칠 예정이다. 다문화 교육 정책연구학교 지원사업의 경우 2006년에 이어 확대 실시하고 있는 중이다. 2007년의 경우 전국의 12개 학교(유치원 2개원, 초등학교 8개교, 중학교 1개교, 고등학교 1개교 등)에서 1년 또는 2년 과제로 진행되고 있다(〈표 1-5〉 참조).

〈표 1-5〉 교육인적자원부 지정 다문화교육 정책연구학교

지역	학교명	학교급	연구 과제명	기 간
서울 (성동)	경동초등학교	초등학교	다문화교육 프로그램을 통한 다문화 사회 적응 능력 신장	'07.3.~ '08.2.(1년)
부산 (사상)	주감초등학교	초등학교	월별 '다문화의 날' 운영을 통한 더불어 사는 공동체 의식 함양	'07.3.~ '09.2.(2년)
인천 (중구)	박문유치원	유치원	체험중심 다문화교육을 통한 유아의 다문화 인식 증진	'07.3.~ '08.2.(1년)
광주 (서구)	광천초등학교	초등학교	다문화가정 교육지원 프로그램 운영을 통한 세계시민으로서 정체성 함양	'07.3.~ '09.2.(2년)
대전 (대덕)	비래초등학교	초등학교	지역중심 방과후학교 및 다문화 이해 교육을 통한 다문화가정 자녀의 학교생활 적응력 신장	'07.3.~ '09.2.(2년)

경기(가평)	가평미원초등학교	초등학교	다문화가정 학부모와의 연계교육을 통한 이중언어 사용 활성화 방안	'07.3.~'09.2.(2년)
경기(안산)	안산양지고등학교	고등학교	주제별 다문화 체험활동을 통한 글로벌 시민자질 양상	'07.3.~'09.2.(2년)
충남(금산)	부리초등학교 병설유치원	유치원	다문화교육 프로그램 구안·적용을 통한 유아의 긍정적인 또래관계 형성	'07.3.~'09.2.(2년)
전북(장수)	장수초등학교	초등학교	다문화가정 자녀 학습지원 프로그램 개발·적용을 통한 학습결손 및 학교 부적응 해소	'07.3.~'09.2.(2년)
전남(화순)	천태초등학교	초등학교	다문화 이해교육 프로그램 적용을 통한 학생 개개인의 자아정체성 기르기	'07.3.~'09.2.(2년)
경북(고령)	우곡초등학교	초등학교	다문화 이해교육 프로그램 구안·적용을 통한 공동체 의식 함양	'07.3.~'09.2.(2년)
경남(창원)	안남중학교	중학교	우리 문화 체험활동을 통한 다문화가정 자녀 정체성 강화 방안	'07.3.~'09.2.(2년)

자료 : 교육인적자원부(2008).

다문화 가족과 그 자녀들을 위한 교육적 지원은 최근 들어 범정부 차원에서 활발하게 전개되고 있다. 사실 중앙정부와 지방정부가 다문화 사회의 문제에 관심을 가지고 교육적 접근을 통해 사회통합을 모색하게 된 것은 근자의 일이라고 할 수 있다. 정부의 손길이 미치기 전부터 도움이 필요한 곳에 민간 차원에서의 지원이 산발적으로 이루어져 왔다. 주로 종교단체나 인권단체, 여성단체와 같은 비정부기구(NGO)를 통해서 다문화 성원의 인권을 보호하고 그들의 사회적 적응을 지원하는 여러 가지 보살핌이 있어 왔다. 최근에는 다문화가 '시대적 트렌드'와 같이 우리 사회의 주요 이슈가 되면서 보다 많은 기관과 단체에서 다문화, 다문화 가족, 다문화 교육에 관심을 가지고 관련 사업을 진행하고 있다. 전국에 걸친 민간 차원의 다문화 교육 기관 및 단체와 이들의 주요 프로그램의 현황을 소개해 보면 〈표 1-6〉과 같다.

〈표 1-6〉 민간 차원의 다문화 교육

지역	기관 및 단체	지원 프로그램
서울	한국이주여성인권센터, 푸른시민연대, 한국이주노동자건강협회, 동대문구 건강가정지원센터, 결혼이민자연대 서울센터, 한국외국인근로자 지원센터	의료지원, 한국어교육·문화활동 지원, 상담, 쉼터 운영, 컴퓨터 교육, 자녀지원, 모성보호 등
부산	충무동주민자체센터, 부산여성회, 부산동래여성인력개발센터, 여성회관, 외국인의집	한글교육, 보육지원, 상담, 출산도우미 등
대구	남산기독교사회복지관, 구민교회, 대구사회선교회, 대구카톨릭근로자회관, 불교사회복지회, 한우리가족사랑센터	사회적응 프로그램, 한국어교육, 문화체험 강좌, 모성보호, 자녀학습 지원, 다문화지역사회 홍보 등
인천	천주교인천교구(기쁨의 집), (사)한국여성의 전화, 여성복지관, 조이하우스, 한국이주노동자인권센터	한국어교육, 문화(요리, 공예 등), 미술치료, 방문교육(아동지원, 모성보호)
광주	광주북구여성인력개발센터, 여성발전센터	국제결혼가정 명절음식 만들기, 이주여성 부부캠프
대전	대전모이세, 외국인이주노동자종합지원센터, 대전이주노동자연대	한국어·다문화이해교육, 모성보호, 자녀지원
울산	한국여성의전화연합 울산지부	한글교육 등
경기	안산 외국인노동자센터, 안양 전진상복지관 사회교육센터, WeHome(외국인성매매보호시설), 의정부이주노동자상담소, 의정부이주노동자센터, 의정부외국인근로자센터, 노동복지회관(부천)	한글·요리·문화 강좌, 부부교육, 컴퓨터 교육, 예절교육, 가정상담, 도서관 지원, 문화행사
충북	(사)충북이주여성인권센터, 옥천한국어학당, 충청북도여성단체협의회, 충북외국인이주노동자지원센터	한국어 방문교육, 문화교육, 출산도우미, 상담, 요가교실, 자녀놀이방, 산후도우미, 컴퓨터·요리교실, 자료집 발간, 부부캠프, 이주여성 지원방안모색 토론회
강원	강원대국제봉사협력단, 강릉YWCA, 한국가정법률상담소 동해지부, 속초시YWCA, 새마을운동중앙회횡성군지부, 평창군새마을부녀회, 평창군새마을지도자협의회, 고성군사회복지협의회, 명륜종합사회복지관, 고향을 생각하는 주부들의모임	문화탐방, 요리교육, 친정방문 지원, 정보화교육, 한글교육, 정서적 지원, 모성보호, 생활상담 등

충남	모이세이주여성의집, 아산시여성단체협의회, 종교단체, 청양군여성단체협의회, 당진문화원, (사)아산우리가족상담센터, 외국인쉼터(천안)	한글 · 문화이해교육, 생활상담
전북	익산여성의전화, 성요셉노동자의집, (사)구파백정기의사기념사업회, 완주군여성단체협의회, 무주적상농협무주지소, 고창문화원, 부안군여성농업인센터, 고향을생각하는주부들의모임, 전주여성의전화, (사)군산여성의전화, 익산여성의전화, 원광대부설건강가정지원센터, 아시아노동인권센터(전주)	한글 · 문화체험 · 부부교육, 의료사업, 출산장려금 지원 등
전남	외국인주부쉼터, 나주여성상담센터,나주시여성단체협의회, (사)영광여성의전화, 영암이주여성센터, 여수시건강가정지원센터, 나주결혼이민자가족 지원센터	한글 · 문화 · 부부교육, 예술치료, 창업지원, 농촌정착지원사업, 방문교육(모성보호, 아동학습 지원 포함) 등
경북	(사)포항여성회, 안동병원, 구미가톨릭근로자문화센터, 구세군(결혼이민자센터), 사랑방, 수정공부방, 아름다운가정만들기, 외국인상담센터(경주)	한글교육, 문화체험, 이주여성 만남의 장, 시부모교육, 요리교육, 생활상담 · 문화적응 교육
경남	거제YWCA, 양산가정교회, 통일교 남해지부, 산청군여성단체협의회, 함양가정교회, 함양시민연대, 거창YWCA, 김해시 건강가정지원센터	한글 · 문화교육, 이주여성한마음지원행사 등
제주	제주여성인력개발센터, 여성교육문화센터	한글교육, 출산도우미, 문화교육, 직업교육

자료: 교육인적자원부(2007).

3) 다문화 교육의 과제

앞서 살펴본 바와 같이 사회적 차원에서 다문화 교육이나 그 실천적 적용에 관심을 갖게 된 것은 비교적 근자의 일이다. 특히 정부 차원에서 이 일을 추진하게 된 것은 최근의 일이다. 앞으로 이 분야의 교육이 성공을 거두어 명실공히 다문화 사회를 살아가는 이들에게 유익한 교육으로 자리매김하기 위해서는 시행 초기에 있는 다문화 교육의 문제를 짚어보고, 문제를 해결하기 위한 합리적인 접근으로서 향후 개선 방안을 모색해 보는 노력이 필요하다. 이러한 측면에서 주로 국제결혼 가정의 결혼 이주자 여성 및 그 자녀를 중심으로 이루어지고 있는 다문화 교육에 초점을 맞추어 시행 초기의 실태와 관련된 문제들을 점검해 보고 그에 대한 개선 방안을 제시해 보고자 한다.

첫째, 교육의 체계성이 결여되어 있는 경우가 많다. 다문화 교육 프로그램의 개발이나 실행에 있어 이를 주관하는 담당 부서의 역할 배분이나 전달 체계가 모호하거나 부서 간 역할이 중복되는 경우가 많다. 또한 프로그램의 운영도 체계적인 틀에 의해 이루어지기보다는 시범적 · 실험적 차원에서 일회적이고 단속적으로 이루어지는 경우가 많다. 철저한 사전 준비와 계획에 의해 체계를 갖추지 못하고 즉흥적인 구성으로 교육을 실시하여 교육의 설계와 구성, 진행에 있어 허술한 느낌이 들기도 한다. 예를 들면, 이주 여성을 대상으로 하는 문화적응 프로그램의 경우 지역 내 시설을 둘러보는 정도로 수업을 마치는 경우가 많아 피상적이고 형식적인 교육에 그치고 있는 듯하다.

이러한 문제를 직시하여 앞으로 다문화 교육의 체계적인 개발과 보급에 보다 많은 노력을 기울여야 할 것이다. 다문화 교육의 활성화를 위해서는 우선 다문화 교육을 관장하는 전달 시스템을 합리적으로 구축하고 교육과정을 개발하는 일이 무엇보다도 중요하다. 그리고 이와 함께 교육의 목표와 내용, 방법 등을 보다 구조화하여야 할 것이다. 미리 설계되고 잘 짜인 구조화된 프로그램을 학교나 지역사회 내의 센터를 통해 체계적으로 보급할 필요가 있다. 이를 위해 장단기 계획하에 다문화 교육 프로그램을 정책적으로 개발하고 실행하며 평가하는 작업을 체계적으로 진행해야 할 것이다. 더불어 다문화 교육에 대한 홍보 전략도 체계적으로 수립할 필요가 있다.

둘째, 현재 일선에서 실시되고 있는 다문화 교육을 보면 그 내용과 방법의 측면에서 전문성이 매우 취약하다는 것을 쉽게 감지할 수 있다. 아직까지 이 분야의 교육을 담당하는 전문 인력이 양성되지 못한 상황이다 보니 센터가 위치한 지역에서 프로그램을 운영할 자원봉사자를 모집하여 활용하거나 학교 내 교사를 활용하는 경우가 많아 전문성이 결여되는 경향이 나타나고 있다.

또한 다문화 교육과 관련된 교재나 참고 자료도 극히 빈약하여 전문적인 교육으로 교육의 효과를 제고하는 데 많은 제약이 따르고 있다. 현재까지 개발된 전문 교재로는 여성가족부에서 개발한 세 편(첫걸음, 초급, 중급)의 한국어 교재가 거의 유일하다시피한데, 교육 대상의 수준에 따라 보다 세분화되어야 한다는 지적을 받고 있다.

다문화 교육의 전문화를 기하기 위해서는 우리 사회 내 다문화 성원들의 특수성을 고려하여 그들이 겪고 있는 언어적 · 문화적 적응의 문제를 분석하고, 효과적인 지원이 될 수 있도록 전문화된 교육 내용을 구성하며, 이를 충실히 지도하고 전달할 수 있는 매체로서 전문 인력을 양성하고 관리하는 일이 매우 시급한 상황이다. 특별히 학교에서 이뤄지는 다문화 교육의 경우 교사에 대한 부모들의 신뢰가 높고 부모와 자녀에 대한 효율적인 지도가 가능하다는 장점을 바탕으로 한국어 및 한국 문화 연수과정을 거쳐 전문 강사로 활용하는 방안을 적극 모색해 볼 필요가 있다. 또한 다문화 교육에 관한 전문 교재나 참고 자료 등의 개발에도 많은 노력을 기울여야 할 것이다.

셋째, 지금까지의 다문화 교육 실제를 보면 교육에 참여하는 대상이 매우 제한적인 것으로 나타나고 있다. 이는 주관 기관이 사전에 다문화 교육에 대한 홍보를 적극적으로 하지 않았기 때문일 수도 있고, 다문화 교육에 대해 알고 있고 그 필요성을 절감하고 있음에도 시간적 · 경제적 이유 등 개인적인 사정이 여의치 않아 참석할 수 없었기 때문일 수도 있다. 혹은 참가자의 교육 요구를 반영하지 못하고 흥미와 동기를 유발할 만한 운영 방식을 채택하지 못하여 중도 탈락자가 많이 발생하여 초래된 결과일 수도 있다. 한편, 결혼 이주 여성과 그 자녀 외에 남편이나 시부모 등의 참여 방안을 적극적으로 모색하지 못한 것이나, 외국인 근로자 또는 북한 이탈주민, 일반인을 대상으로 범위를 확대하지 못한 것도 아쉽다.

앞으로는 교육의 대상을 보다 확대할 필요가 있다. 보통 참가자의 특성을 보면 교육에 관심이 많고 시간적으로나 경제적으로 여유가 있으면서 사회 참여에 적극적인 주부들이 주를 이룬다. 한국 사회에 적응하는 데 많은 어려움을 겪고 있는 경우, 자녀 문제와 가족 문제로 도움이 절실히 필요한 경우, 맞벌이를 하고 있는 경우는 교육의 대상에서 제외되기 쉽다. 어린 자녀를 둔 어머니를 위한 탁아 서비스나 직장인을 위한 주말 프로그램, 사이버교육 등 교육 대상의 확대를 위한 다양한 전략이 필요하다. 또한 다문화 교육을 이주 여성에게만 국한시킬 것이 아니라 다문화 이해교육의 차원에서 남편과 시부모를 동참시킬 필요가 있고, 교육 대상자를 외국인 근로자나 북한 이탈주민, 일반인 등으로 확대시킬 필요가 있다.

넷째, 교육의 내용이 다양하지 못하고 단조로운 양상을 보이고 있다. 대부분의 경우 학교나 결혼이민자가족 지원센터를 통해 한글지도와 한국 문화 체험 활동 등을 위주로 획일적인 내용의 교육을 실시하고 있다. 다문화 가족의 특성과 요구에 기초하여 교육 내용을 구성하는 경우는 찾아보기 어렵고, 참가자를 교육받아야 할 대상으로 한정하는 고정관념에서 벗어나 다문화 교육의 유용한 전수자로 보고 그에 맞는 교육 내용을 구성하는 경우도 거의 없다. 또한 다문화 교육을 소수자의 문화적응 교육의 차원으로 국한시켜 한국어나 한국 문화 학습의 수단으로만 여기는 일방적인 교육이 주를 이루고 있으며 다문화 이해교육의 차원에서 또는 반편견 교육의 일환으로 다문화 교육을 실시하는 경우도 매우 드문 상황이다.

이에 다문화 교육의 다양화를 기하는 다각적인 노력이 요구되고 있다. 한국어 지도나 한국 문화 소개가 주를 이루는 획일화된 양상에서 벗어나 다양한 내용의 교육을 구성할 필요가 있는데, 특별히 교육 대상의 요구와 특성에 기초하여 다양한 내용의 교육안을 구성하는 것이 바람직할 것이다. 또한 다문화인과 그 가족들을 교육의 대상으로만 생각하는 제한된 시각에서 벗어나 다문화 교육의 효과적인 교수자로 활용하는 방안도 적극 검토해 볼 필요가 있다. 아울러 일반인을 대상으로 하는 다문화 교육을 통해 상호 이해 증진을 도모함으로써 사회통합을 모색할 필요가 있다. 이 밖에 교육의 방법도 다각화하여 강의나 토론 외에 워크숍, 역할극, 온라인 교육 등과 같은 다양한 방법을 연구하고 적용할 필요가 있다.

다섯째, 다문화 교육을 실시함에 있어 합리적인 운영의 묘를 살리지 못하고 있는 경우가 많다. 다문화 가정의 자녀들을 대상으로 하는 방과후학교의 경우 가족과의 연계를 통해 보다 큰 효과를 얻어 낼 수 있음에도 그와 같은 운영이 이루어지고 있지 않다. 보통 어머니들은 자녀들의 숙제를 도와주거나 학습을 지도하는 데 어려움을 느끼고 자녀들은 부모와의 대화가 부족해 결핍감을 느끼는 경우가 많은데, 이와 같은 문제에 대한 통합적인 해결책으로 부모상담이나 부모교육, 부모참여, 자녀와 함께하는 활동 등을 활용하지 못하고 있다. 다문화 가정의 어머니들을 다문화 이해교육의 교사나 강사로 활용하지 못하는 것, 지역사회의 다양한 자원을 동원하여 다문화 교육 협력체를 구성하지 못하는 것도 한계로 보인다.

이와 같은 문제에 대한 대책으로 가정과 학교, 사회 간의 유기적인 공조체계를 통해 다문화 교육을 지원하고 활성화할 필요가 있다. 즉, 가정교육과 학교교육, 사회교육의 접합지대로서 다문화 교육의 가치와 의의, 성과를 최대화하는 전략을 개발할 필요가 있다. 가정과 학교는 다문화 교육을 매개로 협력 기반을 조성하고, 학교와 지역사회는 지역 내 다양한 인적 · 물적 자원을 활용하여 다문화 교육을 지원하는 효과적인 협동체계를 구축할 필요가 있다. 또한 다문화 가족의 한국 사회 적응을 돕는 동시에 한국 사회에 다문화 가족을 이해시키는 균형된 접근을 통해 사회 구성원들 간의 조화로운 공생을 도모하는 유용한 도구로 다문화 교육을 더욱 다채롭게 활용할 필요가 있다(김향은, 2007).

참/고/문/헌

가평미원초등학교(2007). 다문화가정 학부모와의 연계교육을 통한 이중 언어 사용 활성화 방안. 교육인적자원부지정 다문화교육 시범학교 운영보고서.

강대근(2007a). 다민족 다문화 사회와 교육. 한국교육개발원 메일진, 3월 15일.

강대근(2007b). 국제이해교육으로서 다문화 교육의 과제: 교사 연수 경험을 중심으로. 다문화시대의 교육, 어디로 가나. 제2회 경기다문화교육포럼, 23-36.
강원일보(2006. 1. 10). [사설] 외국인 주부에게 정주의식을.
경기도(2006). 경기도내 국제결혼 이민자 가족 실태조사 및 정책적 지원방안 연구.
경기도가족여성개발원(2007). 경기도내 국제결혼 이민자가족 실태 및 정책지원 방안.
경동초등학교(2007). 다문화교육 프로그램을 통한 다문화사회 적응능력 신장. 교육인적자원부지정 다문화교육 시범학교 운영보고서.
경북일보(2007a. 11. 14). [구미] 다문화 가정을 위한 '외국어 홍보물' 배부.
경북일보(2007b. 4. 30). 다문화 가정 자녀교육 프로그램.
고기복(2007. 8. 20). 다문화 이해교육, 균형잡힌 시각 필요. 오마이뉴스.
곽한영(2007). 다문화 관련 법령과 제도에 대하여. 제4회 경기다문화교육포럼, 47-49.
광천초등학교(2007). 다문화가정 교육지원 프로그램 운영을 통한 세계시민으로서의 정체성 함양. 교육인적자원부지정 다문화교육 시범학교 운영보고서.
교육인적자원부(2006). 다문화 가정 자녀교육 지원대책.
교육인적자원부(2007). 다문화 가정 자녀교육 지원계획.
교육인적자원부(2008). 다문화교육 정책연구학교 현황.
국무조정실(2008). 〈올해 외국인 근로자 13만 2천명 들어온다〉. 국무조정실 보도자료.
국민일보(2007. 11. 6). 다문화 · 다인종 사회.
권태선(2007). 불법 '집단 맞선' 뒷돈 무마…인신 매매국 찍힐라. 한겨레, 2월 5일.
김남중, 한애란(2006). 국제결혼 외국인들 "배울 곳 없어요." 중앙일보, 1월 26일.
김재숙(2006). 북한이주민의 사회통합에 영향을 미치는 요인에 관한 연구. 경성대학교 석사학위논문.
김재우(2007). 다문화 사회로의 전환. 다문화교육의 구체적인 적응을 위한 현장사례 발표 및 발전방향 제안 토론회, 109-112. 아시아공동체학교 세미나 자료집.
김종남(2006). [기고] 다인종 다문화 시대에, 우리는. 광주일보, 5월 17일.
김해성(2006). 다문화 시대의 다문화 교육 실태와 과제. 제1회 경기다문화교육포럼, 29-40.
김향은(2007). 학교에서의 다문화 교육과 부모교육. 학교에서의 다문화 교육의 현황과 과제. 부산대학교 교육연구소 세미나자료집, 25-29.
김현덕(2007). 다문화 시대에 대한 인식: 다문화 교육과 국제 이해 교육. 다문화 사회를 위한 교육: 국제이해 교육과 다문화 교육. 제2차 국제이해교육포럼, 2-13.
뉴시스(2007). '다문화 가족지원 법안' 입법을 추진 중.

대구구지초등학교(2007). 다문화교육 프로그램 운영을 통한 기초학습 능력 증진 및 문화정체성 형성. 교육인적자원부지정 다문화교육 시범학교 운영보고서.

동아일보(2007. 10. 31). [사설] "한국인이여 베트남 신부 잘 좀 대해주세요."

매일경제(2008. 2. 6). 노동-고용 효과.

메리-제인 리디코트(2007). [한국에 살면서] 다문화주의, 국가 정체성 손실인가. 한국일보, 12월 6일.

문성규(2007). "남에서처럼 일하면 북에서 노력 영웅된다." 연합뉴스, 1월 11일.

박천응(2006). 지역사회와 다문화공동체 교육. 다문화교육의 현황과 과제, 71-99. 부산대학교 교육연구소 학술대회 자료집.

박해광(2007). 국제결혼과 문화적 차이. 광주일보, 3월 4일.

법무부(2007). "체류 외국인 100만명 돌파!"

부산일보(2007. 1. 2). [더불어 함께] 이주 노동자 · 새터민… '문화적 소수' 목소리.

부산YWCA(2005). 새터민의 남한사회 정착을 위한 실태 및 욕구조사 결과 보고서.

설동훈, 김윤태, 김현미, 윤홍식, 이혜경, 임경택, 정기선, 주영수, 한진수(2005). 국제결혼 이주여성 실태조사 및 보건복지지원 정책방안. 보건복지부.

심규석(2008). 〈"서울말이 영어만큼 어려워." 탈북 청년들의 모임〉. 연합뉴스, 1월 25일

안남중학교(2007). 우리문화 체험 활동을 통한 다문화 가정 자녀 정체성 강화 방안. 2007학년도 교육인적자원부 정책연구학교 운영보고서.

안윤석(2007). 결혼이민자 43%, "한국이 여성지위 더 낮아." 노컷뉴스, 3월 24일.

안정숙(2007). 새터민, 외계인 취급 · 무시…속상하고 야속. 매일경제, 11월 9일.

양옥경(2007). 서울거주 국제결혼 이주여성의 사회적응 지원방안. 서울정책 포커스, 27, 1-20

양정화(2005). 이주여성의 차별과 폭력경험에 관한 실태조사 연구. 경남대학교 석사학위논문.

양해우(2003). 한국의 이주 노동자 정책 변화와 이주 노동자 운동. http://www.kafi.or.kr 에서 2008년 2월 12일 검색.

여성가족부(2007a). 결혼 이민자 가족 실태조사 및 중장기 지원 정책방안연구.

여성가족부(2007b). 국제결혼 이민자에 관한 국민의식조사 결과.

여성가족부(2008a). 결혼 이민자 가족 방문 교육사업 기본 계획.

여성가족부(2008b). 결혼이민자가족센터 운영 기본계획.

연합뉴스(2007a. 12. 11). 우리 비빔밥처럼 어울려 살아요.

연합뉴스(2007b. 4. 25). 베트남 며느리는 왜 아기 머리맡에 칼을 놓았나.

오성배(2006). 한국사회의 소수민족 코시안 아동의 사례를 통한 다문화교육의 방향 탐색. 교육사회학회집, 16(4), 137-157.

이경희, 배성우(2006). 새터민의 취업과 직장생활 갈등에 관한 연구. 통일정책 연구, 15(2), 1−28.

이금순, 강신창, 김병로, 김수암, 안혜영, 오승렬, 윤여상, 이우영, 임순희, 최의철(2003). 북한 이탈주민 적응실태연구. 서울: 통일연구원.

이승미(2007). 문화다양성과 다문화 교육. 다문화 사회를 위한 교육: 국제이해 교육과 다문화 교육. 제2차 국제이해교육포럼, 14−19.

이윤미(2006). 시집 온 외국인 여성 30% "돈 때문에." 새전북신문, 2월 8일.

이중근(2008). 〈농진청, 국제결혼 도움 주는 '다문화 사회이해' 발간〉. KBS뉴스, 2월 8일.

이창호(2008). [기고] 다문화 시대에 걸맞는 청소년 교육 시급하다. 세계일보, 1월 8일.

장덕종(2007). 〈새터민 지역사회 적응 "정말 어렵네요"〉. 연합뉴스, 10월 18일.

전북장수초등학교(2007), 다문화가정자녀 학습지원 프로그램 개발적용을 통한 학습결손 및 학교 부적응 해소. 교육인적자원부지정 다문화교육 정책연구학교 운영보고서.

정선애(2007). 일하고 싶은 결혼 이주여성. 현모양처가 좋은 이주여성 정책. 한국 이주여성인권센터 2007 정기 심포지엄.

정후식(2007a). 제3부, 2세들의 힘겨운 나날 〈13〉 다문화가정 자녀실태. 광주일보, 4월 15일.

정후식(2007b). 제3부. 2세들의 힘겨운 나날 〈15〉 화순천태초등학교의 다문화교육. 광주일보, 4월 19일.

조선일보(2007. 11. 2). '잡종' 이여 영원하라.

조영달(2006). 다문화 가정 자녀 교육실태. 교육부.

조정아, 정진경(2006). 새터민의 취업과 직장생활 갈등에 관한 연구. 통일정책연구, 15(2), 29−52.

주경미(2007). 여성결혼 이민자의 사회 통합을 위한 정책 지원 방안. 다문화교육의 구체적인 적용을 위한 현장사례 발표 및 발전방향 제안 토론회, 113−118.

최병길, 지성호, 황봉규(2006). 외국인 주부, 대책은 걸음마. 연합뉴스, 1월 23일.

최종식(2007). 다문화 사회의 과제. 제1회 경기다문화교육포럼, 49. 경기다문화교육센터.

최충옥(2007). 다문화 시대의 교육 정책 현황과 과제. 제4회 경기다문화교육포럼, 11-24, 경기다문화교육센터.

통계청(2007). 인구동태(혼인 · 이혼) 통계연보.

통일부(2007). 북한 이탈주민 현황.

한겨레(2007). 번갯불 콩 볶듯 결혼…몇 달 만에 깨진 '단꿈'.

한국염(2006). 여성결혼 이민자의 현황과 과제. 결혼이민자지원센터 실무자교육자료. http://www.wmigrant.org에서 2008년 2월 25일 검색

한기홍(2006). [커버스토리] 탈북자 1만명 시대를 준비하라. 경향신문, 5월 16일.

한미희(2008). "새터민 · 조선족보다 미국인이 더 가깝다." 연합뉴스, 2월 13일.

한승호(2007). [탈북자 1만 시대] ① '분단 상징' 넘어 '형제' 로. 연합뉴스, 1월 11일.

Banks, J. A. (2001) Multicultural education: Historical development, dimensions, and practice. A. J. Banks & M. C. Banks (Eds.), *Handbook of research on multicultural education* (pp. 3-24). California: Jossey-Bass, Inc. Publishers.

Woodrow, Derek, G., Verma, M. Rocho-Trindade, G. Campani, & C. Bagley (Eds.) (1997). *International Education: Theories, Policies, and Practice*. Ashgate, Aldershot.

제2장

다문화 사회에서의 문화통합과 문화교양

1. 다문화 사회와 한국 사회의 현실

국내 체류 외국인이 100만 명에 이를 정도로 우리 사회는 다인종 · 다문화 사회로 급속히 변화하고 있다(2007년 8월 현재, [그림 1-2] 참조). 그러나 다문화 사회에 대한 우리의 인식은 사회 변화 속도를 따라가지 못하고 있다. 2006년 4월 피츠버그 스틸러스의 미식축구 선수 하인스 워드의 방한이 대표적 사례다. 하인스 워드의 방한으로 혼혈인과 그들의 문화에 대한 우리 사회의 관심이 증폭되는 것처럼 보였다. 그러나 자신들을 향한 한국인의 사랑이 다른 혼혈인들에게도 보내지기를 원한다는 하인스 워드와 그 어머니의 충고처럼 우리 사회가 보인 관심은 혼혈인이나 다문화가 아닌 한국계 미국인의 성공이었다.

사실 우리 사회에는 여전히 혼혈인에 대한 차별과 편견이 존재하고 있다. 이는 '혼혈인과 내 아이가 결혼해도 좋다고 응답한 학부모가 10%에 불과하고, 혼혈인 친구를 반장으로 뽑지 않겠다는 학생들이 95%' (http://www.segye.com 2006년 10월 24일 검색)에 이른다는 조사 결과를 통해서도 확인할 수 있다. 다른 민족이나 인종에 대한 배타성으로 인해 지난해 스위스 국제경영개발원 조사에서 조사 대상 55개국 중 우리나라의 인종차별이 51위에 집계되었으며, 급기야 2007년 8월 18일 유엔 인종차별철폐위원회(CERD)로부터 사실상의 '인종차별국가' 로 지정받아 시정을 촉구받기에 이르렀다.[1)]

1) 유엔 인종차별철폐위원회는 한국 사회에 단일민족, 순수혈통, 혼혈과 같은 용어들과 더불어 인종 우월적인 관념이 널리 퍼져 있는 데 주목한다며 이주 노동자, 외국인 여성 배우자, 혼혈아의 인권 문제와 함께 한국인의 혈통주의를 비판했다. 위원회는 한국 내에 사는 모든 인종, 민족, 국가 집단들 간의 이해와 관용을 위한 인권 인식 프로그램뿐 아니라 서로 다른 민족, 국가 집단들의 역사와 문화에 관한 정보들을 초 · 중등학교의 교과목에 포함시킬 것을 한국 정부에 권고했다(http://www.unog.ch/80256EDD006B9C2E/(httpNewsByYear_en)/BB5D56CF7766C82BC125733A0044E883?OpenDocument/) (2007년 8월 27일 검색).

김회용(부산대학교 교육학과 교수)

국내 체류 외국인 100만 명 시대를 맞아서도 우리 사회 내부에 단일민족중심주의와 자민족 중심의 우월성이 여전한 이유는 무엇인가? 이런 편견과 차별의 이유로 우리 사회 구성원들에게 내재된 자민족 우월 인식과 함께 우리 학생들이 배우는 교육 내용의 영향을 무시할 수 없다. 초등학교 사회, 도덕 교과서가 지나치게 민족 중심으로 서술되어 있으며, 심지어 우리 민족의 우월성을 강조하기 위해 다른 민족에 대해서 근거 없이 지나치게 비하하고, 우리 민족이 같은 핏줄임을 강조하기 위해 역사적 사실에 대해 객관적으로 기술하지 못하고 있으며, 민족문화의 우수성을 강조하기 위해 타 민족을 폄하하는 대목도 많은 것으로 조사되었다(박철희, 2007).

고등학교 시민윤리에서는 "우리나라는 단일민족 국가다. 따라서 우리는 단일민족으로서 강한 동질감을 가지고 있어 국가 정체성을 가지는 일이 비교적 용이하다. …… 피를 나눈 동포들에 대한 연대의식으로서 민족 공동체 의식은 애국심과 비교될 만하다."(교육인적자원부, 2004)고 했으며, 중학교 국사 교과에서도 "세계에서 보기 드문 단일민족 국가의 전통을 이어가고 있다."(국사편찬위원회, 1996)고 기술되어 있다. 어린 시절부터 학습을 통해 내면화된 단일민족의 우월성이 타 인종, 타 민족에 대한 편견으로 작용하는 것으로 보인다. 다인종, 다문화 시대에 이처럼 우리 민족의 우월성을 지나치게 강조하는 교육은 세계화 속에서 우리 사회의 고립을 초래할 가능성이 있다.

이러한 현실을 고려하여 교육부는 "현재 다원화 · 세계화 추세를 반영해 중립적 가치를 지닐 수 있도록 국정 및 검정 교과서를 수정 · 보완할 때 이 같은 기준을 검정 기준으로도 반영할 예정"이라고 하면서, '타 문화에 대한 관용 정신'을 반영하여 교과서를 개정할 의사를 밝혔다. 구체적으로 사회 · 도덕 등 관련 과목에 대한 교육과정 해설서(2009년 사용 예정)를 발간할 때 "다른 나라 · 민족에 대한 이해와 존중을 바탕으로 편견을 극복하고 관용을 갖는 내용을 반영하겠다."고 했으며, "개정 교육과정에 의해 2009학년도 초등학교 교과서를 새로 낼 때 '다문화의 이해 관련 내용'을 반영할 수 있도록 지도 · 권장하겠다." (http://news.khan.co.kr/kh_news/khan_art_view.html?artid=200708221831031&code=

940401 2007년 10월 31일 검색)고 밝혔다. 이러한 노력이 가시화될 때 우리 사회의 혼혈인에 대한 차별과 편견도 상당 부분 개선될 것으로 기대된다.

다문화 사회에서 혼혈인에 대한 차별과 편견의 감소와 동시에 추진되어야 할 정책은 이주민들의 우리 사회 적응교육이다. 적응교육은 우리 사회를 찾은 이주민들에게 현실적으로 더 절실한 것이다. 이주민들의 완전한 정착을 위해 우리 사회의 문화 중 다문화 사회에서의 생활에 요청되는 필수적인 문화전통을 이주민들에게 적절히 교육해야 할 필요가 있다.

유감스럽게도 현재 이주민들을 위한 우리 사회의 적응교육은 가장 기초적인 수준에서도 제대로 이루어지고 있는 것 같지 않다. 이주민들이나 2세대들에게 한글교육이 제대로 이루어지고 있지 않다는 것이 대표적 예다. "4만 명을 넘어선 외국인과 결혼한 이른바 다문화 가정의 자녀 중 우리말을 제때 배우지 못한 일부가 정신 발달까지 늦어지는 등 성장에 큰 어려움을 겪고 있다." (http://news.kbs.co.kr 2007년 10월 15일 방송) 아이의 엄마인 외국인 여성이 우리말에 서툴기 때문이고, 이들 가정 대부분이 자녀 교육에 관심을 가질 만한 경제적 여유가 없기 때문이다.

다문화 교육은 이주민들의 문화를 존중하면서도 그들이 우리 사회에 적응하고 정착하는 데 필요한 문화교육에 중점을 두어야 한다. 그러나 우리의 다문화 교육 현실은 이주민들이 이 땅에서 살아가기 위해 반드시 필요한 가장 기본적인 교육조차 제대로 하고 있지 못하다는 비판으로부터 자유롭기 어렵다. 따라서 이주민이 우리 사회에서 생활하는 데 반드시 필요한 내용이 무엇이고 또 그것들을 어떻게 가르쳐야 하는가의 문제에 대한 진지한 고민이 있어야 한다.

우리 사회를 찾은 이주민들에게 우리는 무엇을 가르쳐야 하는가? 한국인으로 살아가는 데 꼭 필요한 문화전통에는 무엇이 있을까? 단순히 한글을 가르치고 일상생활에 필요한 몇 가지 기초 능력을 전수하는 것으로 적응교육의 역할을 다했다고 할 수 있을까? 우리의 다문화 교육은 우리 사회의 생활에 필요한 내용들을 선정해서 전달하는 것 같지만, 진지한 성찰과 사회적 합의하에 교육 내용이 선정되는 것 같지 않다. 또한 실행 기관도 정규학교가 아닌 지방자치단체나 복지시설이 중심이 되어 있고 운영 방식도 단발적이며 행사의 성격이 강한 것으로 보인다. 따라서 다문화 사회에서의 적응교육을 제대로 시행하기 위해서는 명확한 근거와 준거를 토대로 전수해야 할 문화를 선정하고 지속적이고 체계적으로 운영해야 한다.

그런데 적응교육은 그 성격상 다문화 교육을 비판하고 자민족중심주의 교육으로 흐를 우려가 있다. 실제로 1980년대 후반 미국 보수주의자들을 중심으로 진행된 문화통합과 문화교양 정책은 다문화 사회와 다문화 교육을 우려하고 비판하면서 제기되었다. 이렇게 볼 때 다문화 사회에서의 적응교육은 자민족중심주의 교육을 지양하면서 다문화를 존중하고 이민주민들의 적응을 돕는 방향으로 진행되어야 한다. 따라서 미국 보수주의자들의 문화통합과 문화교양 정책을 비판적으로 논의하는 것은 우리 사회에 적합한 다문화 교육의 방향 모색에 시사점을 제공할 것이다.

2. 미국 보수주의자들의 문화정책

미국은 백인 청교도 문화(White Anglo-Saxon Protestant: WASP)를 근간으로 건국되었다. 영국이나 북유럽 국가 출신들이 미국 이주자의 주류를 이룬 1870년 무렵까지는 영국 문화를 배경으로 한 미국 문화에 별다른 문제가 발생하지 않았다. 그러나 그 후 이주자들이 유럽의 남부나 동부 국가, 아시아, 남미 등 전 세계로 확대되면서 백인 청교도 문화와 세계 각지에서 이주한 소수민족 문화 사이에 갈등이 시작되었다. 이러한 갈등을 해소하기 위해 등장한 개념이 동화주의(Anglo-conformity 또는 Americanization)다. 동화주의를 처음 제기한 커벌리(Cubberly)는 여러 민족 간의 갈등을 해결하기 위해서는 미국 사회가 갖고 있는 자유, 평등의 이념을 근간으로 해야 한다고 주장하였다.

> 우리의 과업은 미국으로 이주한 여러 민족 집단을 분해하여 미국 인종의 일

> 부로서 그 집단들을 동화 또는 융화시키기 위하여 그들의 자녀를 통하여 앵글로색슨의 정의, 법, 질서와 정부의 개념을 심어 주고 그들로 하여금 우리 민주제도의 존엄과 인간존중의 미국 생활을 깨닫게 하는 것이다(Cubberly, 1909).

동화주의 정책에 따라 미국의 정책과 교육 목표는 이주민들에게 미국 문화의 주류인 백인 청교도 문화로의 동화를 시도하게 되었다. 그러나 동화주의 정책은 제대로 실천되지도 못하고 실패로 끝나게 된다. 이주민들이 자신의 원래 문화를 포기하는 것도 쉽지 않을 뿐더러 설령 백인 청교도 문화로 동화된다 하더라도 미국 사회의 유색인종에 대한 편견과 차별이 사라지지 않았기 때문이다.

1870년대부터 1920년대에 걸쳐 이민자가 급격히 증가할 때 미국 문화로의 동화나 융화를 주장한 동화주의 이론이 실패하면서 새롭게 등장한 것이 용광로 이론(melting pot concept)이다. 용광로 이론은 미국으로 이주한 여러 문화집단의 문화들을 용광로에 녹여 종합된 하나의 새로운 미국 특유의 동질문화를 형성하자는 이론이다.

> 국가의 위대성은 국가를 구성하는 인구의 많고 적음이 아닌 구성원들의 이상과 포부의 강도 정도에 달려 있다. 어느 국가도 자신들의 동질문화 없이 강국이 될 수 없고 존재할 수도 없다. 그러므로 우리가 해결해야 할 당면한 인종간의 갈등은 각 인종들의 이질적 요소들을 용해시켜 하나의 공통국가 내에서 단일 언어, 단일 정치체제, 단일 애국주의, 단일 사회 발전의 이상을 추구할 때 해결 가능하다(Mayo-Smith, 1904).

이러한 하나의 동질문화 형성을 추구한 용광로 이론은 성공했다고 보기 어렵다. 오랜 전통인 청교도 문화는 타 문화와 쉽게 용해되기 어려웠고, 오히려 소수인종 문화를 용해시켜 백인은 용광로의 상위에, 유색인은 하위에 머무르게 했기 때문이다. 가르시아(Ricardo Garcia)는 동일 인종 내에도 우열이 있다고 하면서 독일과 영국계 백인, 동유럽계 백인, 남유럽계 백인이 순서대로 용광로의 상층부에 위치하고, 그 아래에 동아시아의 황색계, 미국 원주민의 적색계, 중남미의 갈색계가 위치하고 있으며, 흑색계 인종은 백인 문화에 용해되지 않은 채 용광로 아래쪽에 깔려 있다고 보았다(Garcia, 1978).

백인 문화 모형의 장식적 역할 수준에 그친 용광로 이론은 제2차 세계대전 후에 나타난 국가적 규모의 민권운동(civil right movement), 소수인종(인디언, 히스패닉 등)들의 권리 주장과 유럽계 미국인들의 '민족부흥' 주장 등으로 인해 새로운 다민족주의 운동으로 전환되었다. 1960년대 민권운동의 기저에는 미국 내에 여전히 인종차별이 존재한다는 인식이 있었다. 흑인과 온건 공화파 백인을 주축으로 한 민권운동의 결과 그동안 배제의 대상이었던 흑인과 인디언 그리고 흑인의 민권운동 성공에 고무되어 자신들의 민족적 특수성을 인정받고자 하는 소수민족들에게 교육, 고용정책, 주택정책 등에 있어 특혜를 제공하는 정책들이 생겨나게 되었다. 이러한 '민족부흥'은 유럽에서 옮겨 온 이민자들의 후손에게도 영향을 미쳐 자신들의 뿌리를 되찾고 잃어버린 문화적 요소를 재건하려는 움직임을 유발시켰다. 그러나 유럽계 백인들의 '민족부흥'은 문화적으로 뚜렷이 구분되지 않고 별다른 차별을 당하지도 않은 이들의 주장으로, 사회적 · 정치적으로 새롭게 변화된 환경에 적응하여 나타난 새로운 형태의 인종주의라고 말할 수 있다.

초기의 민족 연구(ethnic studies) 운동의 영향을 받은 현재의 다문화 교육을 뱅크스(Banks)는 소수민족 집단의 문화와 역사에 관심을 가지는 민족 연구 단계, 다민족교육 단계, 여성 · 장애인 등 사회적 약자 관련 내용이 교육과정에 반영되는 단계를 거쳐 인종, 계층, 성별과 관련하여 이론, 연구, 실행이 이루어지는 현재의 단계로 발전해 왔음을 밝혔다(Banks & Banks, 2007). 뱅크스가 분류한 다문화의 각 단계 모두 오늘날 존재하지만, 초기 단계보다는 후기 단계가 좀 더 발전된 양상으로 나타나고 있다. 그러나 다문화에 관한 이러한 활발한 논의에도 불구하고 다문화의 의미, 강조점, 구성된 집단 성향에 대해 전문가들의 의견이 완전히 일치하는 것은 아니다.

그렇지만 다문화 교육이 인종뿐만이 아닌 다양한 문화 집단에 속해 있는 서로 다른 사람들의 상호 이해와 평등 관계를 중시하고, 상이한 집단의 문화를 동등하게 가치로운 것으로 인식하며, 학생들이 자신이 속해 있지 않은 다른 문화에 대한 편견을 줄이고 다양한 문화를 올바로 이해하도록 하기 위한 지식, 태도, 가치 교육을 제공하는 것은 분명하다(장인실, 2006).

그러나 미국 보수주의자들은 미국 사회의 이러한 다문화 정책을 강력히 비판했다. 스트라우스(Leo Strauss)[2)]의 영향을 받은 미국 보수주의자들은 고전철학의 절대적 가치를 추구하면서 고대적 인간형의 복원을 추구하였다. 고전철학에 기초한 보수주의자들의 기본 입장은 "최선의 정치 형태는 최고의 인간들이 습관적으로 통치하는 것, 즉 귀족정이다. 선은 지혜와 동일하지 않더라도 하여튼 지혜에 좌우된다. 최선의 정치는 현자의 지배인 것 같다."(Strauss, 1953)는 스트라우스의 주장처럼 엘리트주의적 입장을 견지하고 있다. 귀족정을 주장한 플라톤의 입장과 유사한 보수주의자들의 엘리트주의는 고전철학, 특히 서구의 고전철학과 문화에 기반하고 있으며, 서구 문화 중심의 관점은 결과적으로 비서구권 국가와 문화에 대해 부정적 견해를 가지게 될 것이다.[3)] 이로 인해 보수주의자들은 다문화주의의 근거로 활용 가능한 문화적 상대주의를 철저히 비판하게 되고 심지어 그것이 서구 문화를 망치고 있음을 경고하였다. 이러한 인식을 토대로 보수주의자들은 다양한 방식으로 다문화 정책과 다문화주의자들의 논리를 비판하게 되었다.

번스타인(Richard Bernstein)은 다문화주의자들의 주장은 정치적 야망과 권력

---

2) 유태인 출신으로 히틀러의 박해를 피해 미국으로 망명하여 시카고 대학에 머물면서 플라톤을 비롯한 고전철학을 재해석하여 많은 도발적인 저서를 남겼고 미국 전역의 대학에 소위 스트라우스 학파를 만들었다. 대표적 저서로는 『홉스의 정치철학(*The Political Philosophy of Hobbes*)』(1932), 『독재론(*On Tyranny*)』(1948), 『자연권과 역사(*Natural Right and History*)』(1953), 『마키아벨리에 대한 사상(*Thoughts on Machiavelli*)』(1958), 『철학이란 무엇인가(*What is Political Philosophy*)』(1959), 『스피노자의 종교비판(*Spinoza's Critique of Religion*)』(1965) 등이 있다.

3) 노튼(Norton)은 스트라우스가 대단히 유럽 지향적이기 때문에 아시아나 아프리카 등 비서구권 문화에 대해 부정적인 견해를 가지고 있음을 지적하였다(Norton, Anne (2004). *Leo Strauss and the Politics of American Empire*. New Haven: Yale University Press, p. 52).

추구를 위장하고 있다고 비판하였다(Bernstein, 1994). 드수자(Dinesh D' Souza)는 인종차별과 종족중심주의는 시대와 지역에 관계없는 보편적인 현상이며, 타 지역의 고전들이 서구의 고전보다 훨씬 더 편견과 아집에 가득 차 있으므로 비서구의 고전을 읽을 경우 다문화주의가 내세우는 차이와 다양성의 관용이라는 이상에서 퇴행하는 결과를 낳게 될 것이라고 주장하였다(D' Souza, 1991). 또한 슐레진저(Schlesinger)는 미국 문화가 본질적으로 유럽에서 기원했다는 것을 거부하는 것은 역사를 조작하는 것이라고 주장하면서, 미국의 전통적 가치가 미국인들에게 가장 적절함을 주장하였다(Schlesinger, 1991).

이러한 관점은 스트라우스의 수제자라 불리는 블룸(Bloom)의 핵심 주제 속에서 반복된다. 스트라우스의 이념에 동의한다고 밝힌 블룸은 베스트셀러가 된 자신의 저서 『미국 정신의 종말(*The Closing of the American Mind*)』에서 1960년대 신좌파의 문화적 상대주의가 서구 문화를 망치고 있음을 강력하게 비판하였다. 『미국 정신의 종말』에서 학생들은 다문화가 아닌 서구 문화의 기초에 통달해야 한다는 블룸의 주장은 인종차별주의자, 남녀차별주의자, 엘리트주의자라는 숱한 비난을 받기도 했다. 하지만 그는 무수한 강연 초청을 받아 하루에도 서너 차례의 강연을 했고, 『미국 정신의 종말』은 1년 만에 판매부수 80만 부를 돌파할 정도로 많은 관심을 불러일으켰다. 허쉬(Hirsch) 역시 문화적 보수주의 혹은 신보수주의자로 불리면서 미국의 가치를 보호하고 국가통합의 유지를 주장하고 있다. 그는 다인종으로 구성된 미국 사회의 통합과 미국 사회에 존재하는 가난 문제를 해결하기 위해 모든 미국인이 반드시 알아야 할 것을 문화교양(cultural literacy)으로 제시하면서, 미국 국민은 그 출신에 관계없이 동일한 문화를 공유해야 함을 주장하였다.

그러나 이주민의 고유 문화를 무시한 채 학교를 서구의 전통(블룸의 주장)이나 문화교양을 위한 일련의 규범들(허쉬의 주장)을 기초로 한 단일문화를 전달하는 장치로 이용한다면, 이것은 문화를 외부인, 즉 이주민으로서 전체 인구 중 소수인 사람들을 지배하기 위한 수단으로 전락시킬 우려가 있다. 정복자들이 자신들의 문화를 수용하도록 약소국의 문화에 압박을 가해 온 것은 역사적 사실이다. 이렇게 본다면 서구 전통에 입각한 문화통합 정책이나 문화교양 정책은 결국 미국으로 이주한 유색인종들의 문화를 지배하기 위한 수단에 지나지 않을 가능성이 농후하게 된다. 이러한 문제 제기 등으로 인해 문화통합이나 문화교양을 주장하는 블룸과 허쉬의 주장은 미국과 같이 다양한 인종으로 구성된 혼성사회에 다문화주의가 적합한가, 미국 교육기관에서 다문화주의 교육과정이 필요한가라는 논쟁을 촉발시켰고, 이러한 논쟁은 사실상 미국 학계 전역으로 파급되었다.

3. 다문화 사회에서의 문화통합

다문화주의를 반대하면서 서구 문화전통이 교육의 기본이 되어야 한다는 블룸의 견해는 자연권 보호와 깊은 관련을 맺고 있다. 자연권은 정부가 존재하기 전의 자연 상태에서 인간은 누구나 타인의 의사나 권위에 예속당하지 않는 자유와 권리를 지닌 평등한 존재였다는 로크(Locke)의 주장에서 근거를 찾을 수 있다. 블룸은 "미국의 정치 조직이 가능할 수 있었던 것은 한 국가를 세우는 데 타고난 권리, 즉 자연권이라는 합리적인 원칙을 활용하여 자신들의 것을 선으로 통합했기 때문이다."(Bloom, 1987)라고 보았다. 그리하여 모든 인간이 인생, 자유 및 행복 추구를 위한 동등한 권리를 가지고 태어났다는 자연권주의를 미국 헌법의 기초로 여기며 다른 어떠한 정치적 이념보다 본질적인 것으로 믿었다.

블룸은 자연권 보호를 위해 서구 문화전통의 유지를 강조했다. 그는 자연권 보호를 위한 서구 문화전통의 핵심을 '이성의 자유'로 설명하고 있다. "여기에서 확립된 사회 조직으로 이성이 구속받지 않는다는 자유를 약속받았다.…… 다른 자유를 정당화해 주는 기본적인 자유라 할 수 있는 이성만이 자유를 약속받았고, 이성을 기초로, 이성을 위해서라면 많은 탈선 또한 묵인된다."(Bloom, 1987)

블룸은 다문화 사회의 핵심 이념인 문화상대주의를 거부한다. 문화상대주의를 인정하게 되면 서로 다른 문화들은 자신들의 문화적 가치를 인정받기 위해 서로 싸우고 전쟁을 할 수밖에 없기 때문이다. 문화 간 전쟁이 일어 날 수밖에 없는 이유는 세상이 무엇인지를 결정짓는 것은 사람의 지각이고 그 지각은 문화마다 다르기 때문이다. 결국 "문화적 가치는 다른 사람과 사리 분별을 따져서 주장하기보다는 그들을 정복함으로써 주장될 수 있고 또 단정되기 때문에 서로 다른 문화는 충돌할 수밖에 없게 된다."(Bloom, 1987)

문화상대주의의 또 다른 폐해는 인간 지성의 이기적 사용에서 찾을 수 있다. 문화상대주의는 인간의 지성에도 영향을 미쳐 문화의 수만큼이나 많은 종류의 지성이 생겨날 것임에 틀림없다. 블룸은 인간의 지성이 문화와 무관하다면 문화상대주의는 사소한 것에 지나지 않고 언제든 수용될 수 있을 것이라고 보았다. 그러나 인간은 문화상대주의를 선호하지만 자기에게 유리한 방식으로 활용하길 원한다. 예컨대, 물리학자는 자신의 원자를 구제하고 싶어 하고, 역사가는 자신의 사건들을 구제하고 싶어 하며, 도덕가는 자기의 가치를 구제하고 싶어 한다. 그러나 그것들은 모두 똑같이 상대적이다(Bloom, 1987). 문화상대주의에서 발생할 문화 간의 충돌에서 인간은 지성을 이기적으로 사용하여 문화를 평가할 수밖에 없음을 지적하였다.

블룸은 '문화상대주의는 결국 서구 문화가 보편적이라는 주장을 붕괴' 시켜 서구 문화의 가치를 제대로 인식하지 못하게 만들고 서구 문화를 수많은 다양한 문화의 하나로 전락시킬 것으로 보았다. 그는 또한 "서구 사회는 자신들의 필요를 위해 삶의 방식이나 가치, 자연 및 철학과 과학을 필요로 하는데, 문화상대주의로 인해 이것이 불가능하게 되었을 때 서구 사회는 무너질 것"(Bloom, 1987)이라고 경고하였다. 블룸은 서구 문화의 보편성 상실과 이로 인한 서구 사회의 붕괴 가능성을 우려하면서 문화적 상대주의를 비판하였다.

블룸은 문화적 상대주의의 근본 가정에도 오류가 있음을 지적하였다. 그는 문화적 상대주의자들이 18, 19세기의 과학혁명을 이룩한 서구 문화에 기원을 두고 있는 개방성의 신념을 왜곡시킨다고 보았다(Bloom, 1987). 블룸은 과학혁명의 가치는 자연권과 이성의 자유를 뒷받침하는 문화전통의 본질이어야 하고, 개방성은 진리를 추구하는 사람들의 이성의 자유를 허용하는 가치여야 한다고 주장했다. 즉, 사람들은 이성의 활용을 통해 어떠한 관념이라도 고려할 수 있도록 허용된다. 그러나 문화의 다양성과 관용을 옹호하는 문화적 상대주의자들이 정의하는 개방성은 모든 이념을 동등한 가치로 수용하는 것을 의미한다. 이러한 개방성과 블룸의 개방성 개념의 의미는 다른 문화를 연구할 때 그 차이가 분명해진다. 과학혁명에 기원을 둔 개방성 개념과 이성의 자유에 대한 신념은 이성을 사용하여 다른 문화를 연구하는 것을 인정한다. 이러한 의미에서의 이성의 활용은 다른 문화들이 자연권과 이성의 자유를 지지하는지의 여부를 판단하도록 허용하고, 그래서 다른 문화들의 가치에 대해 언급할 수 있도록 허용할 것이다. 반면에 수용과 관용으로 정의되는 개방성 개념은 다른 문화를 연구하는 것이 그 문화를 가치 판단하는 것이어서는 곤란하다는 입장을 취한다. 이러한 의미의 개방성에 따르면 다른 문화를 연구하는 목적은 타 문화를 관용하고 이해하는 입장을 확립하는 데 있다.

따라서 블룸은 문화적 상대주의에 입각하여 모든 인간과 문화가 평등하다는 전제를 바탕으로 학교 교육에서 시행되는 다문화 교육에 대해 비판적이다. 그는 미국인이 되는 데 필요한 '공통원리'[4]를 강조한다. 미국은 지극히 크고

4) '공통원리'를 배워야 한다는 블룸의 생각은 다음 장에서 다룰 허쉬(1988)의 주장, 학교는 모든 미국인들이 반드시 알아야 할 문화교양(cultural literacy)을 가르쳐야 한다는 것과 비교되면서 동일한 견해로 오해받기도 한다. 물론 허쉬와 블룸은 다문화주의가 미국 내의 갈등을 심화시키고 문화를 분열시킬 것이라고 주장하면서 다문화 교육과정을 비판하고, 미국 내의 모든 사람들이 동일한 문화적 배경을 공유하도록 하기 위해 단일문화를 가르쳐야 한다는 점에서는 의견을 같이했다. 그러나 학교에서 가르쳐야 할 단일문화의 선정 원리와 내용에 있어서는 견해를 달리하고 있다. 블룸이 자연권을 뒷받침하는 문화를 가르쳐야 한다고 주장한 반면, 허쉬는 미국인들이 문화교양를 가지기 위해 반드시 알아야 할 것들을 선정해서 가르쳐야 한다고 주장했다. 또한 서구의 전통인 고전문화를 강조한 블룸과 달리, 허쉬의 문화교양은 시기에 따라 교수 내용이 달라져야 한다고 보았다. 사회의 변화로 인해 1990년대에 문화교양으로 요구되던 지식과 2000년대에 요구되는 지식에는 차이가 있기 때문이다. 문화교양에 관한 허쉬의 입장은 문화적 상대성을 전제로 하고 있으며, 이것은 문화적 상대성을 부정하는 블룸의 입장과 견해를 달리한다.

다양하므로 미국인이 산산조각 나서 보다 큰 전체로 결집할 수 없는 일련의 원자가 되지 않도록 미국인의 공통점이 무엇인지, 즉 미국이 무엇이며 인간이 무엇인지를 끊임없이 일깨워야 한다는 것이다.[5] 미국으로 들어오는 이민자들은 인종적 다양성을 지킴으로써가 아니라 특정한 '공통원리'를 배움으로써 미국인이 되었다고 믿기 때문이다(Time, 1988).

그러나 미국의 학교들은 미국의 문화통합을 위해 서구 전통을 가르치기보다는 상대주의와 그것을 가능하게 하는 개방중심 교육에 몰두해 왔음을 지적하고 있다. 지난 50여 년간 미국의 초등교육은 학생들에게 '진리는 상대적이다.'라는 명제를 주입시키려고 했다. 어떤 의미에서 상대주의만이 유일한 가치였다. 그 결과 학생들은 자신의 견해조차 옹호하지 못하여 기껏해야 현재 존재하고 있는 견해와 문화 그리고 전부터 있던 견해와 문화를 열거하는 것이 고작이었다(Bloom, 1987).

개방중심 교육은 타고난 권리라든가 미국 체제의 역사적인 근원에는 전혀 주의를 기울이지 않으면서 모든 유형의 사람, 모든 형태의 생활양식, 모든 이념에 대해 개방적이었다. 교육이 건국에 중점을 두던 것에서 벗어나 역사와 사회과학을 바탕으로 한 개방에 중점을 두게 되었기 때문이다. 블룸은 이런 교육을 받은 젊은이들은 미국의 역사와 위인 등 미국에 대해 무지하게 될 뿐만 아니라 다른 시대, 지역에 대해서도 무지하고 무관심하게 된다고 보았다. 왜냐하면 상대주의로 인해 교육의 참된 동기인 '선한 삶(a good life)[6]의 추구'

5) 다인종, 다민족으로 구성된 미국인들에게 유럽에 기반한 서구 문화를 '공통원리'라는 명목으로 가르치는 것은 미국의 학교 교육과정이 유럽 중심이라는 비판에 직면하게 된다. 이에 대해 블룸은 대부분의 세계 문화는 다른 문화를 관용하지 않는 자민족중심주의 수준에 머물러 있다고 주장한다. 서구 문화에 기반한 유럽 중심의 교육은 진정한 의미의 개방성에 근거하였기 때문에 자민족중심주의에 해당하지 않는다고 보았다. 오히려 그는 문화적 관용과 자민족중심주의 금지를 서구 가치의 반영으로 여기며, 문화적 관용을 지지하는 서구인들의 의도와는 달리 관용을 존중하지 않는 문화에 문화의 관용을 주입하는 것은 서구 가치가 우월하다는 신념을 또다시 반영하는 것이라고 보았다.

6) 멘켄(Mencken)이 '고등학식'으로 칭했던 블룸은 플라톤의 『국가론(*Politeia*)』의 번역자로도 유

가 소멸되었기 때문이다. 이로 인해 오늘날 미국의 젊은이들은 세상에는 다양한 문화가 있다는 모호한 인식만 가지게 되었다(Bloom, 1987).

블룸은 그러한 결과로 미국 정신이 종말하고 있음을 경고하였다.[7] 개방이 모든 것을 받아들이고 이성의 힘을 부인하는 것을 의미하기 때문이다. 개방에 내재하는 정치적, 사회적, 문화적 문제점을 인식하지 못한 무절제하고 분별없는 개방의 추구는 개방을 무의미한 것으로 만들게 될 것이다. 이때의 개방은 알고자 하는 욕구에 수반되는 '참다운 개방' 이 아니라 '무관심에서 오는 개방' 이다. 이러한 개방의 결과 학생들은 진리에 대한 사랑과 상상력을 잃어버리게 되었다. 블룸은 상상력을 잃어버리는 것과 인간의 정신 자체를 잃어버리는 것(정신의 종말)을 동일한 것으로 간주했다(Bloom, 1987).

이러한 문제를 해결하기 위해 블룸이 생각한 가장 이상적인 교육방법은 지식의 주입이 아닌 대화를 통해 진리 발견을 시도하는 소크라테스식 교수법이었다. 블룸은 가치의 상대주의를 거부할 뿐만 아니라 가치나 신념의 주입도 지지하지 않기 때문이다. 그는 개인의 가치와 신념은 이성의 자유를 통해 형성되어야 한다고 보기 때문에 소크라테스를 모델로 삼는다. 그에게 소크라테

명하다. 플라톤 사상이 그의 학문적 배경이 되고 있음은 교육의 참된 동기(real motive of education)를 '선한' 삶의 추구로 서술한 것을 통해서도 확인할 수 있다. 주지하다시피 플라톤에게 있어 통치자만이 알 수 있는 '선(the good)' 은 진리 산출 능력과 진리 인식 능력을 결합한 용어다.

7) 이 글에서는 블룸의 사상을 철저히 다문화 교육과 관련해서 논하고 있다. 그러나 넓은 의미에서 다문화 교육을 반대하는 이유는 그가 미국 정신의 종말을 가져온 요인으로 간주하는 것들과 동일하다고 볼 수도 있다. 그는 미국 정신의 종말을 여러 요인들, 즉 문화와 가치의 다양성에 대한 신념, 철학적 전통의 변화, 교육기관에서 실용적이고 직업과 관련된 학문을 강조하는 것, 전통적 가정의 붕괴 및 에로스의 파괴와 같은 것들의 결합으로 보고 있다. 미국 정신의 종말은 결국 평등의 원리, 자연권 및 사상의 자유를 보장하는 사회의 존재를 위협한다고 주장한다. 이러한 맥락에서 민주주의 국가를 유지시키기 위한 유일한 희망은 교육제도를 통해 민주주의 문화가 최상이고 자연권과 이성의 자유라는 이상적 가치를 지닌다고 교수하는 것이다. 그리고 그러한 교수를 담당할 교육제도는 학생들이 진리를 이성적으로 추구하도록 이끌어야 한다고 보았다. 이러한 논리를 통해 블룸은 다문화 교육이 아닌 서구의 고전문화가 가르쳐져야 한다는 논리를 전개하고 있다.

스의 사상은 민주주의 국가를 뒷받침하는 서구 전통의 핵심이고, 소크라테스의 대화는 이성의 자유를 마음껏 활용할 수 있는 모델이다. 따라서 교육의 핵심은 철학, 위대한 문학작품 및 과학작품의 독서에 바탕을 둔 인생의 의미와 목적, 이상 사회 및 사랑과 미의 본질 같은 광범위한 질문에 대한 이성적 대화여야 한다고 보았다(Bloom, 1987).

『미국 정신의 종말』의 출판을 계기로 촉발된 미국 내의 논쟁은 교육학자, 사회학자, 역사학자 등 미국 학계 전역에서 이루어졌다. 서구 문화와 고전의 교육을 주장하면서 다문화 교육을 반대하는 블룸의 논리를 반박한 대표적 저서는 레빈(Levine)의 『미국 정신의 개방(*The Opening of the American Mind*)』(1996)이다. 레빈은 현재를 이해하기 위해서는 과거를 이해해야 하지만 그렇다고 무턱대고 향수에 빠져서는 안 된다고 하면서, 블룸이 제시한 서구의 고전들이 역사적으로 볼 때 그렇게 오래된 것은 아니라고 주장했다. 그는 1960년대까지 미국 대학의 교육을 서구 문화 및 고전이 지배했다고 알려져 있으나, 이들 교과는 인종적 다양성으로 인해 어려움에 처한 미국 사회의 결속을 위해 대부분 제1차 세계대전 이후에 등장했다고 보았다.

> 제1차 세계대전의 발발로 유럽에 대한 인식이 바뀌고 유럽에 대한 새로운 이해가 필요해지자 일부 교육자들이 서양문명이라는 새로운 일반교육 교과목을 고안해 냈다. …… 남부 유럽으로부터의 이민의 대거 유입, 남부 흑인의 북부 도시로의 이주, 유럽에서의 전쟁으로 인한 미국 내 인종 집단 사이의 긴장 고조 등 미국인들이 인종적 다양성으로 인해 골머리를 앓고 있을 때, 서양문명은 미국인들에게 그들을 결속시킬 수 있는 뿌리 깊은 공통유산이 있다는 것을 가르쳐 줌으로써 그들을 통일시키고 동화시키려고 했다(Levine, 1996).

그러나 제1차 세계대전 이후 등장한 서양문명에 기초한 고전과목들은 자연과학 교육의 필요성과 소수 집단의 증가 등으로 인해 쇠퇴하게 되었다.

> 서양문명 교과의 위세도 제2차 세계대전 이후의 여러 가지 상황 변화에 의해 퇴조하기 시작했다. 소련과의 대결 구도로 인해 전문 지식이 필요하다는 인식이 커졌고, 제3세계의 중요성을 인식하게 되면서 서양문명 교과만을 통해서는 세계를 이해하는 것이 불가능하다는 것을 알게 되었다. 또한 미국 내 소수 집단의 대두로 미국 역사의 다양성을 인식하게 되었으며, 북서 유럽의 문명만 배워서는 그 다양성을 결코 파악할 수 없다는 것을 알게 되었다 (Levine, 1996).

따라서 블룸이 다인종 · 다민족 사회로 구성된 미국의 통합을 위한 '공통원리' 로서 가르쳐야 한다는 서구 문화전통에 입각한 고전은 사실상 서구 문화를 대표하는 고전으로 보기 어렵다는 결론에 이르게 된다. 블룸을 비롯한 보수주의자들이 서구 문화나 고전이 비정치적이며 서구의 역사를 대표하는 것으로 설명했지만, 사실상 그것들은 정치적 의도하에 생겨났으며 강조된 시기도 대략 50여 년 정도에 지나지 않는다.

블룸 주장의 보다 본질적 문제는 그가 다문화 교육을 반대하기 위해 이용한 자연권에 내재된 문제들이다. 앞서 지적한 것처럼 블룸은 문화적 상대성을 반대할 뿐만 아니라 가치나 신념의 주입도 반대하고 있다. 그러나 미국 헌법의 기초이며 다른 어떠한 정치적 이념보다 본질적인 것으로 여긴 자연권의 문화전통을 학습하기를 거부하는 사람들에게 그것을 강제로 주입할 것인가 하는 문제에 직면하게 된다. 이념의 주입은 그가 강조한 교수방법, 즉 소크라테스식 대화법 원칙에도 어긋나는 것이다. 또한 자연권을 미국으로 이주한 소수민들을 지배하기 위한 수단으로 격하시키는 문제를 야기할 수도 있다. 미국의 피지배 집단들, 특히 아프리카계 미국인들은 서구의 문화전통에 명백히 반대해 왔다. 그러나 정복자들은 자신들의 문화를 수용하도록 약소국의 문화에 압박을 가해 왔다. 유럽의 식민주의와 제국주의로 인해 아메리카의 토착 인디언들은 유럽 문화에 급격히 침식당하게 되었다. 즉, 블룸이 주장하는 자연권의 이념은 타인의 의사나 권위에 예속당하지 않는 자유와 권리를 지닌다고 주장하면서 동시에 그것을 반대하는 소수민이나 약소국에게 강제로 자연권을 주입 시킨다는 비판과 자연권을 주장하면서 소수민들의 자연권을 무시한다는 비판에 직면하게 된다.[8)]

자연권 철학에 내재된 또 다른 문제는 자연권에 속하는 재산추구권이 권력을 행사함에 있어 불평등을 초래할 수 있고, 이것은 결국 이성의 자유를 제한할 가능성이 있다는 것이다. 블룸이 주장하는 자연권주의는 재산 추구권과 보유권을 인정하기 때문에 부의 집중화와 그로 인한 권력화를 가능하게 한다. 재산보호를 강조하는 서구의 문화전통이 노예제도가 존재하던 시기에 노예를 재산으로 보호하는 정당성을 제공한 것이 그 구체적 예라 하겠다. 부를 축적한 기업은 낮은 임금에 순응하는 노동력을 찾게 되고, 권력을 행사하여 국가로 하여금 학교제도가 직업과 관련된 학문을 주로 다루도록 한다. 학문의 통제는 결국 학생들의 이성의 자유를 제한할 가능성이 있다. 문화적 상대주의를 비판하면서 자연권주의를 강조함으로 인해, 그는 자연권의 하나인 재산추구권이 권력 행사를 통해 불평등을 야기할 수 있음을 인정한 셈이 된다. 스프링(Spring)은 불평등한 권력은 권력자로 하여금 자신들의 목적을 위해 교육제도를 이용할 수 있게 하고, 이것은 결국 학습자들의 이성의 자유를 제한하는 문제를 일으킬 수 있음을 경고하였다.

부와 권력을 지닌 사람들이 이성의 자유를 제한하는 것은 자유로운 이성이 부의 집중을 비판할 수도 있기 때문이다. 그런데 블룸이 지적한 것처럼 이성의 자유가 제한받게 되면 자연권 철학을 지지하는 문화도 침식될 것이다. 그러므로 적어도 블룸의 논의에 따르면 재산 추구와 보유를 인정하는 자연권은

8) 이념의 주입 문제에 대해 블룸 역시 자신의 저서에서 그 위험성을 인정한 바 있다. 그는 "미국이 때로는 인권을 도모하는 데 실패했다고 공격받고, 때로는 남의 문화에 대한 존경 없이 모든 사람에게 '미국식 생활'을 강요하기 원한다고 비난받는다."고 지적하고 있다. 그러나 그는 "미국이 미국식 방식을 강요하는 것은 모든 사람의 이익에 적용될 수 있는 자명한 진리며, 그러한 진리란 없다는 비판에 대해서는 그것이 미국 문화에 대한 편견"이라고 강변하고 있다(Bloom, 1987).

자연권 유지를 위해 필요한 문화를 파괴할지도 모른다(Spring, 1994). 즉, 블룸이 문화적 상대주의와 다문화 교육을 반대하기 위해 주장한 자연권 철학에는 자연권 자체를 파괴시킬 씨앗이 담겨져 있다고 볼 수 있다.

보다 현실적 관점에서 볼 때 블룸의 주장에는 서구 문화 우월의식이 내재되어 있으며, 조국을 떠나 미국으로 이주한 사람들이 겪을 어려움에 대한 배려가 결여되어 있다. 블룸의 주장은 미국으로 이주한 사람들에게 미국에서 동일한 정치적 · 경제적 권력을 얻기 위해서는 자신들의 고유 문화를 버리고 미국의 문화를 수용할 것을 요구하는 것이다. 이러한 주장은 아메리카 인디언들에게 인디언의 고유 문화를 버리고 자신들을 지배하는 유럽계 미국 문화의 수용을 강요했던 것과 동일한 시각으로 볼 수 있다. 그러나 자신의 문화전통을 버리고 수많은 심리적 어려움을 겪어 가면서 유럽계 미국인의 문화를 수용한 인디언들이 인종주의의 벽을 넘어 미국 사회의 정치 · 경제 권력을 차지했다고 보기는 어렵다. 오히려 그들은 껍데기는 붉고 속은 하얀 '사과'로 불리며 경멸의 대상이 되었을 뿐이다. 아메리카 인디언들이 유럽계 미국 문화에 동화되어 성공하기 위해서는 인종주의의 벽을 극복해야만 했다. 미국은 백인 청교도 문화를 위해 성립된 국가다. 미국 주류 사회로의 편입을 시도할 때 인종주의는 여전히 보이지 않는 벽으로 존재하고 있는 것이 사실이다. 이러한 벽이 존재하는 상황에서 블룸의 주장은 미국으로 이주하는 사람들에게 이전의 아메리카 인디언들이 겪었던 삶을 강요하는 것과 동일한 것으로 보인다.

4. 다문화 사회에서의 문화교양

허쉬는 자신의 저서 『문화교양(*Cultural Literacy*)』[9]에서 교육이 학생들에게

9) literacy는 흔히 문해로 번역되기 때문에, 허쉬의 저서 *Cultural Literacy*는 문화적 문해로 번역 가능하다. 그러나 이 글에서는 cultural literacy를 문화교양으로 번역하여 사용하기로 한다. cultural literacy

문화교양,[10)] 즉 미국인으로 살아가기 위해 반드시 알아야 할 것들을 가르쳐야 한다고 주장했다. 이러한 것들은 외부 세계로부터 받은 정보를 해석하는 지식의 틀로 기능하게 될 것이기 때문에 학교는 학생들에게 독서와 다른 자료를 통해 받은 정보를 이해하는 데 필요한 문화 정보를 가르쳐야 한다고 보았다.

허쉬는 문화 정보를 가르쳐야 하는 이유를 문화교양에는 외부에서 받은 인상을 조직하는 무의식적 도식(schema)이 포함되어 있기 때문으로 보았다. 도식을 통해 사람들은 자신들이 알게 되는 것들의 표면적 요소들을 취하고 그것들을 전체로 결합시키게 된다. 예컨대, 남북전쟁 말기에 리 장군이 그랜트 장군에게 항복한다는 문서를 이해하기 위해서는 남북전쟁이 있었고 누가 싸웠고 누가 승리했는지를 알아야만 한다. 이러한 문화교양이 있는 독자는 묘사된 내용에 관한 표면적 지식을 이해할 수 있다. 그러나 독자가 묘사된 내용을 의미 있는 전체로 통합하려 한다면 남북전쟁과 군사 및 항복의 의미, 군대의 기능방법 및 다른 유사한 형태의 정보에 관한 도식이 요구된다. 이러한 도식은 리 장군의 항복과 다른 전투에 관한 기술들을 통합하기 위해 이용될 수 있다. 다시 말해서, 문화교양이 있는 사람은 남북전쟁의 정보 같은 표면적인 세세한 것들의 이해에 필요한 정보뿐만 아니라 표면적인 정보를 커다란 틀 속에 통합시키는 보다 일반적인 의미에서의 전쟁과 군대에 관한 정보인 좀 더 심오한 도식을 가져야 한다(Hirsch, 1988).

허쉬의 문화교양 개념은 특정 시기와 관련이 있다. 1900년대에 문화교양인

프로그램의 목적이 문장의 독해를 넘어 미국 주류문화에 익숙하게 되는 것, 즉 미국 문화를 공유할 수 있는 문화적 교양을 가지는 데 목적이 있기 때문이다.

10) 허쉬는 문해(literacy)와 문화교양(cultural literacy)을 뚜렷하게 구분하고 있다. 문해가 단순 독서 능력을 의미한다면, 문화교양은 완전히 이해하면서 읽는 능력을 의미한다. 허쉬는 '몸을 맞히는 공, 위협구, 타자 몸 쪽으로 바짝 붙이는 속구와 목적구' 를 인용하면서 그 차이를 설명한다. 예컨대, 인용한 단어의 의미를 이해하는 데 필요한 것들을 알지 못하면서 읽는 것은 단순한 문해에 속한다. 반면 야구 지식을 배경으로 위의 단어들을 읽는 것은 문화교양에 속한다(Hirsch, E. D. (1988). *Cultural Literacy: What Every American Needs to Know*. New York: Vintage Books, p. 15).

이 되기 위해 요구되던 문화적 지식과 2000년대에 요구되는 지식은 다를 것이다. 허쉬는 『문화교양』의 부록에 교양 있는 미국인이 알아야 할 목록으로 버지니아 대학의 켓(Joseph Kett), 트레필(James Trefil)과 자신의 연구 결과물인 5,000명의 유명인사, 관용구, 기념일과 개념 등과 같은 현재의 문화 정보를 수록했다(Hirsch, 1988). 문화적 상대성을 가정하면서 시기적절한 문화를 가르쳐야 한다는 허쉬의 주장은 문화적 상대성을 부정하면서 계몽주의 사상에 바탕을 둔 특정한 문화를 가르치길 원하는 블룸과 견해를 달리하고 있다. 그러나 이러한 차이에도 불구하고 허쉬와 블룸은 미국 내의 모든 사람들이 동일한 문화적 배경을 공유해야 한다는 점에서 의견을 같이하고 있다.

허쉬는 자신이 주장한 문화교양 프로그램이 미국의 존속과 미국 내 빈곤 문제의 완화에 도움이 될 것으로 보았다. 허쉬는 근대의 산업화는 노동의 전문화를 요구하고 이것은 국가 통합을 파괴할 수도 있기에, 공립학교는 국가의 문화통합 형성에 중요한 역할을 해야 한다고 믿었다. 이러한 이유로 공립학교에서 특정 문화의 관점에서 교수하는 다문화 프로그램을 거부한다고 밝혔다. 또한 그는 문화교양의 부족으로 가장 큰 어려움을 겪을 사람은 가난한 사람들이라고 했다. 가난한 사람들의 문화 정보가 미국 사회의 주류 집단 참여에 필요한 문화교양의 형태를 만들지 못하기 때문이며, 문화교양의 부족은 또다시 빈곤을 영속화시키는 것으로 보았다. 이러한 문제를 극복하기 위해 공립학교는 문화교양 프로그램을 통해 가난한 사람들이 직업을 얻도록 돕고 빈곤 상태를 극복할 수 있도록 도움을 제공해야 하는 것이다. 따라서 그는 미국 내 '주류문화'[11]를 가르치는 문화적 교양 프로그램은 미국 내 빈곤 문제의 완화에

11) 허쉬는 자신이 주장하는 문화교양이 '엘리트 문화'가 아닌 미국 '주류문화'(Hirsch, E. D., 1988), 구체적으로 '현재의 미국 교양문화' 또는 '고등학교 수준의 교양'(Hirsch, E. D., 1988)임을 강조한다. 그러나 허쉬가 문화교양으로 설명한 '주류문화' '교양문화' '교양'은 그 자체로는 의미가 명료하지 않다. '주류문화'는 텔레비전의 문화를 의미할지도 모르고, 교양문화는 대학교수들의 문화를 의미할지도 모른다. 이 문제를 해결하기 위해 허쉬는 세 명의 대학교수를 통해 미국 문화교양의 기초를 설정하게 된다.

도움이 될 것임을 주장하였다(Hirsch, 1988).

그러나 학교가 모든 학생들에게 공통문화를 가르쳐야 한다는 허쉬의 주장은 이주민에 대한 지배문화의 주입정책이라는 비판에서 자유롭기 어렵다. 학교 교육제도를 통해 주입되는 문화 표준 형성과정이 민주적이지 않기 때문이다. 가난한 사람들의 문화 지식이 부족하다는 허쉬의 주장처럼 미국인에게 하나의 문화 모델만이 있는 것은 아니다. 주류문화에서 벗어나 있는 이주민이나 빈자 등을 위해 세 명의 대학교수가 모든 미국 시민들이 알아야 할 것을 결정하고 학교를 통해 그것을 전달하는 것은 미국 주류문화를 일방적으로 주입하려는 시도로 보인다.

허쉬가 국가 문화 형성의 필요성을 설명하기 위해 제시한 블레어(Hugh Blair) 저술의 수사학 교과서는 '문화 지배'의 예에 해당한다. 1783년에 저술한 후 1991년까지 130회 증보된 이 책은 영국과 미국에서 수백 년 동안 수사학 교수를 위한 표준이 되었다. 허쉬에 따르면 이 책은 양 국가에서의 문화교양을 위한 기본적 요소를 제공했다. 이 사례에서 중요한 것은 블레어의 책을 통해 영국 문화가 스코틀랜드 문화에 주입되었다는 점이다. 1762년 블레어는 스코틀랜드 에든버러 대학의 초대 영어 교수직에 임명되었다. 영어 교수직은 스코틀랜드에 영국 문화가 교수되어야 한다는 믿음 때문에 새로 만들어진 것이었다. 그 목적은 영국 문화가 스코틀랜드 문화를 지배하는 것이었다. 결과적으로 블레어의 책은 영국의 문학전통에 초점을 맞추어 스코틀랜드 시인들은 전혀 언급조차 하지 않았다. 허쉬는 블레어가 영국의 문학문화 속에서 태어나지 않은 사람들, 즉 스코틀랜드 사람과 같은 주변 지역 사람들과 미국인 같은 식민지 사람들을 가르쳐서 그들이 활용하기에 효과적인 문화교양 사전을 만들었다고 보았다(Hirsch, 1988). 허쉬는 이 책의 사례를 영국인의 관점에서 설명하고 있다. 영국인의 관점에서 보면 블레어의 작품은 영국 내에서의 정치적 정체성 증진에 기여한다. 만일 스코틀랜드인들이 영국인과 동일한 문화전통을 공유한다면 그들의 정치적 독립운동은 약화될 것이다. 이렇게 볼 때 영국 문화에 의한 스코틀랜드 문화의 대치는 민주적 과정이 아닌 문화 지배의 과정이었다. 허쉬가 블레어의 수사학 교과서가 했던 역할을 염두에 두고 문화교양을 위한 목록을 작성했는지는 정확하지 않다. 그러나 블레어의 수사학 교과서가 스코틀랜드 문화를 지배하려 한 것처럼 허쉬의 문화교양이 결과적으로 미국 내 유색인종들의 문화를 지배하려 했다는 비판을 피할 수는 없다고 본다.

허쉬의 문화교양은 세 명의 대학교수가 미국의 국가 문화를 정의하는 것이 타당한가, 또 그 과정이 공정한가라는 비판에도 직면하게 된다. 목록 작성을 위해 허쉬는 인문학 전 분야, 켓은 역사학, 트레필은 과학을 담당하였다. 세 사람은 맡은 분야의 목록 작성을 위해 여러 문헌을 참고했고, 다른 사람이 맡은 분야의 목록을 비평하기 위해 모임을 가지기도 했다. 각각 만든 목록을 하나로 통합한 후에 그것을 학계 외부의 고문 100명 이상에게 제출하고목록의 항목들을 정의 내렸다(Hirsch, 1988). 그러나 모든 미국 시민들이 알아야 할 문화교양을 이러한 방식으로 결정하는 것이 타당한지는 의문이다. 세 명의 대학교수가 문화교양을 기술하는 것도 문제이지만, 그들이 자문을 의뢰했던 100명에 대해서는 그 어디에도 언급이 없다. 100명이 누구인지, 어떻게 선발되었는지, 통계적인 면에서 미국 시민을 대표할 수 있는지 등에 관한 언급이 전혀 이루어지지 않았다.

문화적 목록을 작성하여 학교에서 가르치자는 허쉬의 주장은 미국의 교육과정에서 진정한 지식과 훈육이 상실되었다는 신보수주의자들의 입장이 잘 반영되어 있다. 허쉬는 학교가 루소에서 듀이까지의 진보주의자들에 의해 지배당했음을 주장하면서, 학교는 미국인으로 살아가는 데 필요한 문화교양의 목록인 구체적 '사실' 들을 가르쳐야 한다고 주장하였다(Hirsch, 1988). 그러나 애플(Apple)은 현재 미국의 교육이 대부분 '사실 교육' 이며, 허쉬가 경험적인 증거를 전혀 가지고 있지 못하며, 학교의 일상으로부터 자신이 얼마나 유리되어 있는지 보여 주었을 뿐이라고 비판하였다(Apple, 성열관 역, 2003). 또한 스미스(Smith)는 미국에서의 생활에 필요한 '사실' 중심의 지식 전달 접근법으로 당초 허쉬가 의도했던 이주민이나 빈자들이 문화교양을 가지게 되기보다는 오히려 그들의 경제 능력이 저하되고 사회적으로 소외될 가능성이 있음을 우려하였다. 또한 허쉬가 주장한 문화교양은 결국 특정 집단에게 소속되게 되고, 문화교양을 소유한 특정 집단이 다른 집단의 이익에 반해 자신들의 이익을 증진시키는 데 사용하게 될 것을 우려하였다(Elias & Merriam, 기영화 역, 2002).

5. 다문화 사회에서의 문화통합과 문화교양 정책 방향

미국 보수주의자들이 다문화주의를 히틀러가 유태인들을 말살한 것과 마찬가지로 백인과 백인 문화를 파괴하려는 것으로 여기는 반면, 다문화주의자들은 다문화주의를 미국 사회에서 일어나는 민족적 · 문화적 분열에 대항하고 여전히 존속하는 인종주의와 성차별에 맞서 싸우는 유일한 수단으로 여기고 있다. 보수주의자들의 문화통합 · 문화교양 정책이 동질적인 사회 건설을 지향하는 반면, 다문화주의자들은 다문화적인 사회 건설을 지향한다. 그러나 우리는 미국과 역사와 사회 구성원의 성격이 상이하기 때문에 미국의 다문화를 둘러싼 논쟁이 당장 우리 사회에 재현될 가능성은 그다지 높지 않다.

미국과 우리의 사회는 '국민의 형성과정' 이 상이하다. 국민은 그 형성과정을 기준으로 할 때 '시민 공동체' 로서의 국민과 '민족 공동체' 로서의 국민으로 구분할 수 있다. 시민 공동체로서의 국민이 제도로서의 국가와 계약을 체결한 권리와 의무가 동등한 시민 개인들의 총체를 의미한다면, 민족 공동체로서의 국민은 혈통이나 문화 혹은 언어와 같이 과거로부터 물려받은 특징과 공통된 성격을 갖는 것으로 간주되는 개인들의 총체다. 시민 공동체로서의 국민들이 앤더슨(Benedict Anderson)의 표현대로 '상상의 공동체' 를 창조하여 개인들이 사회 내에 실재하는 다양성을 볼 수 없게 하는 반면, 민족 공동체로서의 국민은 단일민족의 이념에 따라 단일문화를 형성하게 된다(Marco, 윤진 역, 2007). 민족 공동체로서의 우리 사회는 단일민족의 이념과 단일문화를 기반으로 하고 있기 때문에 우리의 고유 문화와 전통이 존중되어야 하고 우리 사회에서 생활할 모든 사람들에게 전달하고 교육할 가치와 필요가 있다.

그러나 노동력의 국제화로 인해 다문화 사회는 점차 가속화될 것이 자명하다. 이주의 원인이 무엇이든 우리 사회로 이주한 집단들은 자신의 고유 문화를 지킬 것인가, 그렇지 않으면 이주한 국가의 문화를 수용할 것인가라는 딜레마에 빠지게 될 것이다. 특히, 부모의 문화와 현재 살고 있는 국가의 주류문화 사이에서 갈등하는 소수문화의 젊은이들은 조국의 상실과 정체성 상실을 빈번히 경험하게 될 것이다. 샤레프(Mehdi Charef)는 소설 『하렘에서의 홍차(*Tea in the Harem*)』에서 프랑스로 이주한 알제리인들이 겪고 있는 곤경, 즉 적대적인 프랑스 문화를 받아들이면서 동시에 알제리 문화와 유대감을 유지하는 것의 어려움을 생생하게 묘사했다. 프랑스 문화에의 동화로 프랑스의 알제리 젊은이들은 좋은 직장과 높은 생활 수준의 희망을 품게 된다. 그러나 이러한 희망은 젊은이들이 학교와 정부 행정의 적대감과 차별을 겪으면서 계속 좌절된다. 샤레프는 적대적인 사회에서 생활하고 부모의 문화와 프랑스 문화 사이에서 표류하는 이들 젊은이들은 사회에 대한 분노를 폭발하게 된다고 보았다. 분노로 인해 이들은 닥치는 대로 폭력을 휘두르고 절도를 저지르며 프랑스 학교 교육에 강력하게 저항하게 되는 것이다(Mehdi, 1989).

몇 년 전만 해도 우리와 무관한 것 같았던 프랑스 알제리인들의 고민과 어려움은 이제 더 이상 남의 일이 아니게 되었다. 앞서 지적한 것처럼 '민족 공동체' 로서의 국민으로 형성된 우리 사회는 우리의 고유 문화와 전통을 이주민들에게 전해야 할 필요가 있다. 그런데 우리 문화에 동화되기 위해 이주민들은 적어도 두 가지 이상의 심리적 부담을 져야만 한다. 이주민들은 새로운 지역 문화, 한국 사회의 문화에 동화되기 위해 경우에 따라서는 자신들의 이전 문화 중 일부를 포기해야만 하는 상황에 처할 수도 있다. 이것은 그들에게 새로운 지역의 문화가 자신의 이전 문화보다 우수하다는 신념을 가지도록 사실상 강요하는 것이다. 다음으로 동화된 사람들은 이전 문화와 새 문화 사이의 정체성 사이에서 여전히 어려움을 겪게 될 것이다. 두 문화의 정체성을 유지하는 심리적 부담은 측정하기 곤란할 정도로 클 것이다. 우리 사회를 찾은 이주민들이 처음 겪을 어려움은 쉽게 상상하기 힘들다. 서구 문화가 미국 이주민에게 엄청난 심리적 부담이 될 수 있듯이, 우리의 문화를 전수하고 교육시키는 것은 우리 사회를 찾은 이주민들에게 큰 부담이 될 수도 있다.

이주민들을 위한 교육정책은 분명 그들의 정체성 유지에 도움이 되어야 하고 동시에 그들이 우리 사회에서의 생활에 희망을 가질 수 있도록 도와야 한다. 문화이해 교육과 문화통합 및 문화교양 교육이 지속적으로 필요한 이유가 여기에 있다. 문화이해 교육은 이주민들의 자연권 보호를 위해서도 강화되어야 한다. 블룸은 자연권 보호를 다문화 반대 논리로 내세웠지만, 사실 자연권 보호를 위해서는 다문화가 옹호되어야 한다. 인간이 자유와 권리를 지닌 평등한 존재라는 자연권은 이주민이라고 해서 예외가 될 수 없다. 그들의 기본적 권리를 보호하기 위해 이주민들의 고유 문화를 존중하고 이해하며, 나아가 우리 사회에 적응할 수 있도록 생활에 필요한 기본적인 내용들을 선정해서 가르쳐야 한다.

이주민들을 위한 적응교육의 내용을 선정하기 위해 블룸의 문화통합과 허쉬의 문화교양처럼 한국 사회에서의 생활에 필요한 공통의 문화 원리를 추출할 필요가 있다. 다만 그것들이 블룸처럼 이주민들의 고유 문화를 부정하거나, 허쉬처럼 몇 사람이 독단적으로 선정하는 것은 지양되어야 한다. 면밀한 검토와 사회적 합의를 토대로 이주민들에게 전할 교육 내용이 선정되어야 한다. 선정된 내용의 교육은 일방적 전달이 아니라 블룸의 주장대로 소크라테스식 방식인 대화와 토론을 통해 이루어져야 한다. 한국어에 서투르고 우리 문화에 익숙하지 않다고 우리 문화를 일방적으로 전달하는 교육방법은 이주민은 우리 사회의 주류계층이나 상류계층이 될 수 없다는 의식이나 변형된 자민족 우월의식의 발로로 보인다. 이것은 사회 지위에 따라 영국 학교 교육의 성취 목표가 다르게 설정되어 있었고, 성취 목표가 다르기 때문에 교육 내용에 차이가 있었다는 이글스톤(Eggleston)의 지적과 동일한 맥락이다.

우리 사회에서의 생활에 필요한 것이 무엇인지, 이주민들을 위한 우리 사회의 '문화통합' 과 '문화교양' 의 내용이 무엇이어야 하는지, 또 그것들을 어떻게 교수해야 하는지에 관한 진지한 논의와 반성이 필요하다. 이러한 노력이 충분히 이루어지지 않았을 때 미국 사회에 적응하지 못하고 미국의 공립학교에서 실패하는 아프리카계 미국 젊은이들을 돕기 위해 시작된 '아프리카중심주의(Afrocentricity)' 가 우리 사회에서 '동남아중심주의(Southeast Asiacentricity)' 와 같은 명칭으로 발생할 가능성도 충분하다. 다행히 최근 우리 사회의 다문화에 관한 관심이 증폭되고 있고, 다문화 교육을 전공한 학자들에 의해 우리 학생들을 위한 다문화 교육 모형이 소개되고 있다.12) 또한 새로 개정될 교과서에는 다문화 가정의 편견을 깨뜨리는 내용이 등장한다고 한다. 이주민들에 대한 이해교육과 우리 사회로의 적응교육이 충실히 진행되어 이주민들이 그들의 심리적 정체성을 유지하면서 동시에 우리 사회에서의 삶에 희망을 가지고 생활할 수 있게 되기를 기대한다.

참/고/문/헌

교육인적자원부(2004). 고등학교 시민윤리. 서울: 지학사.

국사편찬위원회(1996). 중학교 국사(상). 서울: 대한교과서 주식회사.

박철희(2007). 다문화 교육의 관점에 기초한 초등 사회 · 도덕 교과서 내용에 대한 비판적 고찰. **교육사회학 연구**, 제17권, 제1호. 한국교육사회학회.

장인실(2006). 미국 다문화교육의 현황과 과제. **다문화교육의 현황과 과제-부산대학교 교육연구소 학술대회 자료집**.

Apple. M. W. (2003). *Educating the "Right" Way: Markets, Standards, God, and Inequality*. 성열관 역(2003). **미국 교육개혁, 옳은 길로 가고 있나**. 서울: 우리교육.

Banks, J. A., & Banks, C. A. M. (Eds.) (2007). *Multicultural Education*. NJ: John Wiley & Sons. Inc.

12) 김선미(2003)는 다문화 교육을 위한 5단계 모형—다양한 문화공존의 인식, 다양한 문화의 유사점 · 차이점 이해, 문화적 편견 제거, 다양한 문화의 가치적 평등성 이해, 문화 상호 존중의 태도—을 제시하였다(김선미(2003). "다문화 교육의 교실수업 사례". 순천대학교 사범대 부속 과학교육연구소 11월 세미나 자료집).

Bernstein, R. (1994). *Dictatorship of Virtue: Multiculturalism and the Battle for America' s Future*. New York: Knopf.

Bloom, A. (1987). *The Closing of the American Mind*. New York: Simon and Schuster.

Cubberly, E. P. (1909). *Changing Conceptions of Education*. Boston: Houghton Mifflin.

D' Souza, D. (1991). *Illiberal Education: The Politics of Race and Sex on Campus*. New York: The Free Press.

Elias, J. L., & Merriam, S. (2002). *Philosophical Foundations of Adult Education*. 기영화 역. 성인교육의 철학. 서울: 학지사.

Garcia, R. L. (1978). *Fostering a Pluralistic Society Through Multi-Ethnic Education*. Bloomington, Ind.: Phi Delta Kappa.

Hirsch, E. D. (1988). *Cultural Literacy: What Every American Needs to Know*. New York: Vintage Books.

Levine, L. W. (1996). *The Opening of the American Mind*. Mass.: Beacon Press Books.

Marco Martiniello. *Sortir des ghettos culturels*. 윤진 역(2007). 현대사회와 다문화주의. 서울: 한울.

Mayo-Smith, R. (1904). *Emigration and Immigration*. New York: Scribner.

Mehdi, C. (1989). *Tea in the Harem*. London: Serpent' s Tail.

Schlesinger, A., Jr. (1991). *The Disuniting of America: Reflections on a Multicultural Society*. New York: Norton.

Strauss, L. (1953). *Natural Right and History*. Chicago: University of Chicago Press.

Spring, J. (1994). *Wheels in the Head*. New York: McGraw-Hill, Inc.

Time (1988). A Most Uncommon Scold. October 17.

제3장

지역사회와 다문화 공동체 교육

1. 다문화 사회와 다문화 정책의 이해
2. 다문화 공동체 교육의 이해
3. 한국 다문화 교육의 현실
4. 지역사회에서의 다문화 교육 프로그램 개발을 위한 시안
5. 지역사회 다문화 교육의 장으로서 '국경없는 마을'
6. 지역사회 다문화 교육의 실제
7. 지역사회에서의 다문화 교육의 정책적 과제

문화는 홀로 존재하지 않는다. 다문화 공동체 사회는 서로 다른 문화의 이해와 존중, 노력을 통하여 형성된다. 문화는 독립적이지 않고 상호 교류, 충돌, 전이, 지배, 호환 등의 과정을 통해 발전한다. 단일민족 문화란 지역 경계 내든 밖이든 사실상 그 주변과 그 내면을 들여다보면 독립적이지 않고 주변 문화와 관계적이며 상호 소통적임을 알 수 있다. 우리 사회는 그동안 서로 다름을 통해서 배우고 이러한 다름의 문화적 교류가 우리 사회를 지속적으로 새롭게 하고 풍요롭게 할 수 있는지에 대한 성숙한 성찰이 필요하다. 아울러 이러한 성찰이 다문화 공동체 교육으로 자리 잡아 나가야 한다.

1. 다문화 사회와 다문화 정책의 이해

1) 다문화 사회로 급변하는 한국 사회

다문화란 무엇인가? 다문화는 다인종, 다민족으로 구성된 사회와 국가에서 문화의 중심이 되는 주류문화에 대한 하위 개념으로서 위계관계 혹은 다양성의 존중을 내포하는 개념이다. 이러한 의미에서 한국 사회는 지금 급격한 다문화 사회로 전환하고 있다. 이는 한국 사회에서 특정 중심문화가 지배적으로 있는 것이 아니라 시기와 상황에 따라 지역 문화의 유기적인 흐름 속도가 그만큼 빨라지고 있음을 의미한다. 지금까지 지역 문화의 정체성 유지에 따른 변화 속도가 느린 것을 단일민족 문화라 부른다면, 지금은 속도가 그만큼 빨라진 새로운 지역 문화인 다문화가 한국 사회 전반에 자리하면서 민족문화의 개념을 다문화로 용해시켜 나가고 있다.

한국 사회는 인구 구성적 측면에서 다문화 정책을 요하는 이유가 있다. 첫째는 저출산의 문제다. 현재 한국의 출산율은 1.05%다. 이런 추세라면 50년

후 한국의 인구는 3,000만 명, 200년 후에는 500만 명으로 줄어든다. 가까운 2050년을 기준으로 한 적정 인구를 보더라도 매년 20만 명이 새로 유입되어야 한국 사회가 경제적, 복지적인 적정 인구수인 5,000만 명을 유지할 수 있다. 특히, 국제결혼이 늘어나면서 다인종·다문화의 문제는 곧 내 가족의 문제가 되었다. 둘째는 고령화의 문제다. 우리나라 생산가능 인구는 2016년 3,650만 명을 정점으로 감소하고, 생산가능 인구의 평균연령도 2005년 38세에서 2020년 41.8세, 2030년 43.1세로 증가할 것으로 보인다. 2050년에는 사회복지 적정 인구인 4,500만 명을 채우기 위해서 매년 20만 명의 새로운 인구가 유입되어야 한다. 새로운 인구의 유입이 없다면 한국 사회의 사회복지도 곧 붕괴될 것이다. 셋째는 외국인의 국내 유입의 증가다. 1995년에 269,641명이던 국내 체류 외국인이 2005년에는 747,467명으로 10년 사이 177%나 증가하였다. 특히, 2007년 말 국내 체류 외국인은 우리나라 총인구의 2%를 차지하였다. 이러한 체류 외국인의 급격한 증가는 세계적으로 유례가 없는 일이다. 국가별 체류 외국인은 중국, 미국, 일본, 베트남, 필리핀의 순이다. 중국은 동포에 대한 우대정책인 취업관리제 및 결혼 이민자의 수, 미국은 외국적 동포의 방문동거와 주한 미군의 수, 일본은 관광 통과 및 국민의 배우자 수, 베트남과 필리핀은 산업연수생과 고용허가제로 체류하고 있는 외국인 수가 높은 비율을 차지하고 있다.

한국만 아니라 전 세계가 '국경 없는 이주민의 시대'로 전환되었다. 그 의미는 세계의 정치, 경제, 사회, 문화 요소들을 '아주 급속히' 다인종·다문화 사회로 변형시켜 나간다는 데에 있다. 그러나 지방자치단체는 물론 시민사회단체에서조차 그 대안이 부재한 실정이다. 특히, 다문화 사회 속에서의 시민사회단체들의 배타성이 문제가 되고 있다. 시민사회단체들이 이주민을 자신들의 고유한 사업의 영역으로 설정하지 못하고 있기 때문이다. 현재 급속히 진행 중인 다문화 사회에 대하여 민관 및 시민사회 단체들이 상호 연대하여 지역사회의 갈등을 최소화하고 21세기 미래 비전을 지역사회에서 실천해 나가는 새로운 협력관계가 요청된다.

2) 다문화 사회정책

다문화 정책은 다문화 한국 사회의 새로운 구성원이 주류의 내국인과 조화롭게 살아가는 데 그 목적이 있다. 즉, 다문화 정책의 목적은 이주민 소수자들이 주체화되고, 다수자인 내국인이 문화적 차이에 따른 다양성을 존중하며, 공동체 형성을 통한 사회적 통합을 이루어 나가는 데 있다. 우리 사회는 지금까지 산업화 · 서구화 과정에서 일방적인 서구 문화의 이식을 경험했다. 이것은 우리가 스스로 문화 교류의 필요성을 인식해서 자발적으로 서구 문화를 받아들인 것이 아니라 외부의 압력에 의해서 문화적 이식을 강제당하였다는 것이 더 가깝다. 우리 근현대사에 흐르는 이와 같은 문화적 상흔에 대한 이해가 없이는 우리의 자주적 문화와 자신감 넘치는 문화적 정체성을 가지기 어렵고, 스스로 문화적 자주성을 갖추지 못한 공동체가 다른 문화를 주체적으로 이해하고 수평적인 교류를 시도한다는 것 또한 기대하기 어렵다.

따라서 우리가 다문화를 이야기할 때는 먼저 유럽과 미국을 중심으로 유입되는 서구 문화에 대한 수평적 교류를 회복해야 할 것이다. 사대주의에 가까운 굴복적 사고가 바탕에 깔린 문화 교류를 통해 서구 문화로 치장된, 정체성을 상실한 껍데기 주체를 가지고는 다문화 사회를 건전하게 만들어 갈 수 없다. 따라서 다문화 교육에서 가장 먼저 회복되어야 할 것은 서구화된 우리 문화의 정체성을 바로 세우는 일이다. 아울러 한국 사회의 새로운 구성원으로 자리 잡아나가는 이주민들이 사회의 한 구성원으로서 참여하여 더불어 살아가는 것이다.

3) 한국의 다문화 정책의 경향

한국은 국적에 있어 속인주의를 채택하고 있고 이주 노동자들의 문화행사를 장려하는 측면에서는 차별적 포섭 · 배제형 접근의 특징을 갖고 있다. 이러한 특징은 똑같이 한국에서 태어나도 국제결혼 가정의 아동에 대해서는 적극적으로 한국 문화에 동화되도록 유도하지만 이주 노동자 자녀들에 대해서는 귀국을 전제로 한국에서 교육을 받도록 지도하고 있는 점에서 매우 분명하게 드러난다.

이러한 속인주의 원칙을 관철하려는 정부이지만 이주 노동자에게는 적극적으로 한국어와 한국 문화 체험 등을 교육하고 있다. 이는 한국 사회에의 동화를 목표로 하지 않고 고용 현장에서 능률적으로 근로할 수 있도록 지원하는데 목표를 두고 있다. 또한 조선족 동포에게는 적극적인 동화정책을 사용하지 않고 있다. 조선족 고령자들은 한국 문화를 이해하고 적응하지만, 조선족 청년과 아동들을 한국 문화와 한국어에 대한 이해와 훈련을 지원받고 있지 못한 형편이다. 이는 조선족 동포를 동화시키기 위해 중국과의 마찰을 감수할 수 없기 때문이다.

한국 정부가 갖는 속인주의 원칙은 순혈주의라는 이데올로기를 관철하는 도구로서 작용하고 있다. 최근 정부는 한국 사회가 이민사회로 나아감을 인정하고 있다. 출입국관리국은 이민청으로 전환을 준비하고 있다. 그러나 아직 정부는 속인주의를 포기할 것인지를 천명하지 않고 있다. 이런 상황에서 섣부르게 정부의 다문화 정책에 대하여 판단하기는 어렵다. 이러한 상황은 한국어 교육에 있어서도 마찬가지다. 정부가 한국어 교육을 어떠한 목적으로 바라보는지가 확실치 않다. 다문화 사회로 가는 것인지, 아니면 한국 문화를 기준으로 이주민들에게 강제하는지 지켜보아야 한다.

2. 다문화 공동체 교육의 이해

1) 다문화 교육의 정의

다문화 교육은 자유, 정의, 평등, 인간존중의 철학적 사고에 기초한 교육의 철학적 개념이다. 그러나 다문화 교육에 대한 표현과 주장은 다양하다. 뱅크스(Banks)는 다문화 교육은 다양한 이종, 민족, 계급 출신들이 교육적 평등을 경험하도록 하는 교육기관의 변화라고 본다. 캠벨(Cambell)은 "다문화 교육이란 문화적, 인종적 배경이 다른 사람들이 상호 문화적 전통을 이해하고 존중함으로써 궁극적으로 인간의 존엄성과 모든 인간의 평등성을 증진시키는 교육이다."라고 주장한다. 베넷(Bennett)은 다문화 교육을 교수-학습에 대한 접근의 하나로 보면서 문화적으로 다양한 사회 내에서 민주적 가치와 신념에 기초하여 다문화주의를 촉진하는 일련의 교육 활동으로 본다.

2) 다문화 교육의 목적

'세계화 시대의 다중시민성' 연구에서는 국가시민을 초월한 세계시민으로서 지니게 되는 정체성은 다중적일 수밖에 없다고 전제하고 있다. 세계시민은 공존과 협력을 위한 최소한의 보편성을 추구하면서도 문화적 다양성을 최대한 관용하고 존중하여야 한다고 본다. 단원주의 사회에서의 세계시민은 인류라는 공통점을 바탕으로 문화 간의 역동적인 중첩합의를 통한 보편성을 추구하는 시민인 것이다. 아울러 보편성에만 중점을 두는 것이 아니라 문화적 다양성에 경외심을 가지고 이를 적극적으로 존중하는 자세를 가져야 하는 것이다. 다문화 공동체 사회의 형성은 지나친 경쟁과 갈등을 극복하기 위해 관용과 이해, 사랑의 정신이 바탕이 되지 않고서는 실현 불가능하다.

다문화 교육의 목적은 사회적 다양성의 수용과 사회적 통합성의 형성에 있다. 지역사회에서의 다문화 교육의 핵심 과제는 소수자 주체화, 다수자 변화, 공동체 형성에 있다. 다문화 교육은 소수자에 대하여는 새로운 문화에 대한 적응과 사회적 주체화에 초점이 있다. 즉, 출신 문화에 대한 자긍심을 가지고 새로운 문화에 대한 대응력을 향상시키는 것이다. 이에 비해 다수자에 대하여는 다양한 문화를 이해하고 수용할 줄 아는 '관용의 힘'을 길러 주는 것이다. 다른 문화의 차이를 인정하고 그 문화적 가치를 자신의 삶의 자양분으로 삼는 적극적인 다문화 교육은 획일적인 역사관을 극복해야 한다. 다문화 사회교육은 그러한 측면에서 타자에 관한 교육이다. 다수자와 소수자는 더불어 행복한 세상을 위한 공동체 형성을 위해 서로 힘을 합쳐 나가야 한다. 다문화 교육은 우리 역사 안에 함께해 온 이민족의 역사를 발굴 · 기술하는 작업을 포함하여 순수혈통주의나 민족적 우월주의의 극복을 통해 제3의 정체성을 형성하는 것이다. 이것이 다문화 공동체 교육의 지향점이다.

3) 다문화 공동체 교육의 목표

다문화 교육은 이주민에 대한 새로운 인식에서 출발한다. 이제까지 우리 사회에서 다문화 문제는 노동력의 수입으로 인한 경제적 이해의 문제이거나, 새롭게 등장한 복지의 대상으로서 소외된 이주 노동자 계층의 문제로만 이해했다. 이주 노동자들에 대한 복지정책과 인권보호 운동, 국경 없는 시민권 영역의 확대가 지속되어야 하고, 지금보다 더 많은 부분에서 이주 노동자들의 노동 조건이 개선되어야 하며, 소수자 스스로 주체화될 수 있어야 한다. 다문화 사회의 형성에서는 이주민들의 체류 조건이 완화되어 그들의 한국 생활이 안정적이 되도록 조건을 갖추는 것이 중요하다.

다문화 공동체 교육은 '평등 및 평화 교육' 이다. 다문화 교육에서 경계해야 할 것은 민족문화의 정체성을 세우는 것이 민족주의나 국가주의적인 형태라는 사고이며, 수평적이고 평등한 관계를 바탕으로 하는 것이 바람직하다. 자기 주체성을 바탕으로 문화 교류를 할 수 있는 자신감이 그 어떤 문화권과도 자유롭게 교류할 수 있는 것이다. 따라서 다문화 교육은 '평화교육' 이며 '더불어 행복한 세상 만들기' 에 대한 실천적 교육이다.

4) 다문화 공동체 교육의 범주

다인종 · 다문화 사회가 형성되면서 여러 민족과 문화가 함께 어울려 공존할 수 있기 위해 추구해야 할 지식, 기능, 가치, 태도 등에 있어서 공통기준은 무엇이어야 하는가? 세계시민으로서 지녀야 할 특성은 다음과 같다.

① 세계 사회의 한 구성원으로서 문제를 조망하고 접근할 수 있는 능력
② 사회 내에서 협동적으로 다른 사람과 일하는 동시에 자신의 역할과 의무를 충실히 담당할 수 있는 능력
③ 문화적 차이를 이해하고 받아들이고 인정하며 관대히 다룰 수 있는 능력
④ 비판적이고 체계적으로 사고하는 능력
⑤ 사회 비폭력적인 방식으로 갈등을 해결하려는 의지
⑥ 환경을 보호하기 위하여 자신의 생활방식과 소비 습관을 바꾸고자 하는 의미
⑦ 인권에 대하여 감수성이 풍부하며 인권을 존중하는 능력
⑧ 지역적, 국가적, 국제적 차원에서 정치에 참여하고자 하는 의지와 능력 등이다.

앞서 언급하였듯이, 다문화 사회는 공존과 협력을 위한 최소한의 보편성을 추구하면서도 문화적 다양성을 최대한 관용하고 존중하며 사회적 통합성을 이루어 내는 제3의 정체성 형성이 필요하다. 이러한 견지에서 다문화 교육은 소수자 주체화, 다수자 변화, 다수자와 소수자의 공동체 형성이라는 세 가지 차원에서 다루어져야 한다.

5) 다문화 공동체 교육의 내용

다문화 교육에는 크게 두 가지가 있다. 하나는 서구에서 전개해 온 주류 다문화 교육이고, 다른 하나는 문화적 다양성을 단일한 기준으로 보지 않고 다양성 자체에도 차이가 있음을 강조하는 비판적 다문화 교육이다. 주류 다문화 교육은 소수자도 자신의 문화와 다양성을 가진 존재로 인정하지만 결국은 주류문화를 강조하고 주류에 포섭하려는 입장을 취한다. 이는 문화적으로 동화

(assimilation) 이론과 용광로(melting pot) 이론의 입장을 취한다. 반면 비판적 다문화 교육은 다양한 차이를 인정하고 주류와 지배문화 중심으로의 동화가 아닌 타 문화에 대한 가치를 인정하고 수용의 범위를 넓히려는 의도를 가진다. 그리하여 주류문화로의 통합이 아닌 타 문화에 대한 이해와 존중이 대등한 위치로서 샐러드 볼(salad bowl) 이론의 입장을 취한다.

(1) 다양한 민족이 지향하는 문화에 대한 객관적 이해 및 적응

- 다양한 민족이 지향하는 타 문화 이해교육(cross-cultural education), 관용
- 공존과 협력을 위한 최소한의 보편성을 추구, 문화적 다양성에 대한 관용과 존중
- 문화적 다양성을 통한 민족문화와 인류문화의 발전에 기여할 수 있는 능력과 태도

(2) 문화적 주체화, 자아정체성의 형성 및 대응력 육성

- 문화적 차이에 대한 적응, 관용, 비판적이고 체계적인 사고, 올바른 지식과 기능, 가치 수립
- 문화적 정체성 확립과 타 문화에 대한 사회적 · 개인적 혼란에 대한 대응 및 적응
- 자아 정립과 삶의 방식, 사회적 관계 형성 교육

(3) 개인과 집단 및 지역, 국가 간 갈등 극복과 평화의식 고양

- 평화교육을 통한 문화 갈등의 평화적인 해결 방안 모색
- 집단, 지역사회, 국가, 세계 차원의 평화 실현을 위한 실천적 연대 및 참여
- 갈등의 합리적 해결을 통한 인류의 평화와 행복, 영성, 공동체의 발견

(4) 인류 인권의 존중에 대한 인식과 실천의지 형성

- 인간의 기본권 및 국경 없는 시민권 교육

- 인권 감수성을 높이고 불평등한 개인, 집단, 국제 사회의 구조에 대한 올바른 인식 형성
- 지역사회의 실제 생활 속에서 실천을 통한 공동체 사회 형성 기여

(5) 지역사회 공동체 형성 및 실천

- 지역사회에서 협동적으로 자신의 역할과 의무 수행을 통해 공동체 일원임을 자각
- 공동체의 원리를 지역사회 속에서 실천할 수 있는 자질교육
- 국경 없는 시민권의 지역사회 실천 및 창조적 대안 형성

3. 한국 다문화 교육의 현실

1) 정부단체의 다문화 교육

정부는 이주 노동자의 문제를 다문화, 사회통합, 인권 향상에 두고, 통합적인 지원정책으로서 이주 노동자와 그 가족의 지역에서의 생활보장과 지역사회 통합으로 그 내용을 확대해 나가고자 하고 있다. 정부는 2006년 4월 빈부격차차별시정위원회 주관으로 교육인정지원부, 법무부, 보건복지부, 여성가족부 등이 참가한 가운데 '혼혈인 등 소수인종 사회통합대책' 을 확대할 계획을 발표하였다. 이는 시민권을 가진 혹은 곧 갖게 될 결혼 이주자 및 그 자녀에 초점을 맞추고 있다. 그 내용을 살펴보면 〈표 3-1〉과 같다.

▶▶▶ 〈표 3-1〉 정부단체의 다문화교육 유형

정부부서	다문화적 사업 내용
여성가족부	• 결혼이민자 부부교육 및 가족상담 • 여성 결혼이민자 멘터링 • '한국어교재' 개발 • '한국어교실' 운영 • 「모성보호 가이드」 발간 • 결혼이민자지원센터 설립(전국 80개소) • 혼혈인 1세대 어머니들의 명예회복을 위한 기지촌 실태조사 예정
법무부	• 결혼이민자 영주자격 신청요건 완화 ('05. 9) • 결혼이민자의 이혼·별거 시에도 자녀 접견 위해 국내 체류 허가 • 혼혈인 지원정책 준비 중 • 입국 심사 시 국적, 인권 관련 정보 리플렛 제공
보건복지부	• 혼혈인 생계비 및 학비 보조(펄벅재단 위탁) • 빈곤층 혼혈인에 생계, 의료, 주거급여 지원 • 결혼이민자 가족 기초생활보장 수급 신청 시 여성 결혼 이민자 소득·재산 제외 • 건강보험 가입안내 외국어 리플렛 제작 ('05. 11)
노동부	• 외국인근로자 취업지원 등 고용관리
문화관광부	• '국제결혼 이주여성 언어사용 실태조사' 실시(국립국어원) • 이주여성 자녀 위한 한국문화체험 행사 • '이주 노동자 지역 특화 문화축제사업' 과 「이주 노동자 문화가이드북」 발간 • 외국인 근로자와 함께하는 민속교실 • 이주여성들을 위한 요리교실 • '결혼 이민여성 문화사업' • 한국어강좌 개설·운영(한국어세계화재단), 국제결혼 이주여성 한국어 교육 • '사회문화예술교육 지원사업' 통해 문화예술교육 지원: 사회문화예술 교육 프로그램 개발·운영지원
행정자치부	• 국내 거주 외국인의 사회통합을 위해 지방자치단체별로 전담인력, 지원기구 설치 • 외국인의 법적 지위를 주민에 준하게 하는 방안을 8월까지 마련
교육인적자원부	• 다문화 교육기반 구축과 아동의 학교생활 적응 지원 • 농촌 거주 다문화 가정에 대한 e러닝 지원센터 선정 • 불법 체류자 자녀의 입학절차 완화 ('03) • 해외 귀국자녀를 위한 교육 • 국제교육진흥원: 일요 지구촌 학교, 한국어 교육, 문화유산 견학, 민속놀이, 한복 소개, 한국음식 만들기 등

2) 지방자치단체의 다문화 교육

경기도 교육청에서는 지난 2006년 3월부터 안산과 시화 지역에 각각 1학급씩 이주 노동자 자녀를 위한 특별학급을 실시 중에 있다. 특별학급은 이주 노동자의 자녀들이 학교생활에 적응할 수 있도록 예비교육을 실시하는 과정이다.

경기도가 2006년 3월 발표한 '외국인 근로자 맞춤 종합복지 지원서비스' 계획을 발표하였다. 경기도는 한국 내 전체 외국인 근로자의 44%, 불법 체류자의 57%가 거주하고 있다는 지역적 특성을 고려하여, 외국인 근로자의 사기 진작과 중소기업의 경쟁력을 높이기 위해 9개 분야 30개 사업의 추진 내용을 담은 '외국인 근로자 종합지원 계획'을 마련하고 있다. 이 계획에 따른 외국인 근로자 지원 분야는 ① 외국인 근로자 복지센터 건립 및 지원, ② 한국어 교육, ③ 화재예방 및 응급구호 체계 확립, ④ 출산 및 보육 지원, ⑤ 의료지원, ⑥ 인권 개선, ⑦ 문화격차 해소 및 국내적응 지원, ⑧ 불법체류 예방 및 귀환지원, ⑨ 농축산업 종사 외국인 근로자 지원의 총 9개 분야로, 분야별 2~7개 사업을 중점 시책사업으로 선정하여 모두 61억여 원의 예산을 집중 지원하기로 하였다. 이러한 사업의 효과적 수행을 위해 외국인 근로자와 관련된 행정지원 서비스를 총괄적으로 기획, 조정, 집행할 전담부서도 신설키로 하였다.

세계 대부분의 나라가 이미 다문화 사회다. 이미 다문화인 사회에서는 다문화 사회에 대한 정책 접근이 언어로 이어진다. 즉, 언어의 다양성과 언어의 통합성을 주장한다. 아울러 언어의 차별을 금지할 것을 주장한다. 따라서 기존의 다문화 사회에서는 언어가 문화적 다양성을 이루는 가장 중요한 요소로 작동한다. 독일의 경우 독일 사회로의 통합을 위하여 독일어 언어교육을 실시한다. 그러나 직업 관련 전공 분야에서 이중언어 교육 프로젝트를 진행한다. 정체성 교육에 있어서는 이민자 가족 내의 세대 간 이해 확립을 위해 자국어 교육을 실시한다. 미국의 경우는 ELS(English as Second Language) 프로그램을 통한 영어교육과 이중언어 교육 프로그램(Bilingual program)을 통하여 영어를 근간으로 하는 사회적 통합을 시도하고 있다. 그리고 일본의 경우는 외

▶▶▶ 〈표 3-2〉 지방자치단체 다문화 교육 유형

	적응교육	다문화 교육
언어 영역	한국어 교육	
가정 영역	한국 가정문화 교육, 부부교육, 자녀 교육	여성 이민자 출신 국가의 문화 이해를 위한 부부캠프
생활, 예절, 음식	가족예절 배우기, 생활문화 적응교육, 한국요리 체험	
전통 체험	우리 고장 문화재 탐방, 이주아동 국내 적응교육 캠프 프로그램, 한국문화 체험	다문화 이해
기능 영역	컴퓨터 교실	
지식 영역	한국 문화 및 역사 교육	
심리 영역	가족 카운슬링	
생활 영역	직업훈련	

국인집주도시회의(外國人集注都市會議)제도를 통하여 외국인 학생 담당 전문교원을 배치하고, 교사가 학교 현장에서 일본어와 교과목 지도 보조, 상담 등을 한다.

3) 민간단체의 다문화 교육

교육부와 유네스코 한국위원회는 다문화 공동 프로그램(1998년 9월 이후)을 실시하고 있다. 다문화 이해교육 차원에서의 '외국인과 함께하는 문화교실(Cross-Cultural Awareness Program: CCAP)' 이 그것이다. 이 교육은 세계화 지역에서의 이주민 평등권, 단일민족 사회에서의 이주민 현실, 이주민 권리와 권리지지 작업을 한다. 내국인 초 · 중 · 고등학생들에게 외국의 역사와 전통, 풍습, 생활양식의 이해하도록 하고, 외국의 전통의상, 무용, 음악 등을 소개한다. 그리고 후속 프로그램으로 이주 노동자 밀집 지역 및 여러 종교 장소 방문, 이주 노동자 자녀 캠프 참가 등을 한다.

▶▶▶ 〈표 3-3〉 민간단체 다문화 교육유형

	적응교육	다문화 교육
언어 영역	한국어 교육	베트남어 교실, 중국어 교실 등
가정과 영역	한국 가정문화 교육, 부부교육, 자녀교육	여성 이민자 출신 국가의 문화 이해를 위한 부부캠프, 자녀 정체성 교육
생활, 예절, 음식	가족예절 배우기, 생활문화 적응교육, 한국요리 체험	세계 결혼 시범
전통, 다문화 체험	우리 고장 문화재 탐방	이주 노동자문화 축제, 음식문화 축제, 세계 전통의상 입기, 외국인 밀집 지역 탐방
기능 영역	컴퓨터 교실, 직업훈련	아시아 전통음식 교육
지식 영역	한국 문화 및 역사 교육	외국인 배우자들의 시민권, 다문화 이해
심리 영역	가족 카운슬링	갈등해소를 위한 가족 치유
지역 공동체 영역		나라별 공동체 지원, 국경없는 마을
인권 영역		문화적 갈등과 충돌의 극소화, 임금체불, 산업재해, 귀국 문제 등

4) 정부, 지방자치단체, NGO의 다문화 교육 프로그램의 평가

한국 사회에서 벌어지고 있는 다문화 교육의 대부분은 한국어 교육, 한국 문화 체험, 이주 노동자 축제의 세 가지로 요약된다. 정부, 지방자치단체, 시민사회단체 할 것 없이 한국에서 일어나고 있는 다문화 교육의 대부분은 외국인 출신의 한국 사회 적응을 중심으로 한 한국 사회로의 융화다. 일방 문화가 중심에 서서 타 문화권을 흡수하는 형식이다. 엄밀히 말해서, 한국 사회에서의 다문화 교육은 아직 초보적인 것으로 평가된다. 그만큼 한국 사회의 다문화 인프라 구축이 긴급하다는 것을 반증해 주고 있다. 따라서 필자가 앞서 제시한 바 있는 3개 영역과 5개 분야에 대한 전문적 프로그램의 개발이 시급하다.

4. 지역사회에서의 다문화 교육 프로그램 개발을 위한 시안

1) 다문화 교육 목적 [3개 영역]

① 소수자 주체화
② 다수자 변화
③ 공동체 형성

2) 다문화 교육 목표 [5개 분야]

① 다양한 민족이 지향하는 문화에 대한 객관적 이해 및 적응
② 문화적 주체화, 자아정체성의 형성 및 대응력 육성
③ 개인과 집단 및 지역, 국가 간 갈등 극복과 평화의식 고양
④ 인류 인권의 존중에 대한 인식과 실천의지 형성
⑤ 지역사회 공동체 형성 및 실천

3) 다문화 교육 프로그램 개발을 위한 조사 활동

① 문화적 갈등의 사례 발굴
② 문화적 갈등의 유형 분류
③ 문화적 갈등의 원인과 해결 방안에 대한 주제어 찾기
④ 문화적 갈등 해결을 위한 이론적 검토

4) 갈등 극복을 위한 접근 방안 탐구

① 사회 인식의 측면

② 주체의 역량 강화 측면
③ 전문가 양성의 측면
④ 리더십 형성 측면
⑤ 지역 공동체 형성
⑥ 심리적 치유의 측면
⑦ 기타

5) 다문화 교육 프로그램 개발

갈등의 측면	갈등의 현상	갈등의 원인	갈등의 극복 방안		
			소수자 주체화	다수자 변화	공동체 형성
정치적 측면					
경제적 측면					
사회적 측면					
문화적 측면					
교육적 측면					
심리적 측면					
종교적 측면					

5. 지역사회 다문화 교육의 장으로서 '국경없는 마을'

1) '국경없는 마을 운동'의 이해

'국경없는 마을'은 한국인으로 대표되는 지역사회의 지배문화의 지배력과 이주 노동자로 대표되는 하위 집단인 이주민의 저항력이 일정한 수준에서 만나 상호 공존을 모색하는 실천이다. 국경없는 마을은 기존의 체제에 대한 도전과 저항의 의미를 지니면서 기존 체제를 안정화하는 역할도 동시에 수행한다. 변화를 위한 실천을 강조하는 측면에서 국경없는 마을은 다문화 지역사회 공동체 운동이다. 요컨대, '국경없는 마을'은 지역 주민과 이주민이 지역사회 내에서 국적, 언어, 피부색, 종교, 경제와 문화적 차이를 극복하고 '공동체적으로 더불어 살기를 지향하는 운동'이다.

문화적 사고로서 국경없는 마을의 형성은 지역사회의 차별문화, 즉 배타 문화, 소외문화, 경쟁문화를 극복하고 더불어 살아가는 다문화 공동체를 형성하고자 하는 것이다. 더불어 살아가는 다문화 공동체는 가치관의 개혁과 소외된 인간관계 회복을 추구하는 평등 공동체 형성과 경쟁적인 환경 및 제도를 개선하여 협동 공동체로의 전환을 모색하는 다문화 실천운동이다. 존재 방식에서 다문화적이고 관계 방식에서 공동체적이며 삶의 방식에서 협동적인 다문화 지역사회 운동의 추구인 것이다.

2) 다문화 운동으로서 '국경없는 마을 운동'의 출발 계기

다문화 운동으로서 국경없는 마을에 대한 사고의 동기에는 크게 두 가지 계기가 있었다. 이주 노동자와 국제결혼 가족들과의 만남을 통해 다문화적 사고와 국경없는 마을 운동이 실천으로 이어진 것이다. 첫 번째는 이주 노동자와의 만남이다. 국경없는 마을 운동은 '이주 노동자도 주민이다.'라는 생각에서 출발하였다. 1995년에 2월 이주 노동자들은 '우리도 사람이다.'라며 자신들의 인권을 주장하였다. 이는 노동자로서의 권리의 주장이었다. 일을 시키고도 월급을 주지 않고 오히려 폭행을 가하여 공장에서 내쫓는 사례가 자주 발견되었다. 공장에서 일하다가 산업재해를 당하여도 산재 보상도 되지 않았던 때다. '우리도 사람이다.'라는 주장은 곧 '우리는 노예가 아닌 노동자다.'라는 주장이었다. 그러나 한편으로 이주 노동자는 '노동자'일 뿐 아니라 '주민'이라는 생각을 하게 되었다. 주민으로서의 이주 노동자에 대한 사고는 생활인으로서의 이주 노동자를 의미한다. 이주 노동자는 '값싼 노동력'이 아닌 '우리와 같은 사람' 으로서 생활인이라는 생각이다. 즉, 피부색이 다르고 국적이 다르며 언어와 종교 등 문화가 다른 사람이지만 이들은 우리와 함께 살아가는 주민이라는 인식이다. 당시의 대세는 이주 노동자에게 있어 다문화의 담지자(擔持者)로서 인식은 관심 밖이었다. 다문화의 담지자로서 주민인 이주 노동자는 '계급적 선명성' 을 희석시킬 수 있다는 비판이 제기되었기 때문이다. 그렇지만 저자는 '노동자' 적 신분으로서 '주민' 이자 '다문화의 주체자' 로서 이주민에 대한 사고를 주장하였다. 이주 노동자를 다문화의 담지자인 주민으로서 인식하게 된 것이 지역사회에서의 다문화 공동체인 국경없는 마을을 꿈꾸게 만드는 계기가 된 것이다.

다문화와 국경없는 마을에 대한 사고의 두 번째 계기는 다문화 가족과의 만남이다. 다문화 가족에 대하여 관심을 갖게 된 것은 1995년 국제결혼을 하고 살아가는 파키스탄인 샤미 씨의 가정과 이란인으로서 기독교로 개종한 자파르 씨의 가정을 만나면서부터였다. 이를 계기로 국내 이주 노동자 출신 결혼 이민자의 자생적 모임인 '파랑새' 도 만나게 되었다. '파랑새' 는 방글라데시 국제결혼 부부 모임으로서 1992년에 결성되었다. 이 모임의 여섯 가정은 안산, 시흥 지역 거주자들이었다. 당시 이들은 한국인과 결혼하여 가정을 이루고 살았는데 한국인의 문화에서는 마치 '동물가족' 취급하듯 하였다. 부부가 길을 함께 걸어가는 것만으로도 주위의 따가운 시선을 받아야 했다. 당시는 이주 노동자가 한국인과 국제결혼에 성공한 것만도 대단한 일이었다. 국제결혼에 대한 국가정책 역시 매우 부정적이었기 때문이다. 남편이 한국 국적을 얻는 것은 거의 불가능에 가까웠고, 주민등록부에 외국인 출신 배우자의 등재가 되지 않았다. 3개월 혹은 6개월마다 남편의 비자 연장을 위하여 출입국관리소에 다녀오는 날이면 모멸감 때문에 한국인 부인은 눈물로 눈이 퉁퉁 부어야 했다.

자녀 문제도 심각하였다. 국제 결혼한 한국인 여성이 자녀를 출생하여도 아빠 없는 미혼모 출생의 사생아 취급을 받았다. 게다가 남편이 미등록 이주 노동자일 경우, 외국인 출신 남편과 출산한 아이는 그 존재 자체가 인정되지 않았다. 국가가 인정하지 않는 결혼과 자녀의 출생인 것이다. 이때 다문화 가족이 이 땅에서 우리와 같은 이웃으로 살아가는 방안은 무엇인가? '따스한 이웃으로 다문화 가족과 만나기' 라는 사고 역시 국경없는 마을 운동을 펼치게 된 중요한 계기가 되었다.

3) '국경없는 마을 운동'의 전개

(1) 다문화 국경없는 마을 운동 제기(1996~2002)

① 정기 다문화 만남의 장

초기 다문화 만남의 장은 이주 노동자들을 중심으로 자국 문화 행사 혹은 서로 다른 이주 노동자들의 정기적인 만남이 중심이었다.

• 인터내셔널 카페

이주 노동자들이 자신들의 문화를 가지고 만날 수 있는 만남의 장으로서 1996년 '인터내셔널 카페' 가 운영되었다. 현재는 인터내셔널 카페가 '다문화 북카페' 로 명칭이 변경되어 운영되고 있다. 아시아의 각 나라 사람들이 전통차와 전통 춤과 노래가 있는 문화의 마당으로서의 자리를 고안한 것이다.

• 다문화 거리카페

인터내셔널 카페는 2000년부터는 '다문화 거리카페' 로 바뀌었다. 한 달에 한두 차례 원곡공원에서 이주 노동자들이 자신들의 음악, 예술 활동을 선보이는 활동을 벌여 왔다. 다문화 거리카페는 나라별로 돌아가면서 운영되었다. 동네 사람들이 자연스럽게 다른 나라의 노래와 춤 등을 접할 수 있는 기회가 생긴 것이다.

• 공연행사

1995년부터 정기적으로 이주 노동자들이 자신들의 명절 때 자국민 중심으로 문화행사를 진행하였다. 방글라데시, 스리랑카, 인도네시아 등의 출신들이 자국의 명절을 한국에서 모여 함께 보낸 것이다. 한국의 명절 등에는 여러 나라 이주민들이 각자 자국의 전통 노래와 춤 등을 다른 나라 사람들에게 선보이는 행사를 진행하였다. 이러한 행사에 한국의 전통문화 공연도 함께 이루어졌다. 이때의 행사는 주로 이주 노동자 위로 행사의 성격을 가졌다. 1999년부터는 '우리도 안산을 사랑해요' 라는 슬로건을 내걸고 의식적으로 공연행사를 시민들과 접촉하려는 시도로 접근하였다.

② 다문화 사회 주체 형성

다문화 사회의 주민 구성 주체는 지역사회 거주자다. 지역사회 거주자는 몇 가지로 나누어 볼 수 있다. 첫째는 원주민이다. 원주민은 적어도 당사자 이상의 선조들이 그 지역에서 태어나 자리를 잡고 살아온 사람들이다. 둘째는 선주민이다. 선주민은 당사자가 그 지역에서 태어나지는 않았지만 수년간 자리를 잡고 살아온 원주민 국적의 사람들이다. 셋째는 이주민이다. 이주민은 본래 다른 국적의 출신자로서 한 지역에서 수년간 자리를 잡고 살아온 사람들이다. 이주민 가운데 같은 지역에 장기 체류한 자는 이주 정착민이고, 일시 체류 이동자는 이주 유랑민이다.

• 코시안

다문화 가족인 코시안(Kosian) 가족이 모임을 시작하였다. 1997년 6월 호적법이 남성 중심에서 양계혈통주의로 개정되면서 국제결혼 가정에도 희망의 싹이 보였다. 호적법이 개정된 1997년 9월 가을, 국제결혼 가정 50여 쌍이 모여 축하의 자리를 만들었다. 이때 이들을 위해 붙여진 이름이 코시안이다. 특히, 국제결혼을 한 한국 사람들이나 자녀들에게는 부정적인 용어들이 사용되었기 때문에 좀 더 중립적인 개념이 필요해서 아시아인과 한국인의 만남이란 뜻에서 코시안이란 이름을 사용하게 되었다.

• 이주 노동자 공동체 형성과 NGO 구축

안산이주민센터와 연결된 공동체 조직들이 있다. 방글라데시 공동체는 이미 1992년에 조직되어 이 기관에 사무실을 두었다. 원곡동에 이슬람 사원도 이 단체가 주축이 되어 설립하였다. 그러나 2004년 공동체 지도자들이 본국으로 돌아가고 고용허가제에서 방글라데시가 제외됨에 따라 방글라데시 출신들의 입국이 급격히 줄어들면서 공동체 활동은 중단되었다. 인도네시아 공동체는 1997년 경기도 지역을 일대로 '이스와라(Iswara)' 가 조직되었다. 이 조직 역시 미등록 이주 노동자들이 주축이 되어 구성되었다. 이 조직도 2004년 이후 ICC라는 새로운 조직으로 재편되어 경기도 일원에서 활동 중에 있다. 스리랑카 독립협회는 1999년에 조직되었다. 이 조직은 현재까지 활동 중에 있으며, 자국민을 위한 문화와 복지 활동을 중심으로 운영되고 있다. 한편, 이주 노동자를 위한 NGO도 형성되었다. 1998년 방글라데시 BMC(Bangladesh Migrant Center), 1999년 인도네시아 IMC(Indonesia Migrant Center)가 그것이다. 그러나 현재는 이들 조직 활동가들의 비자 문제, 생활비 문제로 운영이 중단된 상태다. 하지만 방글라데시 BMC는 방글라데시 현지에서 활동 중이다.

③ 국경없는 마을 운동의 시작

본격적인 국경없는 마을 운동이 시작되었다. 1997년 이후 그동안 정기적으로 발행되었던 소식지 「나눔과 일터」를 「국경없는 마을」로 명칭을 바꾸었다. 다문화 지역사회 공동체 운동을 본격화하기 위해서였다. 주민과 이주민이 함께 만들어 가는 국경없는 마을은 1999년 11월 안산이주민센터가 현재의 건물로 이사하고 그 지역명도 '국경없는 마을' 이라고 부르기 시작하면서 구체화되었다. 안산이주민센터가 건물을 좀 더 지역 주민과 가까운 지역으로 이주할 계획을 세우면서 '국경없는 마을 운동' 을 본격화한 것이다. 초기 국경없는 마을 운동에는 네 가지 흐름이 있었다.

• 지역 주민과의 접촉점 형성을 통한 문화적 갈등 해소 사업

지역 주민과 이주민 간의 문화적 차이로 인한 갈등이 빈번하였다. 이러한 갈등의 원인은 단순히 문화적인 차이만이 아니며, 내국인과 외국인이라는 차

이, 주인과 나그네라는 차이에서 발생하는 배타성에도 있었다. 그리하여 주민과의 접촉점 형성을 통한 문화적 갈등 해소 사업을 전개하게 되었다. 이주민과 지역 주민이 이웃으로 만나지 못하는 것은 서로의 접촉점이 낮았기 때문이라고 생각하였다. 특히 당시 지역 주민과 이주민 간의 가장 큰 갈등은 '쓰레기' 문제였다. 이에 갈등의 고리인 쓰레기 문제를 중심에 두고 상호 접촉점 만들기를 시도하였는데, 그것이 바로 마을 청소였다. 주민과 이주민이 매달 정기적으로 모여 마을 청소를 하며 서로의 갈등 문제를 공동으로 해결하였다. 마을 청소를 통하여 상호 접촉점을 넓혀가며 배타적 감정을 조화의 감정으로 바꾸어 나간 것이다. 또한 접촉점 형성을 넓혀 나가기 위해 정기적으로 마을 신문을 발행하여 지역에 배포하였다. 마을 신문을 통하여 지역 주민들이 이주민들을 간접적으로 접하게 한 것이다.

• 마을 다문화 축제

2000년을 넘어서면서부터 의식적으로 마을 다문화 축제가 이루어졌다. 기존의 안산이주민센터의 행사는 주로 이주민들만의 행사였고 공연 중심이었다. 주민과의 만남도 없었고, 이주민 스스로도 참여가 부족한 행사들로 가득하였다. 이에 2000년 이후부터는 모든 행사를 지역사회에서 의도적으로 전개하였다. 동네 주민들이 다문화를 경험하도록 국경없는 마을 '콘비벤츠'를 전개한 것이다.[1] 해마다 전개되는 국경없는 설날 축제, 안산월드컵, 추석 다문화 축제, 콩꽃 축제 등이 있다.

• 지역사회 의사결정에 이주민 참여 활동

이주민들은 국민이 아니라는 이유로 지역사회 의사결정에서 제외되어 있었다. 지역사회 의사결정에의 참여를 위해 시도한 것이 명예 주민자치위원회 활

1) 콘비벤츠(Kovievenze)는 신학적 용어로 가까이 살면서 어려움이 있을 때 함께 의지하는 것을 말한다. 콘비벤츠는 일상에서 차이를 인정하며 잔치를 벌이는 공동체를 의미한다(박천응(2006). 이주민 신학과 국경없는 마을. 안산: 국경없는 마을, p. 115).

동이었다. 국민은 아니지만 이주민들이 주민자치위원회에 참여하여 자신들의 의견을 개진하는 기회를 만들었다. 주민자치위원회에서는 이주민들을 명예 주민자치위원으로 선정하기도 하여 만남의 자리를 마련하기도 하였다.

• 주민과 함께 만들어 가는 국경없는 마을

국경없는 마을을 주민과 함께 만들어 가는 사업을 전개하였다. 지역사회에서 여론 주도층에 있는 이들과 함께 국경없는 마을 운동이 전개되도록 강사를 초청하여 토론회 등을 개최하였다. 살기 좋은 마을 만들기를 위하여 타 지역의 사례 방문도 하였다. 지역 주민과 이주민의 국경없는 마을에 대한 여론조사, 국경없는 마을 신문 제작, 국경없는 마을 체육대회, 주민 만남의 밤 등을 개최하였고 안산 시장이 수여하는 모범 주민과 이주민 시상도 있었다.

(2) 다문화 국경없는 마을 운동 제2기(2003~2006)

국제결혼은 2001년까지 15,000쌍이었다가 2003년부터는 25,000에서 30,000쌍까지 급증하게 된다. 한국 사회 이주민의 구성에 급격한 변화가 오기 시작한 것이다. 이 시기에는 네 가지 축으로 운동이 전개되었다. ① 다문화 정책 제안, ② 다문화 프로그램의 시범 운영, ③ 다문화적 제도 개선운동, ④ 국경없는 마을 운동의 확산 ⑤ 국경없는 마을 운동에 대한 이론화 작업 등이 중심이었다.

① 중앙정부와 지방자치단체의 다문화 정책 제안

다문화 정책 제안은 중앙정부와 지방자치단체의 정책적 다문화 사고의 유도였다. 정책 제안은 이주민에 대한 지원과 권리의 확대로서 지원조례 및 복지 시설 구축, 이주민 관련 사업 행정의 체계화 및 전담공무원제, 이주민 밀집 지역의 다문화 마을 만들기 사업 제안 등을 골자로 하였다.

• 이주민 지원조례 및 복지시설 제안

이주민 지원조례 만들기를 제안하였는데, 이를 최초로 받아들인 것이 서울

성동구였다. 수원시 또한 이를 수용하였다. 안산시와 경기도를 중심으로 이주민 복지시설 설치를 제안하였다. 경기도에서는 5개 지역에 이주민 복지시설이 건축되어 가고 있다. 행정자치부에서는 2007년부터 '거주외국인 지원조례 표준안' 을 만들어 각 지방자치단체들이 지원조례를 만들 것을 시달하고 있다. 민관 거버넌스 복지체인 '안산시사회복지협의체' 에는 '이주민분과' 가 처음으로 설치되어 이주민 관련 단체들이 참여하여 함께 운영하고 있다.

• 이주민 관련 사업 행정의 체계화 및 전담공무원제의 도입

이주민 관련 사업 행정의 체계화 및 전담공무원제의 도입은 안산시와 경기도, 행정자치부에 제안하였다. 안산시에는 전국 최초로 전담공무원제가 도입되어 운영 중에 있다. 경기도에서도 전담부서가 설치되어 운영 중에 있다. 특히, 경기개발연구원과 정책개발을 위한 공동연구 작업을 2004년과 2006년에 실시하여 경기도에서 이주민 관련 사업의 체계를 갖추도록 제안하였다.

• 국경없는 마을 만들기 사업의 제안

2001년 국경없는 마을 만들기 사업을 안산시에 제안하였다. 2003년에는 중앙정부에 국가 차원의 다문화 정책과 국경없는 마을 사업을 제안·설명하기도 하였다. 정부 차원에서는 2004년 안산·천안 인근의 농촌지역에서 국경없는 마을 사업을 구상하기도 하였다. 안산시는 현재 국경없는 마을이 살아 있는 다문화 지역이 되도록 하기 위하여 노력하고 있다.

② 다문화 프로그램의 시범 운영

• 찾아가는 다문화 교실

찾아가는 다문화 교실은 지역 청소년 대상의 다문화 교육 프로그램이다. 다문화 교육은 소수자보다는 다수자의 문제가 더 크다. 따라서 다수자인 내국인을 어떻게 교육시킬 것인가를 고민하게 되었다. 또 성인보다는 청소년 대상 교육이 중요하다고 판단되었다. 그래서 지역 중·고등학교와의 협력을 통하

여 찾아가는 다문화 교실을 열었다.

• 주말 다문화 대안학교와 계절 다문화 대안학교

이 프로그램은 청소년을 대상으로 한 교육이다. 주말 다문화 대안학교는 다수자와 소수자 모두에게 행하여졌다. 한국인 청소년의 경우는 주말에 '안산이주민센터' 를 찾아와 지역사회 다문화 교육에 참여하였다. 다문화의 이해와 지역사회 탐방 자체가 다문화 교육의 길잡이가 된 것이다. 방학에는 청소년들이 다문화 캠프를 열었다. 소수자 청소년의 경우는 한국어 배우기와 한국 문화 체험 그리고 모국어 배우기와 모국 문화 익히기가 중심이 되었다. 소수자 청소년들의 경우 한국과 출신국 문화의 이중문화 구조를 가지며 제3의 정체성이 있는 다문화 청소년들이었다. 이들 청소년들에게는 제3의 정체성에 대한 문화적 자존감을 갖게 하는 심리적 과정도 매우 중요하였다.

• 다문화 가족 사업의 시범 운영

국내 결혼 이민자들이 증가하면서 지방자치단체와 지역사회 시민사회단체들로 결혼 이민자 문제에 관심을 갖기 시작하였다. 그러나 다문화에 대한 사전 교육과 훈련이 이루어지지 못하였다. 지난 2006년에는 '경기도 결혼이민자 지원센터' 에서 경기도 지역의 5개 곳을 선정하여 결혼 이민자 지원 소외 지역에 대하여 이론과 실제에 대한 지원 사업이 있었다. 한편, 안산이주여성 상담소에서는 다문화가족 셀프영상 다큐 제작, 결혼이민자 상담기법을 개발하여 체계화하였다. 코시안의 집에서는 다문화 가족 체험수기를 공모하여 '다문화 가족이야기' 를 자체 출판하기도 하였다.

③ 다문화적 제도 개선운동

• 이주 노동자

산업기술연수제가 폐지되고 고용허가제가 도입되었다. 이주 노동자들에게 가장 중요한 것은 이들이 한국에서 '연수생' 이 아닌 '근로자' 로서 그 신분을 인정받고 일하는 것이다. 그동안 한국 사회에서 이들은 근로자가 아니었기에 인권을 제대로 보장받지 못하였다. 이에 시민사회단체들과 함께 이룬 대안적 법이 바로 '고용허가제' 다. 이 법안을 위하여 지난 1995년부터 정부와 기업을 상대로 꾸준한 정책 경쟁을 벌여 왔고, 2004년 9월부터는 이 법이 국내에 적용되기 시작하였다. 우리 입장에서 고용허가제는 자유롭게 사업장을 이동할 수 없는 사업장 이동의 제한, 1년 마다 재계약에 따른 임금협상, 작업 조건 개선 등 노동자로서의 권리 제한, 노동자가 사업장을 선택할 수는 없고 사용자의 선택에 무조건 따라야 하는 계약 당사자 간의 선택의 자유 제한, 취업 업종의 제한 등 독소 조항이 포함되었다. 그러나 고용허가제를 통한 이주 노동자의 근로자로서의 신분 인정은 다문화 사회에서 '노동하는 동일한 인간으로서의 신분 인정' 이라는 의미에서 매우 중요한 실천운동이었다.

• 이주 아동 교육권 보장

UN 아동권리협약에 의하여 이주 가정의 코시안 아동이 합법적 신분으로 한국에 체류하면서 교육을 받기 시작한 것은 지난 2006년 7월부터다. 이전에는 체류 신분이 보장되지 않는 임시적 교육이 이루어졌다. 그러나 2005년부터 이주아동인권연대를 결성하여 이주 아동의 인권 문제를 제기하였다. 국회 공청회 등을 통하여 이주 아동의 인권 문제를 제기하였다. 2006년 5월 등하교를 지도하던 이주 아동의 엄마가 단속되면서 이주 아동의 교육권 문제는 더욱 심각해졌다. 이 사건을 계기로 이주 아동과 그 부모에게도 합법적인 체류가 보장된 상태에서 교육을 받을 수 있는 기회가 주어졌다. 특히 부모가 비자 없는 외국인이지만 한국에서 태어나 자라고 있는 아동들의 국적권에 대한 논쟁도 가열되고 있다. 한국에서 태어나 자란 아이의 '나는 한국인이다.' 라는 고백이 한국의 혈통주의 국적권에 대한 정면 도전이 되고 있기 때문이다.

• 다문화가족 관련 지원법

결혼이민자와 그 가족에 대한 법률적 지원운동이 전개되고 있다. 최근에 '다문화 가족 지원법' '혼혈인 차별 금지법' '이주민 가족의 보호와 지원에 관한 법률' 이 국회에 상정되고 있다. 이러한 법률의 자문과 지원을 통하여 다문화 가족들이 국내에서 다문화적 자존감을 가지고 당당히 서 나갈 수 있도록 지원하고 있다.

④ 국경없는 마을 운동의 확산과 갈등

• 국경없는 마을 운동의 이론화

국경없는 마을 운동의 이론화는 '마을 거주자가 누구이며 어떤 권리를 갖는가?' 에서부터 출발한다. 국경없는 마을의 이론화는 모든 거주자는 국적과 상관없이 시민적 권리를 갖는다는 '국경없는 시민권' 에서 출발한다. 국경없는 시민권은 정부의 '거주 외국인 주민조례' 로 현실화되었다. 시민적 권리는 문화적 권리자이기도 하다. 즉, 이주민은 문화적 수용자로서만이 아니라 문화적 창조자로서 이주민을 '문화적 사고' 이론과 접목시켜 이주민들이 비록 소수자이지만 한국 사회의 주체적 참여자로서의 '다문화' 를 이야기하였다. 소수자 주체화, 다수자 인식의 변화, 소수자와 다수자와의 협력으로서 '지역사회 공동체 이론' 을 통한 마을 만들기 이론화를 꾀하였다.

• 시민사회단체로의 제안

2000년 이후 국경없는 마을 운동이 신문 · 방송 등 언론매체의 주목을 받기 시작하자 국경없는 마을에 대하여 시민사회단체들도 관심을 갖기 시작하였다. 안산 지역에서도 시민사회단체들과 국경없는 마을에 대한 토론회를 전개하였다. 안산 이외의 지역에서도 국경없는 마을에 대해 관심을 가지고 접근해오고 있다. 지역 시민사회단체들의 교육 시간을 통하여 국경없는 마을 설명회를 벌여 나가고 있다.

• 국경없는 마을의 국제단체 소개

국경없는 마을에 대한 소개는 초기에 기독교 단체를 중심으로 전개되었다. 세계기독교교회협의회, 아시아 기독교교회협의회 관련 부서들의 국제 토론회에서 국경없는 마을이 소개되었다. 일반적으로는 학교기관에서 연구 대상으로서 관심을 갖고 있다. 국경없는 마을에 대하여 학문적으로 관심을 갖는 곳은 미국과 일본이다. 미국의 경우 미국 사회가 다문화 사회이긴 하지만 지역 공동체성이 떨어진다. 따라서 다문화 지역 공동체성에 많은 관심을 가지고 있다. 시카고, 하와이, 뉴욕 등지에서 관심을 가지고 조사차 한국을 방문하기도 하였다. 일본의 경우 시민권, 다문화 지역사회 공동체 등에 관심을 보인다. 가나가와현 시민단체 등과 상호 활동 등에 대하여 토론회 등을 개최하여 서로의 경험을 공유하고 있다.

• 이주민 운동과 국경없는 마을의 법인화

국경없는 마을을 법인화하였는데, 2004년부터 2년 정도 준비 기간을 통해 법인화하여 국경없는 마을 운동을 통한 다문화 운동을 전문화하기 시작하였다. 안산이주민센터의 명칭도 변경하였다. 안산이주민센터의 이전 명칭은 '안산외국인노동자센터' 였다. 지난 십여 년간 이 단체의 이름이 한국 사회에 널리 알려졌다. 그러다 2006년 9월 지금까지의 단체 명칭을 과감하게 변경한 것이다. 단체의 명성에 대한 손해를 감수하면서까지 변경한 이유는 한국 사회가 더 이상 이주 노동자만의 문제로 다문화 문제를 담아 낼 수 없다고 판단되었기 때문이다.

• 국경없는 마을의 갈등

국경없는 마을 원곡동에도 갈등이 있다. 갈등의 양태는 크게 두 가지로 볼 수 있다. 하나는 지역 주민들의 이주민들에 대한 태도다. 아직도 원곡동의 많은 지역 주민들이 이주민들의 주거에 따른 문제를 고운 시선으로 보지 않는다. 어쩔 수 없이 같이 살고는 있지만, 어쩔 수 없는 요소가 사라지면 모두 내쫓아야 한다는 것이다. 그러한 요소는 주로 경제적 문제와 연결된다. 잘 화합하다가도 지역 경제가 어려우면 이주민에 대한 거부감을 드러내며 지역의 '토호세력' 임을 주장하기도 한다. 두 번째는 공권력과의 관계다. 국경없는 마을 원곡동은 전국의 이주 노동자들이 원곡동을 수도로 생각할 만큼 수많은 이주 노동자들이 몰려든다. 그렇다 보니 미등록 이주 노동자들도 당연히 몰려들게 된다. 그래서 법무부 출입국관리소에서 이들을 단속할 때 단속이 용이하다는 이점 때문에 전국의 공권력이 너나 할 것 없이 이 지역에 투입되었다. 한때는 지역 상인들이 가게마다 '국경없는 마을 강제추방 단속 중지'라는 작은 배너를 달아 공권력에 항의하기도 하였다.

(3) 다문화 국경없는 마을 운동 제3기(2006년 6월~현재)

다문화 국경없는 마을 제3기는 국경없는 마을의 법인화와 안산외국인노동자센터의 안산이주민센터로의 명칭 변경을 기준으로 삼았다.

① 법인화와 다문화 학술 활동

사단법인 국경없는 마을 법인은 세 가지 부설기구를 두고 있다. 다문화 사회교육원, 다문화 콘텐츠 개발원, 국경없는 마을 훈련원이다. 다문화 운동을 펼쳐 나갈 지역법인도 설립 진행 중에 있다. 법인 내 다문화 사회교육원에서는 매달 다문화 학습을 진행하고 있다. 연구학습은 다문화주의의 이해를 시작으로 다문화와 관련하여 다양한 학계의 의견을 서로 공부하고 있다. 조사사업으로는 결혼이민자 조사사업, 이주아동 조사사업, 경기도 정주실태 조사 등을 시행하였다. 현재는 이주민 문화지도 연구 작업을 마친 상태다.

② 다문화 프로그램 활동

다문화 프로그램 활동은 그동안의 문화축제의 틀을 넘어 아시아 특성 문화축제로 이어진다. 인도네시아 음악축제(2006. 9), 아프리카 문화축제(2006. 10), 태국 송끄란 축제(2007. 4), 스리랑카 설날 축제(2007. 4)가 열렸으며, 2007년 9월 한 달간은 아시아의 여러 나라가 함께 모이는 다문화 축제 기간으로 설정하고 다양한 축제 및 학술 행사가 열렸다. 다문화 프로그램 지원 사업으로는 2007년에는 이주민 다문화지도 제작, 이주민 문화테마 프로그램 개발, 다문화체험교실 운영 지원, 이주민 문화 멘터 프로그램 운영 지원 등의 사업이 있었다. 다문화 교육 사업으로는 결혼이민자 지원센터 실무자 교육, 유치원 다문화 교육, 초·중·고등학교의 찾아가는 다문화 교실, 다문화 캠프 등이 있다.

③ 다문화 주체 형성 및 타 지역의 국경없는 마을 운동 확산

2007년 7월 안산시가 국경없는 마을 원곡동을 다문화 특구로 지정하려는 움직임에 대하여 이주민 공동체와 연대하여 제동을 걸었다. 국경없는 마을 원곡동에 대한 특구지정은 사실 내용이 없었다. 다문화를 이용한 지나친 상업주의적 발상과 부동산 투기의 위험성이 노출되었기 때문이다. 다문화 시장주의는 시장의 경쟁력 있는 문화만 남고 경쟁력이 부족하더라도 살려야 할 문화 자체도 멸종시킬 위험성이 있었다. 아울러 특구 지정으로 인한 인근 땅값과 집값의 상승으로 원곡동 지역의 이주민들이 값싼 방을 찾아 그 동네를 떠나게 되는 결과를 초래하게 된다. 예를 들어, 인천의 차이나타운 조성 사업의 경우, 상점의 가게세만 잔뜩 올려놓고 차이나타운이 비어가고 있다. 부산의 외국인 거리의 경우도 밤 12시가 지나서야 유흥점만 문을 여는 형국으로 전락되고 있는 점 등이 문제로 지적되었기 때문이다. 다문화 특구의 지정 움직임은 관 주도의 다문화관련 전시적 졸속 행적의 사례가 되고 있다. 현재는 국경없는 마을 원곡동의 발전 방안에 대하여 다양한 계층이 모여 주민 토론회를 벌여 나가고 있다. 더불어 다문화 지역사회 운동으로서 국경없는 마을 운동은 미시적 공동체 운동을 새롭게 전개하고 있다. 지역사회이주민 위원회, 다문화가족협회, 중국동포노인회, 각국 이주민 공동체, 다문화 청소년위원회, 다문화 자원봉사자 모임, 다문화 시민단체 연석회의 등의 활동이 이루어지고 있다. 이들 작은 공동체 운동을 통하여 다문화 지역 공동체 운동의 새로운 전기가 마련되고 있다. 특히, 이주민 밀집 지역을 중심으로 다문화 공동체 운동이 확산되고 있다. 또한 다문화 운동이 지방에서 특성화되도록 지원하고 있다. 이는 국경없는 마을 멘터 사업이다. 국경없는 마을 사업이 국내에서뿐만 아니라 국제적으로도 알려지면서 다문화 공동체 운동 연구를 위한 시도들이 진행되고 있다.

6. 지역사회 다문화 교육의 실제

안산의 국경없는 마을에서 지역사회 다문화 교육으로서 '다문화체험교실'을 운영하였다. 다문화체험교실은 지역사회, 청소년, 이주민, 미디어, 전문기관, 문화예술(다원예술 포함) 등 다양한 영역과 범주에서 교차되는 지점에서의 다양한 다문화 교육의 기초모델 개발을 위한 다문화 콘텐츠를 연구하고 실험하였다.

1) 국경없는 마을 RPG

RPG란 Role-Playing Game의 약자로 컴퓨터게임 중 주어진 캐릭터의 특성을 기반으로 진행하는 방식의 게임을 일컫는 말이다. '국경없는 마을 RPG' 는 RPG 온라인 게임(리니지)의 특성인 미션 수행, 아이템 줍기, 맵(map)상의 공간에서 벌어지는 일련의 수행과정, 여기에서 벌어지는 일들(누군가와 만나는 것, 대화, 상황을 헤쳐 나가는 기지나 방법) 등을 활용한 공간 혹은 지역 기반형 체험 프로그램이며, 실제의 공간 혹은 지역을 기반으로 오프라인 게임으로 진행되는 방송(미디어) 프로그램 진행 형식을 도입한 체험교육 프로그램이다.

'국경없는 마을 RPG' 프로그램은 고등학교 청소년을 대상으로 하고 방송 미디어 방식을 채택하여 진행되었다. 지역별 축제와 더불어 수많은 체험 프로그램들이 있다. 그러나 대부분 일회성에 그쳐 체험학습으로서의 효과를 기대하기는 어려운 실정이다. '국경없는 마을 RPG' 는 매회 동일한 학생들이 체험학습에 참여하고 1회에 그치는 것이 아니라 9회에 걸쳐 미션을 수행하면서 다문화를 몸소 배워 나갔다. 진행 방식 또한 청소년 대상에 맞게 그들 세대에 인기가 많은 온라인 게임의 방식을 오프라인화하여 현장에 적용 가능하게 변형하였으며, 청소년들의 미디어 친화력이나 미디어적 상상력에 비추어 방송 미디어 운영 방식을 프로그램의 진행에 적극 활용하였다.

지역 기반의 다문화 체험교육 프로그램의 기획을 위해 지역적 기반을 살펴보면, 안산시 원곡동 국경없는 마을은 지역적으로 반월공단과 시화공단이 인접해 있어 많은 이주민들이 거주하는 지역이다. 이주민의 구성 분포를 보면 중국인, 중국동포, 베트남, 스리랑카, 말레이시아 등 다양한 국적의 이주민들이 거주하고 있다. 이렇듯 원곡동 국경없는 마을은 다국적 · 다문화적 요소들이 공존하고 있는 특수성을 지닌 다문화 지역이다. 그러나 때로는 이 지역에 이주민과 관련된 사건 사고가 일어나기도 하는데, 종종 언론의 과잉 · 과장된 보도로 인하여 원곡동 국경없는 마을은 범죄의 온상처럼 비춰지기도 한다. 게다가 그러한 과장된 언론 보도는 원곡동 국경없는 마을을 잘 알지 못하는 내국인 혹은 시민들에게 기피하게 되는 지역이라는 인상을 심어 주고 이주민에 대한 선입견을 불러일으키기도 한다.

이러한 문제의식을 바탕으로 내국인 청소년을 대상으로 원곡동 국경없는 마을에서 직접 현장체험을 하는 프로그램을 기획하게 되었다. 동일한 대상 20명이 9회에 걸쳐 다문화 체험 프로그램에 참여하였고, 매회 다양한 미션을 수행하는 방식으로 지역의 이주민과 지역을 조사하도록 구성되었다. 이는 참여한 청소년들이 지역과 지역 주민과 만나고 알아가는 접점을 프로그램을 통해 제공한 것이다. 특기할 만한 점은 진행 회차가 중반부를 접어들 즈음에 참여 학생들 스스로가 지역의 이주민들과 함께하거나 혹은 이 지역에서 자신들이 뭔가 할 일이 있지 않을까 스스로 고민하게 되었다는 점이다. 프로그램의 세부적인 함의가 담긴 기획 의도를 말해 주었던 것도 아닌데 자발적으로 자신들이 할 수 있는 것들을 찾으려고 고민하는 모습은 이 프로그램이 참여 학생들에게 미친 큰 효과라 할 수 있다. 전체 프로그램이 진행된 이후 원곡동 지역과 이주민에 대한 선입견이 상당 부분 해소되었음을 확인할 수 있었다.

'국경없는 마을 RPG' 프로그램은 안산의 단원고등학교와 연계하여 진행되었다. 마침 단원고등학교가 다문화에 점차 많은 비중을 두려던 시기에 이 프로그램과 연계되어 진행된 것이어서 그 의의가 크다고 하겠다. 학교 측에서도 매우 우호적이고 적극적으로 홍보 및 참여 학생 모집은 물론 참여를 독려하는 데에도 많은 부분 협조를 하였다. 그리고 주관단체인 사단법인 국경없는 마을에서도 프로그램이 야외에서 진행되느니만큼 만일의 안전사고를 대비하여 참여 학생 모두에게 여행자 보험을 들어 주고 성실히 참여한 학생들에게는 상장과 수료증을 수여하였으며, 프로그램을 비롯한 학교의 대외 홍보 등 상호 협조할 수 있는 네트워크를 구축해 나갔다.

한편, 프로그램의 운영을 위해 기획 부분, 연구조사 부분, 현장진행 부분으로 나뉘어 운영인력이 구성되었다. 기획 부분에서는 안산 원곡동에 소재하고 있는 안산이주민센터를 중심으로 오랜 활동을 해 왔던 현장 활동가를 자문으로 하여 원곡동 체험 프로그램의 큰 틀을 마련하였다. 연구조사 부분에서는 국경없는 마을 RPG 프로그램의 특성상 지역에서 찾아볼 수 있는 다문화적 요소들을 조사하여 미션으로 활용하여야 하기에 한양대학교 문화인류학과 학생들을 주축으로 조사 작업을 시행하였다.

현장진행 부분은 크게 진행 파트와 미디어 파트로 나뉜다. 프로그램 진행에는 '이주민 문화 멘터 & 다문화 코디네이터 프로그램'에 참여·수료한 필리핀 이주민이 참여해 진행에 적극 협조하였다. 이주민은 프로그램을 통해 문화 멘터의 역할을 할 수 있는 계기가 되었고, 내국인 청소년 학생들은 다양한 미션 제시 및 진행에서 이주민과 직접적으로 소통하면서 다문화를 즐겁게 배울 수 있는 계기가 되었다.

또한 '국경없는 마을 RPG' 프로그램 특성상 방송미디어 형식으로 제작되었다. 미디어팀은 참여 학생들의 현장체험 일거수일투족을 영상으로 기록하고 감각적인 영상 편집을 통해 결과물을 제시하였다. 온라인 카페(http://cafe.naver.com/bvrpg.cafe)는 영상물 및 기타 정보를 공유하는 소통의 장으로 활용되었다. 그 외에도 매회 제작된 프로그램 영상물은 인터넷에 올려져 많은 조회 수를 기록하였고, 여러 언론매체(한겨레, CBS, 경인방송, 일본 경제신문 등)에 보도되어 프로그램 내용과 더불어 다문화 체험 프로그램을 홍보하고 알리는 계기가 되었다.

총 9회의 프로그램을 성실히 참여했던 학생들은 원곡동 국경없는 마을이 가졌던 지역의 부정적 이미지와 이주민에 대한 선입견과 오해를 다문화 체험 프로그램을 통해 많은 부분 해소할 수 있었으며, 지역과 이주민과 함께 무언가를 스스로의 힘으로 해 볼 수 있겠다는 용기와 자신감을 얻었다고 참여 소감을 밝혔다. 이렇듯 내국인 대상의 다문화 체험교육 프로그램은 일순간 큰 변화를 만들어 낸다기보다는 조금씩 서로의 다름을 이해하고 알아가기 위한 자기 동기부여와 이를 통한 인식의 변화를 유도해야 한다.

'국경없는 마을 RPG' 프로그램은 미디어(영상, 방송, 온라인 기반), 청소년 지역운동, 다문화 체험, 네트워크, 인력 활용 등 여러 영역에서 다문화 체험 프로그램 모델로서의 다각적인 실험이 진행되었다.

2) 판도라의 상자

'판도라의 상자' 프로그램은 결혼 이민자(여성)와 다문화 가족을 대상으로 진행한 프로그램으로 대부분 결혼 이민자(여성)가 참여하였다. 이는 이주민 대상의 다문화 교육 프로그램의 적용에 있어 한국 문화로의 일방적인 동화주의 입장을 넘어서 문화다원주의에 입각한 문화 다양성의 존중, 문화 향유권의 확대에 주안점이 있다. 이주민 스스로 개개인의 문화 주체성을 확립하고 표현하는 것은 매우 중요한 이슈다. 이에 결혼 이주민 대상의 문화예술 교육은 문화적 자존감을 향상시켜 정서적 안정감을 토대로 한국 사회에 적응해 나가도록 할 것이다.

그러나 이주 노동자, 다문화 가족, 결혼 이민 여성 등 이주민을 대상으로 하는 수많은 교육 프로그램의 운영과 진행에서 현실적인 어려움이 존재한다. 그 어려움은 두 가지 측면, 즉 교육자와 피교육자의 입장에서 생각해 볼 수 있다. 교육을 시행하는 입장에서는 우선 수업마다 출석률의 변동 폭이 매우 크고 일정치 않은 수의 수강생으로 수업을 진행해야 한다는 어려움이 있다. 그리고 국적, 이해도, 정서 등 여러 상이한 요인을 가진 수강생의 개인적 차이가 천차만별이다 보니 일정 난이도 혹은 수준에 맞추어 수업을 진행하기에 매우 어려운 상황이 발생하기도 한다. 수강을 하고 있는 수강자의 경우 프로그램이 궁극적으로 추구하는 바가 무엇인지, 심지어 왜, 무엇을 해야 하는지를 스스로 가늠하지 못하기도 한다. 더불어 교육자와 피교육자 공통적으로 언어적 소통이 되지 않아 어려움을 겪는 경우도 빈번히 목격할 수 있다.

이주민이 피교육자 입장에서 겪는 어려움은 많은 부분 현실적인 문제에 기인한다. 좀 더 원론적으로 따져 보면, 한국에 이주하여 살고 있는 이주민들의 가장 큰 관심사는 현실에서의 경제적 문제를 궁극적으로 해결하는 것이다. 그렇기에 다문화 교육 혹은 문화예술 교육을 배울 기회가 주어져 참여한다고 해도 많은 부분 시간을 할애하고 집중하기에는 어려움이 따른다. 이주 노동자의 경우도 공장을 다니며 야근과 잔업, 때로는 휴일도 없이 일해야 하는 것이 현실이다. 결혼 이주 여성의 경우도 많은 수가 공장이나 상점 등에서 일하고 있고 거기에 가정 내의 문제가 복합적으로 결부되어 있는 것이 대부분이다. 냉정히 말하면, 문화적 권리와 다양성의 문제는 아직 이주민 현장에서는 묘연해 보이는 것이 사실이다. 이러한 상이한 현실적 입장이 교육 현장에서 미묘한 갈등으로 나타난다.

'판도라의 상자' 는 결혼 이주민을 대상으로 하는 프로그램으로, 위에 언급한 현실적 문제들의 간극을 좁혀 나감과 동시에 상호 필요한 장점의 요소들을 살려 나가는 방식으로 실질적으로 이주민이 적극적이고 주체적인 참여가 이루어질 수 있는 다문화 교육 프로그램의 실험이 필요했다. 프로그램의 기획 초기에 내부적으로 이주민 대상의 다문화체험교실 프로그램에서 유통의 단계까지 고려해야 하는가라는 고민이 있었다. 그러나 결과적으로는 다문화 교육 프로그램과 결부되어 이주민이 손수 제작한 결과물과 그 판매를 통한 유통 그리고 수익금 배분에 이르는 과정이 참여 이주민들과 공유되고 그들 스스로에게 동기를 부여했다는 점에서 긍정적 평가를 할 수 있다.

'판도라의 상자' 는 이주민들의 '희망' (부자가 되고픈 희망, 잘 살고픈 희망 등)을 함의하고 있는 프로그램명이기도 하지만 목판화라는 매체를 통해 문화예술 교육 프로그램이 구성되었기에 '판' 이라는 낱소리가 담긴 구절로 프로그램명이 정해졌다. '판도라의 상자' 는 저녁 시간에 진행되었다. 이는 참여자가 대부분 공장을 다니거나 일을 하므로 퇴근 이후의 시간에 수업을 시작하여야만 했기 때문이다. 이러한 이유로 이주민 대상의 프로그램들은 주말에 진행하는 것이 보통이다. 그래서 이주민들은 오히려 주말이 가장 바쁘다.

위에 언급하였듯이 이 프로그램은 목판화 매체로 수업이 진행되었는데, 각자의 드로잉을 통해 자신의 이야기(자신, 가족, 고향, 풍습, 풍경 등)를 꺼내어 놓았다. 몽고에서 온 세기 씨는 나지막한 야산과 말이 있는 풍경을 그렸고, 필리핀에서 온 마미린 씨는 행운을 빌어 주는 의미가 있는 필리핀의 전통 문양을 그렸다. 그리고 한 필리핀 여성은 코코넛 나무가 있는 고향집 풍경을 그렸는데, 필리핀에는 집집마다 꼭 코코넛 나무가 심어져 있다고 설명해 주기도 하였다. 그 외에 다른 참여자들도 자신의 이야기를 드로잉과 함께 설명하였다. 각자의 드로잉을 바탕으로 목판화용 나무판에 그림을 옮기고 조각도로 판을 제작하였다. 필리핀에서는 목판화를 학교 수업에서 해 본 경험이 있다고 하였으나, 중국에서 온 장옥파 씨는 목판화를 처음 해 본다며 신기해하였다. 중국인 함덕미 씨는 임신 중인지라 태교 차원에서 이 프로그램에 참여하는 의의를 두었으나 누구보다도 열성적인 모습을 보였다. 카자흐스탄에서 온 에밀라 씨는 한국에 오기 전 본국에서 미술을 전공하고 미술교사를 했다고 말했다. '판도라의 상자' 프로그램이 진행되기 전부터 손꼽아 기다리던 수강생이기도 한 에밀라 씨는 다른 참여자들보다 훌륭한 솜씨를 뽐내었다. 그녀는 스스로 숙제를 해 오겠다며 목판과 조각도를 빌려가 여러 개의 목판을 만들어 오는 열의를 보였다.

물론 참여자 개인별로 여러 가지 참여 동기가 있겠지만 그럼에도 불구하고 좀 더 근본적인 동기부여는 자신들이 제작한 판화가 판매되어 수익이 창출될 수 있다고 하는 희망의 지점일 것이다. '판도라 상자' 의 목판화 수업은 프로그램 진행 시기가 시기인 만큼 크리스마스 카드를 목판화로 제작해 만드는 작업을 수행하였고, 참여자들이 제작한 다량의 결과물들은 인근 이주민 관련 단체에서 구입해 주었다. 또한 다문화 공방 및 연말의 나눔 행사장에 전시하여 판매를 시도하였다.

이주민들이 참여하는 프로그램에서는 이주민들의 현실적인 동기를 독려하여 적극적이고 자발적으로 참여할 수 있는 계기를 마련하여야 한다. 매회 몇 명이 참여했는지, 어떤 성과물들이 나왔는지는 두 번째 문제다. 수업 시간에 전원 출석하지 않고 한두 명만이 프로그램에 참여한다고 하여도 참여한 이들 개개인의 열의를 보아야 할 것이다. 출석하지 못한 이들은 열의가 없어서라기보다 현실적으로 출석키 어려운 상황이 일어났기 때문일 것이다. 하지만 수업을 진행하는 입장에서는 참 힘들고 곤란한 입장이긴 한데, 이것이 이주민들과 함께하는 현장에서는 너무도 자연스러운 일이고 특수성이다. '판도라의 상자' 프로그램이 지속적으로 진행되려면 참여자들의 디자인 감각 개발은 물론 좀 더 다양한 부분의 질 높은 아트워크의 개발이 이루어질 수 있는 교육이 진행되어야 하며 체계적인 유통 구조망을 확보하여야 한다. 이러한 모든 요소들이 이주민 대상의 다문화 교육 프로그램에 포함되어야 할 범주인지, 이주민들의 문화예술적 방법을 통한 자생성 확보를 위해 프로그램의 수위 조절을 해야 할 것인지에 대한 고민이 과제로 남는다.

3) 찾아가는 다문화체험교실

'찾아가는 다문화체험교실'은 수학능력평가와 연합고사를 마친 고3과 중3 학생들을 대상으로 진행되었다. 학기 중에 학교와 연계하여 외부 프로그램이 학교에서 진행된다는 것은 학사 일정과 맞물려 현실적으로 매우 어려운 일이며, 아무리 양질의 프로그램이 있다 하여도 공교육기관과 연계하여 학생들에게 프로그램을 제공한다는 것은 입시 중심의 교육체제에서는 매우 어려운 일이기도 하다. 하지만 이제 다문화 교육은 글로벌 시대의 다문화 시민으로서의 의식을 고취하고 함양하기 위해서 평생학습처럼 누구나가 쉽게 접근하고 학습을 할 수 있는 장이 널리 열려 있어야 한다.

'찾아가는 다문화체험교실'의 강사 구성은 이주민으로 구성되어 있다. 총 4개국(몽고, 스리랑카, 필리핀, 중국) 출신의 이주민 문화 멘터가 자신의 나라의 문화와 역사에 대한 교육과 더불어 음식과 의상, 놀이 등의 다양한 체험학습을 제공한다. 내국인 코디네이터들은 프로그램의 기획을 비롯해 이주민 문화 멘터들이 각자 프로그램을 원활히 진행할 수 있도록 전반적으로 지원하는 역할을 담당한다. 이러한 내국인 코디네이터와 이주민 문화 멘터의 협력관계는 다문화 교육을 시행하는 하나의 모델로서 긍정적으로 평가된다. 프로그램이 진행된 교육 현장에서도 약간 서툴고 어눌한 한국어이지만 자신의 문화와 역사를 설명하는 이주민 강사에 대한 신기함과 동시에 학생들은 진지한 태도로 프로그램에 임하였다. 그리고 각국의 음식과 의상을 체험하고 놀이와 춤을 배울 때는 즐겁고 적극적으로 임하는 모습을 보였고 상당한 만족도를 나타냈다.

'찾아가는 다문화체험교실'은 위에 언급하였듯이 내국인 코디네이터와 이주민 문화 멘터의 결합으로 구성되었다. 어지간해서는 맘을 쉽게 열지 않는 이주민의 특성상 이러한 멤버십을 구성하기까지는 신뢰관계가 바탕이 되어야 하므로 많은 노력과 정성이 필요한 것이 현실이다. 또한 문화 멘터로 활동하고자 하는 의지가 있는 이주민이라 하여도 아직은 한국 사회에서 독립적으로 활동을 하기에는 현실적 어려움이 많다. 이러한 부분에서 그들의 활동을 돕고 전반적인 지원자 혹은 조정자 역할을 해 줄 코디네이터가 필요하다. 때문에 아직까지 내국인 코디네이터와 이주민 문화 멘터는 불가분의 관계가 형성된다. 이러한 관계의 많은 형성은 여러 방면으로 다문화 사회를 준비해 가는 데 매우 긍정적인 효과를 기대할 수 있다.

하지만 그러기 위해서는 여전히 개선하고 노력해야 할 사항들이 있다. 내국인 다문화 코디네이터는 이주민들과의 인간적 신뢰관계를 만들어 나가야 하고, 이주민과 이주민 현장에 대한 이해를 바탕으로 그들의 문화적 자존감을 독려하는 자세가 필요하다. 또한 다문화 교육이 필요한 현장의 수요 조사를 통해 적절한 기획과 조정을 할 수 있는 전문성이 요구된다. 이주민 문화 멘터들은 멘터로서의 자기 동기부여가 우선적으로 필요하다. 그리고 한 번 만들어진 교육 프로그램 외에도 여러 대상에 맞는 연구와 자신의 문화예술에 대한 학습과 연구를 통해 다양한 교육과정 개발과 교수법 개발 등 자기개발이 필요하다. 아직까지는 이주민이 자국의 일반적인 문화를 소개하는 단계에 있지만, 자국의 문화를 넘어서 한국 문화 혹은 제3국 문화와의 비교 등 차이에 대한 인식을 개선해 나갈 수 있는 다문화 프로그램으로의 진화에도 많은 고민이 필요하다.

'찾아가는 다문화체험교실' 은 일회성 프로그램에 그쳐 아쉬움이 크다. 물론 일개 학년 전체를 대상으로 하는 프로그램인지라 1회 진행에 드는 비용이 많이 소요되는 현실적 문제가 있긴 하지만, 심도 있는 교육적 효과를 위해서는 지속적인 교육이 필요하다. 이러한 문제와 관련해서는 위에 언급한 문화멘터들의 다양하고 단계적인 교육 내용 구성과 교육과정 연구가 선행되어야 한다.

7. 지역사회에서의 다문화 교육의 정책적 과제

한국사회가 다문화에 대한 관심이 높아지고 있지만 구체적 방안 마련이 절실하다. 다문화 교육에 대한 총론적인 합의 과정과 각 지역 사회를 중심으로 각론적인 전문화 과정이 각개 약진되고 있는 실정이다. 이주민 100만 시대가 넘어서면서 정부와 시민사회 단체, 학계 등에서는 다문화 사회의 요구에 부응하기 위한 접근이 활발하다. 사회통합프로그램 의무제 등의 도입을 통한 관 주도의 동화주의적 다문화 정책이 도마 위에 올라 있다. 지방자치단체 역시 경쟁적으로 다문화 행정을 전개한다. 민간단체들도 각종 프로젝트나 위탁사업을 진행한다. 그러나 이러한 일련의 흐름들이 다문화 사회로의 이행에 대한 진정성을 망각해서는 안 될 것이다. 그렇기 때문에 다문화 사회로의 초기 진입 과정에 있는 한국적 상황에서의 다문화 교육은 아직 실험적일 수밖에 없다. 다문화 교육이 실험적인 지금에 상황에서 극복되어야 할 몇 가지 정책적 과제를 살펴보면 다음과 같다.

첫째, 이주민들의 노동 조건이나 인권 침해 문제를 소홀히해서는 안 된다.

이주 노동자를 중심으로 일어났던 문제와는 다르게 결혼 이민자, 여성, 아동, 난민, 새터민 등 새로운 다문화 이주 주체들의 등장을 주시할 필요가 있다. 그러나 자칫 다문화 교육의 문제가 인권의 문제를 간과할 수 있다. 신자유주의의 세계화에 따른 지역 경제체의 형성, FTA, WTO 등을 둘러싼 이주민의 노동 소외와 인권 침해 문제를 좀 더 심층적으로 연구하고 대응할 필요가 있다.

둘째, 다문화 공동체 형성과 다문화 교육을 위한 다양한 프로그램을 개발한다. 다문화 교육은 한국어 교육, 한국 문화 체험을 넘어서야 한다. 국내에서 일어나고 있는 다문화 교육 실태의 전반에 대하여 조사하여야 한다. 실질적인 다양한 다문화 교육이 가능하도록 하는 이론 연구, 지역사회 조사, 다문화 교재 개발과 미디어 교재 개발이 필요하다. 청소년들을 위하여 교과서의 편집과정에 다문화적 내용을 함께 다루도록 한다. 미디어 콘텐츠를 통한 방송물 기획과 제작은 다문화 교육의 내용을 쉽게 공유할 수 있게 하는 데 매우 전략적인 방법이다.

셋째, 지역사회 다문화 활동으로 지역 주민과 이주민이 함께 어울려 즐길 수 있는 지역 축제와 문화를 개발한다. 국경없는 마을 축제나 이주 노동자 인권영화제나 다양한 지역 단위 프로그램을 개발할 수 있을 것이다. 나아가 지역의 공공기반 문화시설과 함께하는 다문화 교육 프로그램을 기획할 필요가 있다. 청소년 문화 공간, 시민단체 시설, 문화예술의 전당, 주민자치센터 등과 유기적으로 연계하여 다문화 이해와 체험이 가능한 프로그램을 구성할 필요가 있다.

넷째, 다문화 교육을 위한 전문 역량을 양성한다. 현재 국내에는 다문화 문제를 전문적으로 다루는 단체나 전문가가 부족하다. 무엇보다도 전문가 양성이 필요하다. 다문화 관심자, 전공자, 예술가, 실무자, 현장 및 교육 전문가가 만나는 유기적 네트워크의 구성 또한 다문화 공동체 사회 형성에 원동력이 될 것이다.

참/고/문/헌

경기도교육청(2007). 다문화 교육에 관한 이론적 고찰. 다문화정책방안연구, 13-27.

박천응(2006). 국경없는 마을 형성을 위한 이론적 고찰 분석 추정. 이주민 신학과 국경없는 마을, 63-252.

오경석, 김희정, 이선옥, 박홍순, 정진헌, 정혜실, 양영자, 오현선, 류성환, 이희수, 강희복(2007). 다문화 교육의 현황과 문제점. 한국에서의 다문화주의, 198-230.

한국국제이해교육학회(2006). 다문화사회와 국제이해교육. 제7차 국제이해교육학술대회 자료집.

한국사회역사학회(2003). 안산지역 제3세계 외국인노동자 현황과 교회. 지구화시대 제3세계 현황과 연구과제, 149-180.

한국사회학회(2007). 한국적 다문화운동의 실천. 한국적 다문화주의의 이론화, 181-217.

Banks, J. A. (2006). *Cultural diversity and education: Foundation, Curriculum, and teaching*. Boston: Pearson Education.

Bennett, C. I. (1990). *Comprehensive Multicultural Education: Theory and Practice*. Boston: Allyn and Bacon.

Schwartz, E. G. (1995). Crossing Borders/Shifting Paradigms: Multiculturalism and Children's Literature. *Havard Educational Review, 65*, 634-650.

제4장

대안교육과 사회운동으로서의 아시아공동체학교

1. 문제의식
2. 교육의 내용과 방향
3. 다문화 교육
4. 부모와의 소통
5. 다문화 사회운동
6. 현황과 과제
7. 가능성

1. 문제의식

서구의 근대화와 함께 형성된 근대교육은 제2차 세계대전 후 절정을 이루었지만 그 획일성과 형식성으로 인하여 1960년대 말부터 비판에 직면하게 되었고, 1980년대에 이르러서는 학교 교육의 유효성 및 정체성의 위기를 겪게 된다. 우리 사회 또한 1990년대 중반부터 단순 암기 위주의 지식 습득과 시험 위주의 공부, 교사·교과 중심의 교육, 교사와 학생 간의 의사소통 불가능, 사교육 의존도의 심화 등의 교육 문제로 인하여 공교육 위기 담론이 인구에 회자되었다. 그리고 그 극복을 위한 한 가지 대안으로 시대 변화를 반영하면서 학생들의 다양한 특성과 요구를 반영할 수 있는 교육, 즉 대안교육이 등장하게 된다. 이후 우리 사회의 대안교육은 다품종 소량생산 위주의 정보화 사회에 적합한 개성이 중시되는 미래 인재를 양성해야 할 사회적 필요, 세대 간 의식과 문화의 격차가 갈수록 커가는 현실을 배경으로 교육의 형식과 내용을 바꾸는 실험의 중심에 서게 되면서 교육에 대한 새로운 상상력을 불러일으키게 된다.

일반적으로 대안교육은 개별화, 다양화, 융통성을 특징으로 하는 열린교육을 지향한다는 공통성을 지니고 있지만, 우리의 사회·교육 현실에서 어떤 측면이 가장 문제가 되느냐는 문제 인식에 따라 다양한 형태의 대안학교가 존재하고 있다. 돌이켜 생각하면 아시아공동체학교 준비 주체의 문제의식은 지극히 단순했던 것 같다. 수많은 외국인 노동자, 다문화 가정의 아이들 중 생김새와 피부색의 차이 및 미숙한 언어구사력 때문에 학교와 일상생활에서 어려움을 겪고 있는 아이들에게 마음 편히 공부하고 놀 수 있는 열린 공간을 제공하자는 것이었다. 따라서 최초 문제의식의 측면에서 볼 때 아시아공동체학교는 기존 학교의 형식과 내용 자체를 극복하고자 하는 대안학교라기보다는 기존 학교의 변형된 형태로서 대안적인 가치를 추구하는 학교라고 볼 수 있다.

이철호(아시아공동체학교 교장)

2. 교육의 내용과 방향

소박한 문제의식은 구체적 현실과 만나 내용이 더욱더 풍부해지고 시간이 지날수록 교육 내용과 방법, 방향에 있어서 점점 더 구체성을 획득하게 된다. 무엇보다도 외국인 노동자, 다문화 가정과 그 아이들이 우리 사회 구조 속에서 지니는 주변부적 위치를 고려할 때, 학교 · 교사 중심의 교육에서 학생 중심, 학부모 중심의 교육으로의 변화를 통해서 사회적 유용성과 공공성을 확보할 뿐만 아니라 미래적 전망을 지닌 교육의 실천을 교육의 큰 방향으로 설정하게 된다. 이러한 교육 방향은 최초의 가정들에 대한 다양한 실천 · 접근 · 경험의 결과로서 지금도 새로운 변수의 출현으로 인한 해결 방향 모색 중 조금씩 변화를 겪고 있다. 학교의 교육 내용과 방향 설정에 있어 가장 일차적 고려 사항인 학생 · 학부모의 존재 조건과 그 조건으로부터 작은 공동체의 꿈과 희망을 일구고자 노력하였던 실천적 모색의 과정을 약술하자면 다음과 같다.

첫째, 많은 사람들의 예상이나 억측과는 달리 다문화 가정 아이들 중 상당수는 개인적 · 사회문화적 정체성 혼란을 겪지 않는 것 같다. 하지만 유아기부터 현재까지 겪었던 다양한 부정적 경험들—주변 사람의 낯설고 따가운 시선, 동년배 아이들에 비해 낮은 언어구사력 때문에 놀림받았던 기억, 평소 친하게 지내던 친구들이 의식적 또는 무의식으로 던진 인종 · 민족 차별적 발언 등—로 인하여 낮은 자아존중감, 주의력 산만, 과잉행동 징후 등을 보이는 경향은 있는 것 같다.

우리 아이들 또한 정도의 차이는 있지만 심리적 · 정서적 불안정의 여러 징후 등을 보여 주었다. 이에 어쩌면 아이들 자신이 더 힘들고 고통스러워했던 과거와 현실의 아픈 상처를 치유하고 보듬을 수 있는 교육 내용과 방법을 시도하게 된다. 미술치료, 독서치료, 상담치료와 같은 치유과정을 위한 교과수업을 진행함과 아울러 타인과 타 문화에 대해 관용과 배려심을 가지는 태도,

비폭력 문제해결 원칙, 자율 규제와 책임의 원칙 등이 학생과 학생, 학생과 교사의 상호 이해와 신뢰의 토대하에 뿌리 내려감에 따라 아이들은 점차 긍정적 자아를 회복해 갔다.

공교육기관에 재학 중인 대다수 다문화 가정 아이들은 비록 속으로는 깊은 심리적 · 정신적 상처를 입었을지라도 겉으로는 소위 무난하게 학교에 잘 적응하고 있다. 하지만 돌봄과 배려가 진정으로 요구되는 깊은 상처를 입은 아이들이나 자신의 장점과 특성을 살리는 교육을 추구하는 아이들을 위한 열린 학교의 공교육 기관과의 보완적 병존이 현 시대의 요구라고 생각되는바, 안정성과 연속성을 담보할 수 있는 차트스쿨 형태의 다문화 대안학교를 고려해 볼 만하다 하겠다.

둘째, 교육의 중요한 목적 중 하나인 미래사회에 필요한 인재를 양성한다는 측면과 아시아공동체학교를 선택한 아이들 중 상당수가 소위 '부적응아' 라기보다는 그들 자신이 불안정한 주변부적 위치에 있으면서도 자발적으로 안정된 공교육제도를 박차고 나와 인가도 받지 않은 대안교육을 선택했다는 사실로부터 여느 대안학교보다 훨씬 더 무거운 책임감을 느낄 수밖에 없었다. 이로부터 아이들이 온전한 인간으로 미래사회에 참여하는 데 도움이 될 수 있는 개성의 자각과 능력의 계발을 중요한 교육 방향으로 설정하게 된다.

외국인 노동자, 다문화 가정 아이들이 외국어에 대한 호기심이 많다거나 습득 능력이 뛰어나다는 실증적 연구 결과가 있는지는 모르겠지만, 부모 중 한 사람은 외국어를 모국어로 사용한다는 사실로부터 아이들이 적어도 한 가지 언어는 비다문화 가정의 아이들보다 습득과 연습에서 유리한 환경에 놓여 있다고 생각하게 된다. 그래서 이러한 장점의 활용을 교육의 중요한 방향으로 삼아 민주적이고 창조적인 학교문화 속에서 꽃피운다면 이중언어 · 삼중언어를 구사할 수 있는 미래 인재를 양성할 수 있겠다고 생각하게 된다. 현재 아이들은 전 지구적 의사소통의 수단으로서뿐만 아니라 타 문화를 이해한다는 한 방편으로서 영어를 공부하고 있다. 또한 3학년 이상은 중국어를 공부하는 중이며, 2008년 1학기부터는 모든 아이들이 외국인 부모의 모국어를 선택해서 배울 수 있는 교과과정(중국어, 러시아어, 일본어)을 운영하려고 한다.

우리 사회의 여느 부모와 마찬가지로 아시아공동체학교의 부모들도 외국어 교육, 특히 영어와 중국어 교육에 관심이 많다. 하지만 자신이 오랜 기간 모국어로 사용해 왔던 언어를 아이에게 가르치는 문제에 이르면 때늦은 후회를 하는 부모들이 많다. 얼마 전까지만 해도 우리 사회 이주민정책의 기본 방향은 이주민의 고유 문화에 대한 자긍심을 심어 주면서 다양한 문화적 공존을 인정하는 진정한 사회통합을 지향했다기보다, 이주민 자신의 고유성과 가치를 버리고 하루 빨리 주류문화에 흡수되기를 바라는 반쪽짜리 사회통합을 지향하였다. 이러한 사회문화적 분위기 속에서 아이들에 대해 아이들과 함께 새로운 꿈을 꾸기는 쉽지 않았을 것이다.

결과적으로 우리 사회의 다문화 가정 아이들 중 대다수는 한국어만 할 줄 안다. 또한 외국인 부모의 언어와 문화에 대해 자긍심을 가지거나 다양한 문화를 이해하고 존중하는 의식과 태도를 함양할 수 있는 기회는 거의 없었던 것 같다. 요즈음 이러한 반문명적 교육 풍토와 사회문화적 분위기에 대한 비판과 성찰로부터 다문화 교육이 주목을 받고 그 내용과 방법에 대해 많은 학술적 논의와 실천들이 진행되고 있다. 이에 경험적 측면에서 볼 때 내용과 방법 못지않게 시기의 문제도 중요한 것 같다. 즉, 아이들이 민감한 감수성에 따라 타인의 행동을 지각하고 외부의 행위를 자신의 감정이나 사고를 통하여 걸러 내지 못한 채 그냥 몸 전체로 받아들이는 유아기 때부터 다문화 교육을 시작하여 학교 교육으로 연결될 때만이 이중언어 교육을 비롯한 다문화 교육이 유효성을 얻게 되리라 생각한다.

셋째, 다문화 가정의 아이들 중 그 수의 미미함 때문이든, 존재 여부의 미자각 때문이든, 순혈주의에 기반한 영토 내 출생아 우선 원칙 때문이든 간에 교육적으로 가장 방치되고 있는 아이들이 소위 이주 아동, 이주 청소년이다. 이들은 주로 외국인 부모들의 재혼을 통하여 갑자기 우리 사회로 편입된 아이들로서 유아부터 청소년까지 연령대도 다양하여 한국어를 거의 또는 전혀 구사할 수 없으며, 대부분 갑작스러운 존재 이전에 따라 정체성의 혼란을 겪는 경우가 허다하다. 아시아공동체학교의 실례에서 보면, 15세의 한 다문화 가정 아이는 3년여를 집과 학원을 전전하다 학교에 입학하였으며, 최근에 두 언니를 따라 학교에 와서 놀고 있는 6세의 아이도 교육과 놀이를 책임질 곳이 없다.

학교는 아이들을 위해 교육과정을 이원화시켰으며 따로 한국어 수업을 전담하는 교사와 보조교사를 두고 있다. 즉, 주로 정규과정에서 주지교과 수업을 진행하는 오전에 한국어를 공부하다 오후의 예체능 활동과 체험 활동에 다른 아이들과 함께 어울려 공부하고 놀게 하여, 소통과 교류 속에 심리적 · 정서적 안정을 찾을 뿐만 아니라 한국어를 배우고 우리의 사회 · 문화를 이해하는 데 도움을 주고 있다. 이 과정은 역으로 다른 아이들과 부모들에게 많은 긍정적 효과와 자극을 주는 것 같다. 다양한 외국어를 배우고자 하는 욕구와 필요성을 자연스럽게 불러일으키며, 의사소통의 어려움과 문화 차이로 인해 생긴 갈등을 원만하게 해결하는 방법을 배우며, 무엇보다도 돌봄과 배려의 철학을 몸으로 체득하는 데 많은 도움을 주는 것 같다.

아시아공동체학교는 이러한 이주 아동 · 청소년을 위한 과정을 디딤돌 과정이라 부른다. 이 과정을 이수한 아이들은 자신과 부모의 선택에 따라 학교에 계속 남을 수도 있고 일반 공립학교로 옮겨갈 수도 있다. 중요한 것은 점차 수적으로 증가하는 이주 아동 · 청소년의 사회통합을 위해 이러한 과정의 필요성에 대한 사회적 논의를 시작해야 한다는 것이다.

이를 위하여 먼저 시 · 도 교육청을 비롯한 공공기관이 이주아동 · 청소년의 정확한 수와 실태를 파악하고, 직접 혹은 위탁 형식의 디딤돌 교육과정을 개설하여 일정 기간 집중적으로 한국어와 한국의 사회 · 문화를 배우고 익히게 하며, 아이의 특성과 능력에 맞는 학교와 학년에 배치하는 것이 바람직하다고 생각한다.

3. 다문화 교육

아시아공동체학교는 평화교육, 인권교육, 생태교육과 더불어 다문화 교육을 교육이념으로 삼고 있다. 다른 어느 대안학교보다 다양한 문화적 경험과 가치관·의식·욕망을 지닌 외국인노동자, 다문화 가정의 아이들로 학교가 구성되어 학교 내에 작은 세계가 존재한다는 사실, 다문화 사회는 먼저 온 미래로 우리 앞에 성큼 다가와 있다는 사실, 무엇보다도 미래의 주인인 아이들이 비폭력적이며 타인과 타 문화에 대해 관용과 배려심이 있는 세계를 향하여 나아갈 수 있도록 도움을 주는 가치관·의식·지식 배양의 필요성에 대한 고려는 교육이념과 과정으로서의 다문화 교육을 고민케 하였다.

누구나 알 수 있듯이 다문화 교육이란 다양한 문화에 대한 감수성과 의식을 기반으로 다양한 문화적 차이를 인정하고 이해할 뿐 아니라 그것이 자신의 문화적 정체성과 뿌리에 대한 자신감을 함양시킬 수 있는 교육이다. 또한 다문화 교육을 다양한 문화 차이에서 비롯되는 갈등과 분쟁을 평화적 방법으로 해결하고자 하는 가치의식과 행동양식을 계발하기 위한 교육이라 볼 때, 그것은 학교와 사회에 존재하는 폭력의 문화를 평화적인 방법으로 해결하기 위한 태도·행동·관계를 기르는 인권교육, 평화교육과 밀접한 관계가 있다.

이러한 인권·평화교육과 다문화 교육의 교육이념에 따라 학교는 우리의 전통문화 정신을 배워 익히는 교육과정과 다양한 문화를 이해하고 존중하며 평화를 지향하는 교육과정을 전체 교육과정에 통합시켜 진행하려고 노력하고 있다. 전자는 하나의 독립된 교육과정으로 분리해서 수업을 진행하고 있다. 반면, 후자는 모든 교육과정에 내면화된 가장 중요한 원칙과 흐름으로 다문화 특별 수업과 놀이, 아이들의 자율 규제와 어떤 형태의 폭력에도 반대하는 학교문화, 여행·영화·음악·미술·체험 활동과 대화를 강조하는 가족관계 속에 비폭력적 문제해결 방식과 다문화에 대한 열린 마음이 자연스러운 습관과 태도로 체화되도록 진행하고 있다.

4. 부모와의 소통

주지하다시피 학생 · 교사 · 학부모 삼자의 소통과 만남은 대안교육의 핵심 요소이며 소통의 단절에서 교육의 위기가 비롯된다고 볼 수 있다. 아시아공동체학교도 여느 대안학교와 마찬가지로 일상적인 만남, 정기적인 만남을 통해서 아이들의 특성과 능력, 교과 내용과 방법에 관한 소통, 여러 갈등을 조정하고 해결하기 위한 많은 소통을 한다.

부모들이 학교를 선택한 가장 큰 이유 중 하나로 자유롭고 편안한 분위기를 든 것에서 알 수 있듯이, 굳이 정기적인 만남이 필요 없을 만큼 일상적인 만남을 통한 활발한 소통이 이루어지고 있다.

다양한 소통의 과정을 통해서 확인한 결과 부모들과 아이들이 학교에 갖는 기대감은 조금 다르다, 간단히 말해서, 부모는 주지교과 중심의 대안교육을 원하고 아이들은 비주지교과 중심의 대안교육을 원한다. 학교는 양자와 대화하고 설득하여 합의점을 찾아 나간다.

이러한 소통은 힘들지만 즐겁고 생산적이며 해결 가능한 반면, 다문화 대안학교의 특성으로부터 비롯되는 어렵고 힘든 소통이 있다. 가정 문제, 생활 문제, 이주 청소년의 진로 문제 등은 피할 수도 없지만 소통을 통해 해결할 수도 있고 해결하지 못할 수도 있는 문제들이다. 다행히 짧은 기간임에도 부모-학교 간 상호 신뢰와 이해가 깊은 덕분에 많은 부모들이 스스럼없이 상담을 요청하고 있다. 이에 학교는 최대한 성실하고 정직하게 상담에 응하면서 함께 해결 방안을 모색하고 있다.

다문화 가정의 문제는 대부분 매우 복합적이다. 교육 문제, 배우자 문제, 생활 문제 등이 복잡하게 얽혀 있는데, 일찍부터 총체적 관점에서 도움을 줄 수 있는 제도적 장치나 기구가 존재했다면 지금같이 해결이 어려운 상황에 도달하지 않았으리라는 생각을 하게 된다. 이런 관점에서 앞서 언급했듯이 외국인 노동자, 다문화 가정 아이들의 다문화 교육을 책임지는 유아교육기관이 이주 외국인 부모와 그 배우자의 사회통합을 위한 교육 · 상담까지 담당하는 형태로 통합 · 운영되어 일찍부터 소통의 통로를 열어 놓고 이를 통한 민주적 해결을 경험하게 하는 것이 지금의 산발적 지원체제보다 바람직하다고 생각한다.

5. 다문화 사회운동

일반적인 대안학교가 다양한 교육운동의 한 가지 형태인 반면, 아시아공동체학교는 교육의 한 주체인 학생과 학부모의 존재 조건으로부터 교육적 실험과 사회운동을 병행하는 특수한 성격을 띠고 있다. 외국인 노동자 및 다문화 가정의 아이들은 그 나이 또래의 아이들이 겪을 수 있는 어려움에 인종적 · 민족적 편견과 차별로부터 비롯되는 어려움이 포함된다는 사실, 이주 부모의 경우 가정 · 노동 · 여성 · 인종이라는 복합적인 문제를 갖는다는 사실로부터, 이들이 자신의 주변적 위치를 극복하는 데 도움을 주고자 하는 학교의 노력은 인권을 중심으로 일자리를 찾아 주는 것에서부터 공권력과의 갈등과 충돌에 이르기까지 다양한 사회운동을 전개할 수밖에 없었다.

폭행을 당한 이주 아동의 어머니에 대한 경찰의 조사와 수사가 소극적이자 이를 국가인권위원회와 언론에 알리고 경찰서를 항의 방문하기도 하였고, 이주 아동 · 청소년과 이주 부모들이 자신의 모국어로 쓰인 책 · 신문 · 잡지 등을 읽으면서 네트워크를 형성할 수 있는 다문화도서관 설립운동을 벌여 왔다. 올해는 부산 전역의 이주 부모를 대상으로 한 사회적 일자리 창출 운동을 벌여 나갈 계획이다. 아시아공동체학교는 소수자를 위한 대안학교이기 때문에 우리 사회 전체 소수자의 다문화 교육의 발전을 위해 노력 중이며, 동시에 다수자들이 우리 안의 타자를 이해하고 공감하는 데 도움을 줄 수 있는 다양한 교육, 사회 운동을 벌여 나갈 계획이다.

6. 현황과 과제[1)]

아시아공동체학교(이하 학교)에는 현재 34명의 아이들이 함께 모여 작은 공동체를 이루고 있다. 이 중 다문화 가정 아이들이 21명, 비다문화 가정 아이들이 13명인데 이를 도표로 나타내면 다음과 같다.

학년	이름	인원	남/여
1	이은주, 김전강산, 이승엽	3명	남 2, 여 1
2	정지화, 박민주, 아드난, 하현준	4명	남 2, 여 2
3	김태연, 이슬아, 이선호	3명	남 1, 여 2
4	정재아, 정다경, 이진호, 박성호, 박영진, 블라직	6명	남 5, 여 1
5	임하은, 박성민 한경훈	3명	남 3
6	박유빈, 정민국, 정재섭	3명	남 2, 여1
디딤돌반	발레리야, 라직, 엘비라, 임알리나, 안나, 손현수, 제니야, 이리나, 파벨, 아오리카, 크리스티나, 최명	12명	남 3, 여 7

위에서 알 수 있듯이 다문화 가정 아이들 중 러시아계 출신이 압도적으로 많다. 또한 대부분의 아이들이 이주 아동, 이주 청소년(아이들은 6세부터 18세까지이며 한국으로 이주해 온 기간도 3개월에서 5년까지 다양하다)인 관계로 거의 한국어를 구사하지 못한다. 반면 한국에서 태어난 다문화 가정 아이들은 공립학교 재학 시 크고 작은 심리적 · 정신적 상처를 입었지만 수업과 일상생활을 영위하는 데 필요한 충분한 한국어 구사력을 지니고 있다.

학교는 다문화 가정 구성원들의 기대와 요구, 대안학교의 이념과 목표 중 그 어느 것에도 치우치지 않고 조화를 이루는 작은 학교의 이상을 추구하고자 하

1) 1)~6)의 구체적 대안은 아시아공동체학교 박효석 상임이사가 집필하였다.

지만, 현 단계의 수준은 공립학교와 대안학교의 기계적 결합에 머물고 있는 실정이다. 평일 수업은 크게 오전의 주지교과와 한국어 수업, 오후의 비주지교과(예체능)와 외국어 수업으로 나누어 진행된다. 주지교과는 교과서와 자체 제작한 교재를 활용하여 담임교사와 과목 전담교사가 맡고 있다. 정규과정을 이수하는 데 어려움이 없는 아이들이 참여하며, 한국어 수업 시간에는 주로 이주 아동 · 청소년이 한국어 교사와 자원봉사 선생님의 지도로 한국어와 한국의 사회 · 문화를 배우고 익힌다.

전체 교육과정에서 주지교과가 차지하는 비중은 여느 대안학교보다 높은 편인데, 그 이유는 부모의 기대와 요구, 인가와 학력 인정에 대한 고려, 여러 가지 이유로 공립학교로 전학해야 하는 경우 등을 염두에 두고 있기 때문이다. 하지만 학생 중심, 소통 위주, 평가 지양, 과정 중심, 상호 협력의 원칙을 통해 학교의 모든 구성원이 학력 신장을 위한 노력에만 매몰되지 않도록 애쓰고 있다.

러시아계 아이들이 대다수를 차지하는 한국어 과정(디딤돌반)은 아이들의 나이와 한국어 구사력의 편차가 큰 탓에 수업의 효율성과 소통의 측면에서 큰 어려움을 겪고 있다. 자원봉사 선생님들의 수업 참여가 적지 않은 도움을 주고 있기는 하지만 지속성과 전문성의 측면에서 불안정성을 내포하고 있다. 따라서 정규 한국어 교사와 원어민 교사의 확보가 절실하나 재정 문제로 인하여 아직까지 풀어야 할 과제로 남아 있다.

오후의 비주지교과와 외국어 수업에는 모든 아이들이 참여하거나 모둠별로 자신이 선택한 교과에 참여한다. 영상 수업, 풍물, 연극, 스포츠댄스, 검도 등 머리보다는 손과 발을 사용하는 교과를 위주로 배치하여, 놀고 부딪히고 함께 문제를 해결하는 과정 속에서 개성과 창의성을 키우고 돌봄과 배려의 기쁨을 느끼며 타인과 타 문화를 이해하고 존중하는 의식과 태도를 기르는 데 도움을 주고자 한다. 학교의 학년은 1 · 2학년 통합반, 3 · 4 · 5 · 6학년으로 나누어져 있다. 그리고 모든 아이들은 영어를 배우고, 3학년 이상은 중국어를 함께 배운다. 내년부터는 아이와 부모가 원할 경우 이주 부모의 모국어를 배울 수 있는 교과, 아이들이 문화적 다양성과 언어학습의 필요성을 체험하고 경험할 수 있는 외국으로의 이동수업을 고려하고 있다. 그러나 이 또한 교사 수급과 재정 확보의 난제를 우선 해결해야 실현할 수 있다 하겠다.

수업이 없는 주말과 일요일, 때로는 평일에 길고 짧은 다양한 체험 활동과 생태 · 문화 여행을 경험하게 하여, 아이들이 인간, 사회, 자연을 상호 보완적인 유기체로 이해하고 사랑할 수 있는 인간으로 자랄 수 있도록 돕고 있다. 또한 이러한 활동에 참여할 수 있는 기회를 대부분 부모들에게도 열어 놓아 아이들, 교사, 부모 간의 원활한 소통에 도움을 주었을 뿐만 아니라 어려움을 함께 헤쳐 나가는 작은 공동체의 일원이라는 일체감을 심어 주었다.

처음 수업을 시작한 후 1년여의 시간이 흐르면서 아이들의 재학 기간 여부에 상관없이 대부분의 부모들은 학교를 편안해하고 신뢰하는 것 같다. 이에 따라 교사와의 일상적인 대화, 다문화 음식 체험의 날, 생일잔치, 매달 한 번 있는 교사 · 학부모회의 참석을 통해 아이들이나 학교에 대한 관심을 표현하거나 스스럼없는 주장을 해 왔다. 아울러 2학기 학교의 최대 이슈인 학교 인가를 위한 서명운동에는 비할 바 없는 응집력을 보여 주고 있다.

현재의 어려움을 극복하고 미래사회에 필요한 창조적 세계인을 기르겠다는 꿈을 안고 아이들과 만난 지 벌써 1년 반이 지났다. 그간의 희로애락을 말이나 글로 다 표현할 수는 없지만 학생과 학부모, 교사와 자원봉사자의 헌신과 노력, 학교의 교육 방향과 내용에 공감하는 많은 이들의 도움 덕분에 여러 위기를 극복하고 작은 성과나마 거둘 수 있었다고 생각한다. 하지만 지금까지 걸어온 길은 앞으로 나아가야 할 길에 비할 바가 아닌바, 학교의 당면 과제를 상술하면 다음과 같다.

1) 현재의 부족한 재원을 마련하기 위한 방안

(1) 1만 원 후원자의 확대

지난 1월 아시아공동체학교가 사단법인 설립 이후 부설학교가 되면서 후원자들에게 후원금 영수증을 발급할 수 있게 되어 물심양면으로 도움을 주는 후원자들에게 조금이라도 도움이 될 수 있는 제도적 장치를 마련하게 되었다.

2008년 방학 중에 최소한 200명의 1만 원 후원자를 확보하여 교사진에 조금의 생활비라도 마련해 학교에서 아이들을 안정적으로 교육할 수 있게 할 것이다.

지금은 주변의 지인뿐 아니라 학교의 취지에 동의하는 자발적인 후원자들이 발생하는 상황이다. 조금만 더 노력하면 방학 기간 중에 많은 후원자들을 발굴할 수 있을 것이라 믿는다.

(2) 재원 마련을 위해 공공기관, 기업, 재단 등에 후원 협조 요청

후원자의 발굴과 함께 공공기관(시, 교육청), 기업, 복지재단 등에 아시아공동체학교를 알리고 후원을 요청할 예정이다.

작년에 비해 2007년에는 교회 1곳, 병원 1곳, 기업 1곳에서 아시아공동체학교를 후원했다. 그리고 음식을 나누어 주는 곳도 생겼다. 2008년에는 좀 더 노력해서 공공기관, 기업, 복지재단 등의 후원을 받아 낼 예정이다.

2006년에 후원자들의 힘으로 학교를 운영할 수 있었고, 2007년에는 더 많은 발전을 이뤄 냈다. 이에 2008년에는 더 많은 후원자와 학교 발전이 있을 것이라는 믿음으로 최선을 다할 것이다.

2) 아시아공동체 디딤돌학교

지난해 개교하고 난 이후 2명의 이주 아동에 대한 한국어 교육이 있었다. 그리고 2007년 3월에는 4명, 9월에는 8명의 이주 아동이 아시아공동체학교에서 한국어 교육을 받고 있다.

아시아공동체학교는 다문화 가족(이주 여성, 외국인 노동자) 자녀를 위한 대안학교로 출발하였지만, 설립 당시에는 이주 아동에 대한 판단은 하지 못했다. 그러나 2004년 국제결혼 통계를 보면 국제결혼에 있어 이주 여성의 재혼이 이미 50%가 넘어서고 있었고, 이주의 형식은 처음에는 여성 혼자의 이주에서 이주 여성이 재혼인 경우 자녀의 이주와 초청 형식의 이주를 통한 가족의 이주 방향으로 진행하는 것이 당시의 상황이다.

이에 아시아공동체학교에서는 지금까지 많은 수의 이주아동이 한국으로 이주해 왔고 앞으로도 그 수가 계속 증가할 것으로 판단하고, 기존의 공교육에서 이주 아동을 위한 교육 프로그램이 있는지 확인하고 학교 차원의 이주 아동을 위한 교육대책을 고민하기 시작했다.

공교육에서의 이주 아동에 대한 대책은 거의 전무한 상태였다. 이주 아동이 한국에 입국해 지역 교육청을 찾아가면 한국 사회의 문화나 법과 제도에 대한 이해의 과정, 한국어 수준에 대한 평가나 교육 없이 학생들의 나이에 비해 한두 학급 낮은 학급에 배치하여 일반 학생들과 함께 교육을 받게 하는 것이었다.

일반적으로 대학생들이 유학을 가도 그 나라의 어학 코스를 밟고 대학 교육과정을 이수하기 마련이다. 어머니의 결혼으로 인해 졸지에 자신의 의사와 무관하게 아무 준비도 안 된 상황에서 한국에 입국한 아이들이 대부분인 데다가 아시아공동체학교에 다니는 이주 아동들의 경우는 대개 어머니와 떨어져 짧게는 1년, 길게는 3년을 본국의 친지나 친구들에게 맞겨졌다 한국에 초청이나 입양의 형식으로 입국한 경우였다.

따라서 아시아공동체학교는 이들 이주 아동들에 대한 디딤돌학교(취학 전 기초적인 한국어 교육 및 사회적응 프로그램을 겸한)를 부산시 교육청 및 교육인적자원부 등에 제안하였고, 학교를 운영하기에도 벅찬 교사진과 재정난에도 불구하고 2007년 9월 아시아공동체 디딤돌과정을 개설하게 되었다.

아시아공동체 디딤돌학교 한국어 교육은 2007년 초 이주 여성을 위한 한국어 교육과 이주 아동(4명)의 교육을 함께 진행하던 한국어 교육체제에서, 늘어나는 이주 아동의 한국어 교육과 사회적응 프로그램을 위해 이주 여성을 위한 한국어 교육을 잠정적으로 중단하고 자원봉사자를 모집하는 등의 조치를 취하였다. 그러나 안정적인 한국어 교사의 확보가 무엇보다 시급한 실정이다.

서구의 경우 1980년대를 전후하여 이주 아동을 위한 위와 같은 프로그램을 이미 실행하고 있음이 확인되었습니다.

다문화 가정의 자녀들의 한국사회 적응과 교육 문제뿐 아니라 향후 계속 늘어나는 이주 아동의 한국 사회 적응과 교육 문제는 한국 사회가 앞으로 계속 고민해야 될 문제며 신속한 정책적인 대안이 마련되어야 할 것이다.

3) 아시아공동체 국제 어린이 도서관

2006년 10월경 아시아공동체학교에서 있었던 일이다. 러시아에서 이주해 온 이주 아동 3명이서 책 한 권을 가지고 학교 도서관(도서 약 2,000권 소장. 대부분 헌책임)에서 다투고 있었다. 다투는 이유를 알아보니 러시아 동화책 한 권을 서로 보려고 다투는 것이었다. 학교에서 한 권밖에 없는 러시아 책이었는데 이미 너무 많이 봐서 너덜너덜해진 상태였다.

다문화 가족을 위한 대안학교라고 문을 열어 놨는데 이주 아동들이 볼 책이 한 권밖에 없다니 정말 부끄럽기도 하고 아이들에게 미안한 마음이 한꺼번에 밀려왔다. 저 아이들이 낯선 나라에 와서 한글을 배우고 한국 사회를 익히는 것이 많이 힘들 것이다. 그리고 한국에서 태어난 아이들은 쉽게 볼 수 있는 한글로 된 책이 저들에게는 얼마나 어려울까. 저 아이들이 한국어를 배우면서 자신의 나라말로 된 책이 있다면 답답한 한국 생활에서 조금의 위안이 될 수 있을 텐데,' 하고 생각했다. 그리고 한국에서 태어난 다문화 가족의 아이이지만 어머니 나라의 말과 문화도 함께 가르치겠다는 학교의 교육 방침도 있고 해서 지금이라도 늦지 않았으니 아이들이 볼 수 있는 외국도서를 어떻게든 구해 보겠다는 생각을 하게 되었다.

학교에서는 지난 6월 각국 대사관에 학교의 취지를 알리고 도움을 요청하는 공문을 보냈다. 그리고 우선 쉽게 찾아갈 수 있는 부산에 있는 중국영사관과 러시아영사관을 학부모들과 함께 찾아가 취지를 설명하고 도서 협조 요청을 했으나 쉽지 않은 일이었다.

백방으로 노력하는 과정에서 부산시 교육청으로부터 영어책을 지원받은 것을 시작으로 방글라데시, 중국, 태국, 러시아 책을 몇 권에서 몇 십 권씩 후원받았고 지난 11월 아시아공동체학교와 자매결연을 맺은 그랜드코리아레저(주)로부터 2000만 원의 도서 구입대금을 후원받게 되어 아이들이 볼 책을 마련하게 되었다. 이로써 도서관을 만들 주춧돌이 놓아진 상황이다. 아시아공동체학교는 지금 있는 학생들뿐 아니라 미래에 다니게 될 아이들을 위해 현재 아시아 10개국의 책을 구입하기로 했다.

현재 어려운 점은 아시아 각국의 도서를 구입하는 구입처를 확보하는 문제와 많은 항공료로 인하여 재정의 많은 부분이 소요된다는 문제다.

아시아공동체학교는 아시아공동체 국제 어린이 도서관을 학교 학생뿐 아니라 모두에게 공개할 것이며, 어린이뿐 아니라 이주 여성도 함께할 수 있는 도서관을 위해 계속해서 책을 모으는 작업을 진행할 것이다.

4) 아시아공동체 어린이집

아시아공동체 어린이집의 경우, 아시아공동체학교 학생을 가르치기 시작하면서 이들의 한국어 언어 습득이 학교 공부에서 매우 중요한 부분을 차지하고 있음을 인식하고 지난해부터 여러 가지 방면으로 추진하고자 노력하였다. 하지만 난관에 부딪혔는데 가장 주요한 부분은 역시 재정이었다.

이주 아동의 경우 불완전한 어머니의 언어 사용으로 인하여 유아기 때 이주 여성과 자녀의 관계에 있어 모성애가 제대로 전달되지 않음은 물론 아이의 정서 형성에 치명적인 영향을 미칠 수 있다. 이는 아이가 자라서는 더더욱 큰 문제를 양산할 수 있는데, 한국어가 부족한 이주 여성의 경우 자녀의 고민거리나 사회를 이해시키는 데 있어 제대로 된 전달(의사소통) 구조를 가질 수 없기 때문이다.

이민의 형태가 가족 이민인 경우 한국어를 구사하는 사회적 분위기와는 다르게 가족 내에서는 같은 언어를 사용하며 원활한 의사소통으로 가족관계를 유지하여 문화와 환경이 다른 사회에서 가족이 안식처가 될 수 있다. 그러나 결혼의 형식을 띤 이주의 경우, 특히 못사는 나라의 말은 배울 필요가 없고 빨리 한국어를 배워 한국 사람이 되어야 한다는 생각이 팽배한 한국 사회에서 아이와 어머니 간의 불완전한 의사소통은 큰 문제가 아닐 수 없다.

아시아공동체학교가 지향하는 다문화 교육과 글로벌 인재의 양성, 이중언어 구사 능력의 향상을 위해서뿐만 아니라 아이의 정서적인 발달에 도움이 되기 위해서는 아이가 유아기부터 어머니 나라 말을 배워서 어머니와 정서적 공감대와 세밀한 의사소통 체계를 가지는 것이 무엇보다 중요하다고 생각한다. 이는 어머니가 한국 말과 글을 체계적으로 교육을 받는 방법이든, 아이가 이중언어를 구사하는 방법을 선택하든 간에 꼭 필요한 일이다.

아시아공동체학교에서는 아이가 어머니 나라 말을 제대로 구사하여 어머니와 충분한 의사소통이 이루어지게 하는 것이 바른 방법이라고 생각한다. 아시아공동체 어린이집의 경우는 어머니에게 부족한 한국어 교육을 유아기 때부터 어린이집에서 체계적으로 교육시키고, 어머니 나라 말 역시 자연스럽게 구사하게 하여 상급학교로 진학시켜 제대로 된 교육을 받게 한다는 계획을 가지고 있다.

5) 이주여성 재교육 프로그램

지금 한국 사회는 부부가 같이 일을 해도 높은 사교육비와 물가로 인하여 생계가 어려운 가정이 대부분이다. 더구나 다문화 가족의 경우 통계로 보더라도 50% 이상이 절대빈곤층에 해당한다.

아시아공동체학교에서는 이주여성한글교실을 통해 한국어 구사가 원활하게 가능한 이주 여성의 경우 통역, 외국어 강사, 한복 기술 습득 등 학교의 역량이 되는 한 이주 여성의 취업을 위해서 노력해 왔다. 이는 모든 국가나 사회가 그렇듯이 가정도 마찬가지로 경제가 튼튼해야 가정이 지켜진다는 생각에서 진행된 것이다.

아시아공동체학교는 이주 여성의 경우 다른 기능을 익히는 것도 중요하지만 자신이 잘할 수 있는 것으로 직업을 구하고 수익을 내는 것이 가장 빠른 길이라 생각하여, 이주 여성이 잘할 수 있는 언어를 활용하는 방안을 고안하여 이주 여성 재교육 프로그램을 지역사회에 제안해 놓은 상태다. 이미 농촌 지역에서는 몇 년 전부터 진행되고 있는 이 프로그램을 도시에서 진행해 보자는 것이다.

이주여성 재교육 프로그램의 경우 지금 현재 부경대학교 평생교육원과 함께 작업을 하고 있으며 완성 단계에 있다. 노동부, 교육청과도 계속 연계를 추진 중이다. 그리고 오는 2008년 1월 13일 이와 관련된 토론회를 부경대학교에서 개최할 예정입니다.

이 프로그램으로 부산 지역에서 많으면 200명, 적어도 100명 정도의 이주 여성의 고용 효과가 있을 것으로 판단된다. 이는 이들 가정의 경제에 많은 도움을 줄 것이다.

6) 다문화사회 연구소 설립

아시아공동체학교의 성과를 축척하고 다문화 교육의 내용과 질을 높이기 위해 학생을 가르치는 교사들의 노력에 관련 전문가들의 각종 연구와 충고가 병행되어야 학교의 발전을 도모할 수 있다는 생각에서 다문화사회 연구소의 설립이 필요하다고 본다.

다문화사회 연구소는 다문화 가정의 자녀들을 위한 교육 문제뿐 아니라 향후 진행되는 다문화 사회에 대응해 가는 한국 사회의 올바른 전략을 제안하는 연구소로 발전해 나갈 것이다.

다문화사회 연구소는 다문화 가족에 대한 진정한 관심과 애정을 가진 사람으로 구성함을 원칙으로 한다.

7) 다문화 청소년상담센터의 설립

아시아공동체학교는 그동안 학교 학생들에 대한 언어 평가, 미술치료, 독서치료 등을 꾸준히 해 왔다. 그 경험을 토대로 아시아공동체학교는 지역의 일반 아동들과는 다른 가정환경과 경험, 문화를 가진 이 아동들에게는 이들에게 맞는 상담 자료와 상담 역량이 필요하다는 것을 절감하고 있다.

아시공동체학교에서는 아시아공동체학교에 재학 중인 아동뿐 아니라 부산 지역의 다문화 가정과 그 아이들이 겪고 있는 문제가 다르지 않다고 판단하고 있다. 그러므로 이들에게도 자신들에게 맞는 상담소가 있어 가정의 문제나 아이들의 교육 문제를 함께 고민할 수 있는 공간과 인력의 양성이 절실하다고 보는 것이다.

이를 위해 아시아공동체학교는 미약하지만 자체적인 상담 설문지와 상담 프로그램 마련을 위하여 노력하고 있다.

7. 가능성

아시아공동체학교는 운동장도 없는 도심 한가운데의 허름한 작은 건물에 둥지를 튼 작은 대안학교다. 아직 교과 내용과 교육 과정, 학생 관리, 교사 양성 등에서 정형화된 틀을 갖추지 못했고 학생과 교사의 수도 적은 학교이지만 미래교육의 가능성을 보여 주고 있는 학교라고 생각한다. 이미 우리 사회는 다문화 사회, 지식기반 사회에 접어들었지만 아직 근대교육의 내용과 방법에 근간을 둔 공교육은 시대 변화에 빠르게 대처하는 데 한계를 보여 왔다. 이에 따라 교육의 내용과 형식에 구애받지 않고 변화된 시대와 사회적 요구를 반영하기에 적합한 아시아공동체학교 같은 작은 교육이 등장하게 되었다고 본다. 흔히 미래사회를 대비해서 아이들이 갖추어야 할 핵심적인 능력으로 개성과 창의성, 문제해결 능력, 다문화 이해 능력, 타인과 좋은 관계를 맺고 협동하는 능력, 외국어 능력 등을 거론하는데, 이러한 능력을 함양하기에 아시아공동체학교만큼 이상적인 교육환경을 제공하는 곳은 드물다 하겠다.

다문화 사회의 시대적 요구와 미래교육의 전망으로 볼 때, 학교는 지금까지 어려운 길을 걸어왔지만 앞으로 가야 할 길에 비할 바가 아니다. 다문화 교육, 유아교육, 디딤돌학교, 평생교육 운동 등 아시아공동체학교가 미래교육의 과제로 삼고 있는 많은 일들을 성공적으로 수행하기 위해서는 내부 역량 강화와 아울러 공교육과의 협력체제 구축, 다문화 교육의 내용과 방법을 정하기 위한 전문가, 교수 집단의 참여 등과 같은 외부 조언자, 협력자들의 관심과 도움이 절대적으로 필요하다.

참/고/문/헌

박한숙(2003). 미국 초등교육 다시보기. 서울: 푸른사상사

에드가 모랭(2006). 미래의 교육에 반드시 필요한 7가지 원칙. 서울: 당대.

유네스코 아시아태평양이해교육원(2003). 세계화 시대의 국제이해교육. 서울: 도서출판 한울.

이병준(2007). 다문화 역량이란 무엇인가? 학교에서의 다문화 교육의 현황과 과제. 부산대학교 교육연구소.

이성언 · 최유(2006). "다문화 가정 도래에 따른" 혼열인 및 이주민의 사회통합을 위한 법제 지원방안 연구. 한국법제연구원.

이소연(2007). 외국의 다문화 이해 교육 정책과 교육사례-유럽과 일본을 중심으로. 2007년도 교육인적자원부-연구기관-시 · 도교육청 협동 세미나 자료집.

이종태(2007). 대안교육 이해하기. 서울: 도서출판 민들레.

전수경(2006). 영국의 난민 청소년 정책. 서울: 재단법인 무지개청소년센터.

제5장

미국 다문화 교육의 현황과 과제*

1. 들어가며
2. 미국의 다문화 교육
3. 미국의 다문화 교육 정책 및 현황
4. 미국의 다문화 교육과정
5. 앞으로의 과제

---

*) 이 글은 『교육과정연구』, 24-4호에 실린 미국 다문화 교육과 교육과정 연구(장인실, 2006)를 수정 · 보완한 것이다.

1. 들어가며

시공간을 단축시킨 정보통신 및 교통 기술의 발달과 자본주의의 새로운 활로 모색에 따른 시장경제의 세계적 확산을 통하여 사람들은 국가 또는 문화 간의 차이를 넘어 점점 더 긴밀한 관계 속에서 살아가고 있다. 세계화가 가속화될수록 인류 공동의 문제는 점점 많아지고 국가 간의 상호 의존적 관계는 더욱 심화되고 있다. 이러한 세계화 시대에 더불어 살아가기 위해서 개인은 자신에 대한 정체감을 갖는 것과 타인에 대한 편견 없는 이해심을 가져야 한다(Robertson, 1992). 즉, 현대를 살아가는 개인은 자기 문화에 대한 정체성을 가져야 함은 물론 다른 문화에 대한 다양성을 인정하는 수용적 자세가 요구된다. 이렇듯 주체적이면서도 다양성을 요구하는 세계화 시대에는 그에 맞는 새로운 교육이 요구되는데 그것이 바로 다문화 교육(multicultural education)이다.

우리나라와 같이 비교적 단일민족으로 유지되어 온 나라는 서양에 비하여 다양한 민족적 배경을 가진 사람들과 함께 살아오지 않았기에 다문화 사회도 아니고 다문화 교육도 필요 없다고 생각한다. 그러나 이것은 다문화의 의미를 인종과 민족에만 초점을 맞추기 때문에 생긴 오류로 다문화의 의미를 지엽적으로 바라보는 것일 뿐만 아니라, 현재 한국 사회도 미국 등 외국만큼은 아니어도 인종과 문화 측면에서 다양성이 증가하고 있다. 외국인 노동자로 인한 급격한 외국인의 증가와 국제결혼으로 인한 외국인 결혼 이주자와 자녀들로 인해 인종적 · 민족적 측면에서도 더 이상 단일민족만을 주장하기 힘들게 되었다. 그러므로 이들을 수용할 수 있는 새로운 인식의 전환이 필요한 사회가 도래한 것이다. 한국의 외국인 주민에 대한 통계적 자료를 살펴보면, 2007년 5월 현재 외국인 주민은 722,686명으로 주민등록 인구의 1.5%를 차지하고 있으며, 2006년 536,627명보다는 35% 증가한 것으로 다문화 사회로 급속히 진

장인실(경인교육대학교 교육학과 교수)

전되고 있음을 나타낸다(지방행정 종합정보공개시스템, 2007). 지자체별 외국인 주민 현황에 따르면 전체 외국인 중에서 외국인 근로자는 35.9%인 259,805명, 국제결혼 이주자는 12.2%인 87,964명, 국제결혼 가정 자녀는 6.1%인 44,258명이고, 외국인 중 국적 취득자는 7.5%인 54,051명이다. 공식적인 통계 외에 불법으로 거주하고 있는 외국인까지 합친다면 그 비율은 더 높아질 것이다.

또한 외국인의 급격한 증가 현상뿐 아니라 사회 내에 존재하는 하위문화, 즉 사회계층, 성별, 종교, 이념, 탈북자(새터민) 등과 같은 다양한 집단에 의한 다문화 교육의 필요성도 증가하고 있다. 사회계층, 성별, 종교, 이념의 문제는 국내에서도 다문화라는 용어가 아니더라도 오랫동안 교육사회학이나 사회학 분야에서 주제로 다루어 왔던 문제다. 반면, 탈북자 문제는 최근 들어 주목받고 있는 분야다. 한국교육개발원(2004)의 연구는 북한 이탈학생의 고교 취학률이 6.6%에 불과하고, 중 · 고교생의 중도 탈락률은 남한 학생의 10배 안팎에 달하는 것으로 보고하였다. 북한 이탈학생들이 학교를 다니기 싫어 하는 이유는 수업을 따라가기 힘들어서(29.6%), 친구들이 무시하거나 놀려서(26.8%), 어울릴 친구가 없어서(26.4%) 등으로 나타났다. 이러한 연구 결과는 민족적 · 인종적으로 같다고 하더라도 문화적 차이에 의해 발생하는 문제를 교육적으로 보완해야 할 필요성을 나타내는 것이다.

다문화 교육의 정의는 학자들마다 다양하나 포괄적으로 살펴보면, 인종뿐만 아니라 다양한 문화 집단에 속해 있는 서로 다른 사람들의 상호 이해와 평등 관계를 중시하고, 민족, 사회적 지위, 성별, 종교, 이념 등과 같이 상이한 집단의 문화가 동등하게 가치 있는 것으로 인식하며, 학생들이 자신이 속해 있지 않은 다른 문화에 대한 편견을 줄이고 다양한 문화를 올바로 이해하기 위한 지식, 태도, 가치 교육을 제공하는 것이다.

최근 들어 한국에서도 다문화 교육이 소개는 되었으나 널리 연구되지 않고 있는 주제로, 유아교육, 미술교육, 사회교육 부분에서 다문화 교육의 개념을 적용한 연구들이 나타나고 있다(김선미, 2000; 김종호, 2003; 박은덕, 1995; 양옥승, 1997). 그러나 아직까지 한국에서의 다문화 교육은 첫걸음을 떼는 시기이므로 다른 나라의 발전 사례를 살펴보는 것은 의미 있는 작업이 될 수 있다. 다문화 교육이 처음으로 발전한 나라는 미국이다. 미국은 유색인종이나 소수민족 학생의 독특한 문화를 어떻게 수용할 것인가 하는 문제에서 출발하여 다양한 집단으로 다문화의 의미가 확대되고 심화된 경우로 한국에서의 다문화 교육 발전에 시사점을 줄 수 있다. 이 연구에서는 미국의 다문화 교육 개념, 다문화 교육 역사, 다문화 교육정책, 다문화 교육 모형에 대해 살펴보고, 다문화 교육이 학교 교육과정에 어떻게 적용되어 왔는지를 알아보도록 하겠다.

2. 미국의 다문화 교육

1) 다문화 교육의 개념

다문화 교육의 철학적 개념은 교육 연구의 진보주의 운동과 깊은 연관이 있다(Grant & Tate, 2001). 교육철학이자 관념학인 다문화 교육은 1960년대와 1970년대 초에 인권운동(civil rights movements)에서 출발하였다. 초기에는 학교에서의 인종주의에 반격하기 위한 교육적 노력으로 개념화되었으나, 인종, 민족, 성별, 사회계층, 언어와 장애 문제와 관련된 학교개혁 운동으로 확장되었다.

다문화 교육에 대한 구체적 정의는 학자에 따라 다양하다. 다문화 교육에 있어 가장 유명한 학자 중 하나인 뱅크스(Banks, 1993b)는 "다문화 교육은 아이디어, 교육개혁 운동으로 교육기관의 구조를 바꾸는 것이 중요한 목표다."라고 주장하였다. 니에토(Nieto, 1992)는 다문화 교육을 모든 학생을 위한 기본 교육과 종합적인 학교개혁 과정으로 정의하였다.

그랜트(Grant, 1993)는 다음과 같이 다문화 교육의 정의와 내용을 기술하였다.

> 다문화 교육은 철학 개념이고 교육과정이다. 다문화 교육은 미국 정신에 담겨 있는 자유, 정의, 평등, 공평, 인간존중의 철학적 사고에 기초한 개념이자, 학교와 다른 교육기관에서 발생하는 과정으로 모든 교과와 교육과정과 관련이 있다. 모든 학생이 미국의 조직과 기관에서 구조적으로 평등하게 일할 수 있도록 준비시키는 과정이다. 학생들이 긍정적인 자아 개념과 다양한 집단 관점에서 자신이 누구인지를 인식하도록 도와준다. 또한 다문화 교육은 다양한 집단의 역사, 문화 기여도에 대한 정보를 제공한다. 미국 사회의 무수한 집단의 기여, 관점, 경험이 개념과 내용으로 조직되어 교육과정에 포함된다. 인종, 민족, 사회계층, 성별, 장애와 관련된 사회 문제를 다룬다. 이러한 교육과정은 수업에 있어 학생의 다양한 사고방식에 근거한 친숙한 문맥을 사용함으로써 성취될 수 있다. 학생들로 하여금 세계와 국가의 사건을 조사하여 그 사건이 어떻게 학생의 삶에 영향을 미치는지를 파악하도록 격려한다. 민주적 의사결정, 사회실천 기능뿐만 아니라 비판적 사고도 가르친다. 그러므로 다문화 교육은 전체적인 과정으로서 모든 요소가 생명력 있는 교육이 되기 위해서는 위에 제시한 모든 것이 함께 고려되어야 한다(pp. 4–5).

다문화 교육에 대한 개념 정의를 통하여 다문화 교육의 특징을 몇 가지로 기술할 수 있다. 첫째, 평등을 추구하는 철학적 개념이 교육과정 속에 적용된다. 둘째, 특정 인종이나 집단을 위한 교육이 아니라 모든 학생을 위한 교육과정이다. 셋째, 사회적 공평과 평등의 발달을 촉진시키는 사회 정의적 교육이다. 넷째, 학생의 비판적 사고와 주체적 활동 및 의사결정을 강조하는 사회실천 교육이다. 다섯째, 기본 교육과정으로 세계 사회에서 효율적으로 상호작용할 수 있는 필수적인 지식과 기술을 제공한다. 여섯째, 교육개혁 운동으로 학교를 비롯한 교육기관의 구조를 바꾸는 종합적 개혁과정이다. 일곱째, 전체적인 과정으로 다양한 교육과정이 한 번으로 끝나는 교육이 아닌 역동적이고 지속적인 경험이다.

2) 미국 다문화 교육의 역사

미국의 민족 집단들이 학교와 대학의 교육과정에 민족과 관련된 내용을 어떻게 통합시켜 왔는지를 역사적인 관점에서 살펴보는 것은 다문화 교육의 발전을 이해하는 데 의미 있는 일이다. 역사적 관점은 다문화 교육이 현대에는 어떻게 발전해야 하는가에 대한 이해와 대학 및 학교가 다문화 문제와 관심을 어떻게 재구조화해야 하는지에 대한 방향을 제시한다.

(1) 네티비즘

1620년 9월 영국을 떠난 메이플라워 호는 미국 대륙의 케이프코드에 도착하고 오늘날 매사추세츠 주의 플리머스에 정착하여 유럽인들의 미국 생활이 시작되었다. 그로부터 영국의 백인 청교도 문화가 미국 문화로 뿌리 내리기 시작하였으며, 처음에는 영국 문화 이식에 지나지 않는 미국 문화를 형성하게 되었다. 그 후 1870년대까지 미국으로 건너온 유럽 이민자들은 주로 영국, 독일, 스웨덴, 스위스 등 북부와 서부 유럽 출신으로, 학교 교육의 사명과 역할도 백인 청교도 문화의 이식에 불과하였다. 그러나 20세기가 다가오면서 남부, 중부, 동부 유럽 출신의 이민자들이 미국으로 들어오게 되었다. 이들은 대부분 영국계 문화를 갖지 않은 사람들로서 미국 주류문화에 적응하는 데 어려움을 느꼈을 뿐만 아니라 그들 고유의 전통문화를 유지하려 함으로써 갈등이 시작되었다.

초기에 미국으로 건너온 북부와 서부 유럽 이민자들은 그들 자신을 구이민자들로, 다른 출신 이민자들은 신이민자들로 받아들였다. 네티비즘(nativism)이란 구이민자들이 신이민자들의 홍수를 멈추려는 움직임을 의미하는 것이다. 1914년 제1차 세계대전의 발발로 인해 미국에서는 이민자 집단에 대한 의심과 불신이 더욱 증가하였다(Banks, 1988). 그로 인하여 원주민 보호주의자(nativist)들은 100퍼센트의 미국주의를 주장하면서 미국은 자신들만을 위해 존재해야 한다고 생각하였다.

이러한 분위기에서 1640년경 매사추세츠와 버지니아에 최초로 세워진 공립학교는 인종에 따라 분리하지 않은 학교였다(White, 1973). 그러나 이런 학교 형태에서 차별을 경험한 아프리칸계 미국인들은 자신의 아이들을 위한 별도의 학교를 설립하였다. 1800년 보스턴에서 아프리칸계 미국인을 위한 별도의 학교를 설립하는 데 필요한 기금을 보조하지 않자, 흑인사회는 그들 자신의 학교를 설립하고 교사를 채용하였다. 1818년이 되어서야 보스턴은 아프리칸계 미국인 학생을 위한 별도의 기금을 제공하였다. 남부 지방에서의 아프리칸계 미국인을 위한 최초의 학교는 남북전쟁 이후에 설립되었다. 아프리칸계 미국인을 위한 학교는 독립적이었지만 학생당 비용, 교사와 행정가의 봉급, 교과서와 다른 자료의 질적 측면에서는 불평등하였다. 남부 지역에서의 독립된 공립학교에는 아프리칸계 미국인 교사와 행정가들이 고용되었지만, 학교 이사회, 교육과정, 교과서는 백인들에 의해 조정되고 지배받았다. 그 결과로 아프리칸계 미국인에 대한 내용이 교육과정에 통합되는 것은 불가능하였다. 우드슨(Woodson, 1933)은 『흑인에게 불리한 교육(*The Mis-education of the Negro*)』이라는 영향력 있는 그의 저서에서 학교와 대학은 아프리카 문화와 문명을 가르치지 않고 유럽의 문명을 가르침으로써 아프리칸계 미국인을 잘못 교육시켰다고 진술하였다(Banks, 2001). 이 시기의 학교와 대학은 미국화를 추구하였으며, 정부가 지원하는 가운데 국가에 대한 맹목적 충성심과 외국인과 이민자 집단에 대한 불신을 장려하였다(장인실, 2003).

(2) 동화주의

백인 청교도 문화와 새로 온 이주자들의 소수민족 문화 간의 갈등을 해소하기 위하여 나타난 것이 동화주의(assimilation) 개념이다. 동화주의 개념은 커벌리(Cubberly, 1909)에 의해 주창되었다. 그는 여러 민족 집단 간의 갈등을 해결하기 위하여 "우리의 과업은 민족 집단을 분해하여 미국 인종의 일부로서 이들 집단들을 동화 또는 융화시키기 위하여 그들의 자녀에게 앵글로색슨의 정의, 법, 질서와 정부의 개념을 심어 주고 그들로 하여금 우리 민주제도의 존엄과 인간존중의 미국 생활을 깨닫게 하는 것이다."라고 주장하였다.

그로부터 미국 정책과 교육 목표는 이주민들에게 미국 문화의 주류인 백인 청교도 문화로의 동화를 표방하게 되었다. 사회과학에서는 동화와 문화변용을 구분하여, 구조적 혹은 개인적 수준에서 사고가 주류문화를 향하는 문화적 이동을 문화변용(acculturation)으로 표현하고, 개인적 측면에서 주류문화의 언어, 기질, 매너 등을 습득하는 것은 동화(assimilation)로 표현한다(Gutierrez, 2001). 미국의 문화는 앵글로색슨의 문화에 근간을 두고 있으며, 이민자들에게 주류문화에 적응할 것을 요구하였다. 동화주의는 이민자들은 누구든지 미국의 주류문화인 백인 청교도 문화를 받아들이고 그들이 가지고 있던 원래 문화를 포기하라는 것으로, 이러한 동화를 통하여 이민자들에 대한 편견이나 차별이 사라질 것이라는 주장이다. 그러나 미국 사회에서 유색인종에 대한 편견이나 차별은 사라지지 않았으며 동화주의의 이념은 실현되지 않았다.

(3) 용광로 이론

미국 사회의 이민자들의 수가 늘어남에도 동화주의가 제 기능을 발휘하지 못하자 동화주의는 용광로(Melting Pot) 이론으로 대치된다. 용광로 이론은 여러 나라의 문화를 용광로에 녹여 남미 문화도, 영국 문화도, 동양 문화도 아닌 종합된 하나의 새로운 동질문화를 형성하려는 개념이다. 용광로 이론은 전통적 앵글로색슨 문화로의 동화이론에 대한 도전인 동시에 대안이기도 했다. 메이요-스미스(Mayo-Smith, 1904)는 용광로 이론에 대해 "어느 국가도 동질문화 없이 강국이 될 수도 없고 존재할 수도 없다. 그러므로 우리가 해결해야 할 당면한 인종 간의 갈등 해결 방안은 그들의 이질적 요소들을 용해시켜 하나의 공통 국가 내에서 단일 언어, 단일 정치체제, 단일 국가주의, 단일 사회 발전의 이상을 추구하는 것이다."라고 그 필요성을 주장하였다.

그러나 이러한 용광로 이론은 이상과 현실 간의 괴리로 인하여 갈등이 야기되었다. 현실에서는 모든 문화가 동등한 위치를 차지하지 못하고 백인 청교도 문화가 소수인종 문화를 용해시켜 백인 문화는 우위에, 다른 문화는 하위에 머무르게 했기 때문이다. 가르시아(Garcia, 1978)는 이러한 현상을 다음과 같이 묘사하였다.

> 같은 용광로 안에서도 각 인종 간의 우세는 다시 나누어진다. 예를 들어, 백인종 내에서도 독일과 영국계 이민으로 구성된 키가 크고 금발이며 파란 눈을 가진 아리아인은 가장 순수하고 우수한 집단이며, 동유럽계 이민은 약간 어두운 색깔로 덜 순수하기 때문에 같은 백인 가운데서도 중간 위치를 차지한다. 그리고 지중해 연안의 남부 유럽계 이민은 검은 머리와 어두운 색깔로 같은 백인 집단 내에서도 가장 열등한 집단으로 남아 있다. 이와 같은 백인종 아래에 유색인종으로는 황색계(중국, 일본, 한국 등)와 미국 원주민의 적색계 인종이 있고, 갈색계 인종으로 중남미의 라틴계 멕시코인, 스페인 등이 있으며, 흑색계 인종은 백인 문화에 용해되지 않은 채 용광로의 아래에 깔려 있다(p. 15).

이와 같이 용광로 이론은 이상에 불과했으며, 또 하나의 백인문화 모형의 장식적 역할밖에는 하지 못하였다. 용광로 이론은 다양한 민족문화가 미국 문명을 풍부하게 한다는 샐러드볼(salad bowl)이라는 개념으로 발전하였다. 그러나 대부분의 미국 정치, 경제, 교육의 지도자들은 이민자와 토착민족 집단의 동화를 강조하였다(장인실, 2003). 제2차 세계대전 이후에 나타난 인간의 기본권에 대한 세계적인 여론과 미국 내에서의 아프리칸계 미국인들의 인권운동은 또 하나의 개혁운동으로 전환하게 되는 계기를 마련하였다.

(4) 민족 연구와 집단간 교육운동

초기 민족 연구(ethnic studies)는 윌리엄스(Williams, 1882-1883), 우드슨과 웨슬리(Woodson & Wesley, 1922), 듀보이스(DuBois, 1935) 등의 아프리칸계 미국인 학자에 의한 교수 자료 개발과 직접적으로 관련이 있다(Banks, 2001). 이들은 학교와 대학 교육과정에 통합될 수 있는 아프리칸계 미국인에 대한 지식 연구에 몰두하였다. 이러한 초기 민족 연구자들은 1960년대까지 출판, 연구,

교수 등으로 조용하게 운동을 이어 나갔다.

제2차 세계대전으로 야기된 사회적, 정치적, 경제적 변화는 집단 간 교육(inter group education)을 야기시켰다. 전쟁은 북부와 서부에 일자리를 만들었고, 그 결과 많은 지방에 살고 있던 아프리칸계 미국인들, 멕시칸계 미국인들, 백인들이 전쟁과 관련 산업에 종사하기 위해 북부와 서부 도시로 이주하였다. 앵글로색슨과 멕시칸계 미국인들 간의 인종적 갈등은 서부 도시에서 야기되었고, 아프리칸계 미국인과 백인들 간의 갈등은 북부 도시에서 발생하였다(Banks, 2001). 이러한 인종적 갈등과 긴장은 1940년대 후반과 1950년대에는 시카고, 디트로이트, 뉴욕, 로스앤젤레스에서 몇 번의 인종 폭동으로 나타났다(Banks, 1988).

사회적 변화와 인종 폭동은 백인과 흑인에 대한 국가적 조치를 필요하게 하였다. 이러한 조치 중에 하나로 학교는 인종 간의 이해를 증진하도록 권고받았다. 이것이 집단 간 교육운동(intergroup education movement)의 시작이었다(Ramsey, Vold, & Williams, 1989). 집단 간 교육은 사실적 지식이 다른 민족과 인종 집단에 대한 수용과 이해를 증진시킬 것이라는 가정하에 민족적, 인종적 편견과 오해를 줄여 나가는 것을 목적으로 하였다(장인실, 2003). 편견을 줄이고 집단 간의 이해를 증진시키기 위한 활동들로는 여러 소수민족에 대해 강의하기, 편견에 대해 훈계하기, 민족 집단 간 함께하기, 인종 · 민족 · 종교적 배경에 대한 정보의 유포, 민족적 집단을 비방하거나 정형화하는 것의 금지 등이 있다(Banks, 1988). 집단 간 교육의 두드러진 목표는 인종 간의 조화와 인종 차별대우 금지다. 1960년대 초기 인권운동의 목표도 인종 간의 차별대우 금지였으나, 인권운동이 시작하자 집단 간 교육운동은 조용히 사라졌다(Banks, 2001).

인권운동과 다양한 민족 연구에 의해 야기된 개혁운동은 다른 민족문화를 부정하던 백인 단체들에게 교육과정에 다른 민족문화를 더 많이 포함시키도록 촉구하였다. 1960년대 미국의 학교들은 다른 민족 집단의 문화적 유산과 가치를 포함한 기본 교육과정과 교수방법을 고려하기 시작하였다(Banks, 1988). 대학에 소수민족 연구소가 설치되고 흑인, 아시아, 인디언 연구를 위한 과목들이 개설되었다. 이러한 운동을 뱅크스(Banks, 1988)는 새로운 다민족주의라고 명명하였다. 그러나 다민족주의는 몇 가지 한계점을 가지고 있다(Ramsey, Vold, & Williams, 1989). 첫째, 민족 연구는 내용 지향적이거나 지식 기반에 토대를 두고 있다. 민족 연구는 자신의 문화적 기여도에만 집중하고 다른 집단에 대하여서는 배타적이었다. 둘째, 인종주의나 차별 등과의 인과관계 요소에 대해서는 고려하지 않았다. 셋째, 앵글로색슨의 자기중심성이나 우월성 인식에 대한 비난에는 실패했다.

(5) 다문화 교육의 진화

집단 간 교육운동은 현재의 다문화 교육에 중요한 선례가 되었으나 실제적인 뿌리는 아니었다. 현재의 다문화 교육은 윌리엄스(Williams, 1882~1883)에 의해 시작되어 듀보이스(DuBois, 1935), 우드슨(Woodson, 1933), 웨슬리(Wesley, 1935) 등의 초기 민족 연구 운동과 직접적으로 관련되어 있다(Banks, 2001). 다문화 교육운동의 기본 골격은 미국의 아프리칸계 미국인 학자와 다른 소수민족 집단에 의한 민족 연구에 의해 영향을 받았다. 베이커(Baker, 1977), 뱅크스(Banks, 1973), 게이(Gay, 1971), 그랜트(Grant, 1973, 1978) 등의 학자들이 미국에서 다문화 교육의 형성과 발전에 중요한 역할을 담당하였는데, 이들 학자들은 아프리칸계 미국인 학자들의 초기 작품과 아프리칸계 미국인들의 민족 연구 운동에 막대한 영향을 받았다.

뱅크스(2001)는 다문화 교육이 나타나게 되는 국면을 시기적으로 네 단계로 나누었다. 첫 번째 단계는 다문화 교육이 민족 연구로 나타나는 단계다. 교육학자들이 소수민족 집단의 문화와 역사에 관심을 가지고, 개인이나 기관이 민족 연구의 개념이나 정보 이론을 학교나 교사 교육과정에 통합하려고 시도하는 단계다. 두 번째 단계는 다민족 교육 단계다. 교육학자들이 민족 연구에 관심을 가지고 민족 연구 내용이 학교와 교사 교육과정에 필요하다는 것을 깨닫기 시작하는 단계이지만, 모든 학생이 좀 더 민주적으로 인종과 민족에 대한 태도를 가질 수 있거나 소수민족 학생들의 독특한 요구에 부응할 수 있을 만큼의 학교개혁이 뒤따르지 못하는 단계다. 다민족 교육단계에서는 교육적 평등을 신장시킬 수 있는 전체 학교의 구조적 · 체계적 변화를 목표로 한다. 세 번째 단계는 여성, 장애자 등과 같이 사회와 학교에서 자신을 희생자로 여기는 다른 집단들이 나타나는 단계다. 이들은 자신들의 역사, 문화, 목소리가 학교, 대학의 교육과정과 구조에 반영되기를 요구한다. 현재의 네 번째 단계는 다문화 교육이 인종, 계층, 성별과 관련하여 이론과 연구뿐만이 아니라 실행의 모든 분야에서 좀 더 발전된 형태로 나타나는 단계다. 다문화 교육의 각 단계 모두가 오늘날에도 존재하지만, 초기 단계보다는 후기 단계가 좀 더 발전된 양상이다.

1970년대 미국교사교육대학협의회(American Association of Colleges for Teacher Education: AACTE), 전국영어교사협의회(National Council of Teachers of English: NCTE), 전국사회과협의회(National Council for the Social Studies: NCSS)와 같은 전문기관들이 민족 집단에 대한 내용과 이해를 교육과정에 통합하도록 학교들을 촉구하였다. 1973년 AACTE는 "미국은 한 가지 모형만 있는 것이 아니다(No One Model American)"라는 간략하면서도 널리 인용되는 진술을 하였다. 같은 해 NCSS의 43해 연보는 '민족 연구 가르치기: 개념과 전략' 이라는 제목으로 출간되었다(Banks, 1973). 다음 해인 1974년 ACTE는 『그들의 언어를 위한 학생의 권리』를 발간하였다. 초기 다문화 교육에 대한 역사적인 회담은 1974년에 AACTE에 의해 개최된 '경쟁력 있는 교사 교육을 위한 다문화 교육' 이다. 1976년에 NCSS는 『다민족 교육을 위한 교육과정 지침서』를 출간하였다(Banks et al., 1976). 이후에 이 책은 '다문화 교육을 위한 교육과정 지침서' 라는 제목으로 재출판되었다.

다문화 교육과 관련된 획기적인 일들이 1977년에 발생하였다. 교육과정 개발과 감독협의회(Association for Supervision and Curriculum Development: ASCD)는 다문화 교육에 대한 책을 출판하였다(Grant, 1977). AACTE는 『다문화주의와 미국 교사: 문제점과 사례 연구(*Pluralism and the American teacher: Issues and case studies*)』라는 책을 출간하였는데(Klassen & Gollnick, 1977), 이 책은 미국

교육부로부터 기금을 지원받을 수 있는 계기를 마련하여, AACTE는 교사 교육을 위한 민족유산센터를 건립하여 회의와 저서를 지원하고 있다. 다문화 교육 초기에 가장 영향력 있는 발전 중에 하나는 전국교사교육승인협의회(National Council for Accreditation of Teacher Education: NCATE)가 1977년에 교사 교육 승인을 위한 기준을 마련했다는 것이다. 이러한 기준은 미국의 교사 교육기관이 다문화 교육 요소, 과정, 프로그램을 이행할 것을 요구하며, 1987년에 NCATE에 의해 개정되었다.

3. 미국의 다문화 교육 정책 및 현황

연방정부의 주도권은 유치원, 초 · 중등 교육에 영향을 미친다. 주정부는 기금과 연관하여 연방정부의 정책을 따르나, 교육과정 영역에서는 연방정부의 조건을 따르지 않는 경우가 종종 있다. 많은 국가 협회는 학교 교원들이 준비하여야 할 지침서를 제공하는데, 학교기관들이 국가교사교육인증협의회(NCATE)로부터의 인증을 받기 위해서는 이를 따라야 한다. 주의 승인, 주 면허증, 국가 인증체계는 문서와 면접에 근거한 평가를 요구하는데, 기관들은 이러한 기준 안에 다문화 요소가 직접적으로 나타나기를 요구한다. 그러므로 미국의 연방정부와 주정부에서 요구하고 있는 다문화 교육에 대한 기준을 통하여 다문화 교육이 미국에서 어떻게 정책적으로 지원받고 있는지를 살펴보도록 하겠다.

1) 연방정부의 지원

연방정부는 1921년 인디언에게 교육을 포함한 문명화와 일반적 지원을 위한 기금을 조성할 것을 명령하였다. 그러나 미국 인디언을 제외한 다른 소수민족과 문화 집단에 대해서는 인식하지 못하였다. 1896년에 흑인 학생이 백인학교 입학이 문제가 되었을 때 대법원은 '분리하나 평등(separate but equal)' 으로 판결하였다. 이는 학교의 시설이나 교사의 자질이 동등하다면 백인과 흑인을 분리시켜서 교육하여도 교육 기회의 균등 원칙에는 위배되지 않는다는 것이다. 이와 같은 판결은 학교의 평등과 관련하여 지침이 되어 왔다. 그러나 각종 연구 보고서는 흑인 학생들이 백인 학생들에 비해 학업 성적이 뒤떨어지며, 이들 흑인 학생 대부분이 흑인 학교에 다니는 것으로 밝혀졌다. 이에 1954년 브라운 대 토페카 교육위원회(Brown v. Board of Education of Topeka)의 소송사건에서 인종 분리교육은 헌법위반이라는 판결을 내림으로써 인종통합 문제는 법적 보장을 받게 되었다.

초기 연방위원회도 미국 인디언 등의 몇몇 소수민족 집단의 교육에만 관심을 가졌다. 1975년 인디언 자기 결정과 교육원조령(Indian Self-Determination and Education Assistance Act, ESEA)은 인디언의 자기 결정을 지원하였다. 1980년의 난민교육원조령(Refugee Education Assistance Act, ESEA)은 쿠바, 하이티, 인도차이나 난민의 아이들의 교육, 특히 영어 습득을 지원하기 위한 기금을 제공하였다. 이러한 법령의 목적은 학생들이 학교에서 평등하게 경쟁할 수 있는 기회를 높이는 것이다. 그러나 이러한 입법회의 기본 생각은 저소득층 학생들의 문제는 초기 가족과 사회의 경험으로 인한 결핍에 의해 야기되었다는 문화박탈 모형에 근거한 것으로, 이들 학생들의 학문적 성취에 대한 기대가 낮았으며 이들의 장점을 간과하였다.

이중언어와 미국 인디언을 위한 교육에 대한 입법은 문화적 배경에 근거하고는 있었지만 문화를 강조하지는 않았다. 1972년과 1980년대 민족유산연구령(Ethnic Heritage Studies Act, Title IX of ESEA)은 역사, 지리, 사회, 경제, 문학, 예술, 음악, 드라마, 언어, 민족 집단의 일반적 문화와 관련된 교육과정 자료를 개발할 것을 촉구하였다. 그러나 민족유산연구령은 낮은 관심과 제한된 기금으로 인해 곧 사라지게 된다. 연방정부의 관심은 문화보다는 인종, 민족, 언어, 여성 집단 등을 위한 평등한 교육 기회의 제공에 다시 관심을 가지게 된다.

인종차별 금지를 위한 대표적인 법령은 1964년 인권권리령의 Title VI이다. 이 법령은 미국에 있는 모든 사람은 인종, 피부색, 출신 국가에 근거하여 연방

정부의 재정적 지원을 받는 프로그램이나 활동에서 차별을 받거나 혜택에서 제외되지 않는다고 기술하고 있다(U.S. House of Representatives, 1975). Title VI는 인종차별을 금지하려는 지역 학교구에 기술적 · 재정적 지원을 제공하였다. 초기의 Title VI의 목표는 흑인과 백인 학교의 물리적인 차별 금지였다. 두 번째 세대의 차별 금지는 교육과정, 교수의 편견, 학생의 트레킹과 관련된 문제다. 세 번째 세대는 1980년대 말까지 미국의 10곳에 있는 차별금지 협조센터가 중심이 되어 모든 학생 집단을 위한 평등한 교육 결과 성취와 통합 및 평등을 획득하는 것이다(Gollnick, 2001). 이들 센터는 학교 교원들과 유색 학생, 여학생, 이중언어 학생들의 학문적 성취를 향상시키고자 노력하였다. 그럼에도 불구하고 1973년과 비교하여 1990년에도 학교에서의 차별 문제는 별로 나아지지 않았다(Bates, 1990).

1965년 전쟁과 가난을 다루고자 입안이 된 ESEA의 Title I은 학교가 저소득층 학생의 교육적 기회를 향상시키는 데 집중할 수 있도록 지원하였다. 저소득층 학생은 초기 사회화 과정에서 가정이나 사회로부터 교육적 기회를 박탈당했기 때문에 일반학교 프로그램에서 이들을 돕는 특별 교육적 프로그램이 학문적 성공을 도울 것이라고 가정하였다. 적용 대상학교는 장비와 자료를 구입하거나, 특별 교사를 고용하거나, 학교 교원을 훈련하거나, 프로그램을 평가하는 데 기금을 사용할 수 있었다. 1988년 호킨스-스타포드 학교향상개정안(The Augustus F. Hawkins-Robert T. Stafford Elementary and Secondary School Improvement Amendments)은 Title I을 Chapter I로 대치하였다. Chapter I은 Title I에 비해 학생 결과에 책무성, 부모 개입의 강화, 다른 수업 프로그램과의 협력을 강조한 것이다. 또한 이민자 학생, 장애 학생, 방치된 아동의 특별한 요구를 위한 재정적 지원을 제공한다. Chapter I 입법의 기본 가정은 학문적 실패를 학생과 그들 가족의 잘못으로 보아 적절한 보상이 그들을 주류 사회로 이끌 수 있다는 것이다. 그러나 이 입법은 문화적으로 다양한 학생을 좀 더 효과적으로 배려할 수 있는 학교나 수업의 개혁을 장려하지 않고 있다는 데 문제가 있다(Sleeter & Grant, 1987).

연방 입법은 여성과 관련하여서는 Chapter I에서와 같이 특별한 언급을 하고 있지 않다. 대신에 학교 활동에서 여학생들이 제한받지 않도록 하는 평등은 강조하고 있다. 1972년 교육 개정 Title IX는 성별에 의한 차별을 금지하고 있다. 이 법령은 성별 때문에 연방정부의 재정적 지원을 받는 교육 프로그램이나 활동에서 차별을 받거나 혜택을 받는 것에서 제외될 수 없다고 규정한다(U.S. House of Representatives, 1975). 그 결과로 1972년 이후에 학교와 대학에서 여성 스포츠팀의 수가 증가하고 자질이 향상되었다. 여성교육평등령(Women' s Educational Equity Act)이 Title IX 이행에 기금을 제공하였다. 이러한 지원은 교육과정 자료 개발, 프로그램 훈련, 연구, 카운슬링, 직업교육 기회의 확대, 직업교육, 체육, 교육 행정에 사용되었다. Title IX(ESEA)와 Title IV(Civil Rights Act)는 학교 내에서의 차별을 제거하기 위하여 여성과 남성에게 균등한 교육적 기회를 제공한 것이다.

1968년에 이중언어교육령(Bilingual Education Act)이 Title VII of ESEA로 합법화되면서, 의회는 이 법령의 목적이 모든 학생을 위한 균등한 교육적 기회를 제공하고 교육의 수월성을 추구하는 것이라고 기술하였다. 1978년 Title VII은 영어에 능숙해지기 위해 도움이 되는 경우에만 자국 언어를 사용할 수 있게 하는 과도기적인 이중언어 교육을 제안하였다. 그러나 1990년에 Title VII은 영어가 부족한 학생들을 위한 수업 전략 부분에 있어서 많은 융통성을 주었다. 이는 수업에서 ESL과 같은 대치 수업뿐만 아니라 영어와 모국어를 함께 사용하는 발전적 이중언어 프로그램을 지원함을 의미한다.

지금까지 언급된 다문화 교육을 위한 연방정부의 지원은 다문화 교육을 위해 공헌을 했지만 전체적 관점에서 문화적으로 다양한 집단에게 교육적 지원을 제공하는 협력 프로그램이 부족하다. 예를 들어, 차별금지센터는 각 영역들이 서로 관련되어 있음에도 성별, 인종, 출생 국가에 대하여 개별적으로 언급한다. 실제적으로 많은 영어 능력 부족 학생들이 이중언어 교육를 위한 Title VII보다는 극빈자들을 위한 Chapter I에서 지원을 받고 있으며, 모국어에 대한 요구는 보상교육 차원에서 종종 무시되곤 한다. 저소득 계층의 장애를 가진 영어 능력 부족 학생의 경우에는 협력적인 차원에서 도움을 받기보다는 지원이 각기 다른 프로그램에 의해 이루어져 학교 교육에서 본인의 수준에 맞는 교육을 받는 데 어려움이 있다. 그러므로 프로그램 간의 협력을 통하여 지원을 향상시켜야만 학생들의 이해와 적응을 향상시킬 수 있다.

연방정부의 다문화 교육을 위한 지원은 입법화를 통하여 법적 근거를 마련하고 이를 토대로 기금을 조성하여 학교와 도움이 필요한 집단에 제공하는 형태를 취한다. 운영에 있어서도 연방정부가 직접적으로 기금을 행사하기도 하지만, 주정부나 위원회를 통하여 간접적으로 필요한 곳을 도와주는 형식으로 운영되고 있다.

2) 주정부의 정책

주정부는 교육에 대한 헌법적 권한을 가지고 있기 때문에 균등한 교육 기회 제공을 넘어서 실제적인 실행을 할 수 있다. 주정부는 공립학교를 위한 교육과정 내용 규정과 교재 선택을 통제할 수 있다. 그러므로 주정부는 전 학년과 교사교육 프로그램에 다문화 교육을 포함시킬 것을 독려하거나 필요조건으로 할 수 있다. 연방정부는 이중언어 교육, 여성 평등, 인디언, 장애 학생들을 위하여 직접 지역 학교구나 대학에 기금을 제공하기도 하지만, 대부분은 연방기금이 주정부로 지원된다. 이 경우 주정부는 연방정부의 수행을 돕게 된다.

골닉(Gollnick, 2001)은 루이지애나, 뉴햄프셔, 테네시 주를 제외한 47개 주정부의 입법, 정책, 지침서를 모아서 검토하였는데, 47개 주 중에서 45개 주가 다문화 교육과 관련된 최소한의 필요조건을 제시하였다. 콜로라도와 노스캐롤라이나가 다문화 관련 필요조건을 제시하지 않았고, 사우스캐롤라이나는 최소의 필요조건만을 제시하였다. 주정부에 따라 다문화 교육의 입법과 정책이 다양한 것은 각 주의 민족 구성의 다양성과 관련이 있다. 예를 들어, 이중언어 교육의 필요는 히스패닉 인구가 많은 주에서는 대부분 있는 것으로 나타났다. 인디언 연구에 대한 교육과정은 인디언 인구가 많은 주에서는 필수 요건으로

되어 있다. 다문화 내용이 필수 요건이 되는 것은 각 주 소수민족의 노력의 결과다. 1992년 인구조사에 따르면 아이오와, 메인, 뉴햄프셔 등 5개 주가 백인 인구 비율이 95%가 넘는 것으로 나타났고, 14개의 주도 90% 이상이 백인인 것으로 나타났다(U.S. Bureau of Census, 1992).

골닉(2001)은 1993년에 행한 연구에서 35개 주가 정책과 법규에 민족, 인종, 문화 집단이라는 표현을 언급하였고 몇몇 경우만이 학생과 예비교사가 다양한 문화를 이해할 것을 기대한다고 표현하고 있다. 21개 주가 최소한의 다문화 필수 요건을 언급하고 있고, 대부분은 다양한 소수 집단의 문화에 대한 지식과 이해를 필요조건으로 하는 것으로 나타났다. 10개의 주정부 중 하나인 뉴욕에서는 아동권리를 위한 뉴욕위원회 입안으로 "모든 아동은 그들의 문화, 인종, 사회계층, 모국어에 관계없이 교육을 받을 권리를 가지고 있다."라고 언급하였다. 또한 초 · 중등학교 학생의 목표 중 하나는 "각 학생은 다른 인종, 성별, 능력, 문화 유산, 종교, 정치, 경제, 사회계층의 사람들을 이해하고 인정하고 협력하며 그들의 가치, 신념, 태도를 이해하고 인정할 수 있는 능력을 키워야 한다."라고 기술하였다.

20개 주는 사회계층에 관하여 언급하고 있다. 매사추세츠 주는 교사는 학생의 나이, 발달 수준, 성별, 인종, 민족, 언어, 사회적 배경, 학습 양식과 요구에 따라 적절한 언어를 사용하며 분명하고 이해할 수 있게 의사소통을 해야 할 것을 필요 요건으로 하고 있다(Massachusetts Board of Education, 1990). 성별과 관련된 언급은 22개 주에서 나타나는데, 뉴욕과 캘리포니아 주가 남녀 평등을 제공하기 위해 학교와 교사를 도와줄 수 있는 몇 가지 문서를 제시하였다. 언어는 교육과정 및 수업과 관련하여 관심을 받는 항목이다. 22개 주가 언어에 관심을 가지고 있으며, 많은 주들이 영어 능력 부족 학생과 이중언어 교육에 집중하고 있다. 뉴욕은 10학년 전까지 모든 학생이 제2외국어를 공부할 것을 필요조건으로 하고 있다. 장애 학생과 관련해서는 17개 주에서 언급하고 있는데, 이들은 다른 문화 집단과 함께 포함되어 언급된다. 11개 주는 교육과정에 종교와 관련하여 언급하고 있다. 전체적으로 서부와 중서부 주들이 남부와 북부의 주보다는 소수 집단의 권익에 대한 사항을 입법화시키고 있는 것으로 나타났다(Gollnick, 2001).

미국은 교육에 있어 주정부마다 다른 교육 체계와 법령을 가지고 있고 자율적, 독자적으로 교육이 운영되고 있다. 주의 주민 구성원의 특성과 상황에 따라 다문화 교육에 대한 인식 정도가 상이하게 나타나고 이에 따라 초·중등 교육과정과 교사 교육과정에 다문화 교육에 대한 적용이 다양하게 나타나고 있음을 알 수 있다.

4. 미국의 다문화 교육과정

1) 다문화 교육 이론의 분류

많은 학자들이 소수 문화에 대한 민족지학 연구와 경험적 연구에 근거하여 다양한 다문화 교육의 모형을 제시하였다. 깁슨(Gibson, 1976)은 처음으로 다문화 교육의 다양한 접근법을 조직하기 위한 개념적이고 발전적인 기본 틀을 제공하였다. 다섯 가지 접근법은 민족성에 근거한 문화적 다원론을 가르치기 위한 교수법 저서에 근거하여 나누어졌다. 첫 번째는 문화 간의 이해를 돕기 위한 다문화 교육(multicultural education for cross-cultural understanding)으로, 서로 다른 권리와 다른 문화 구성원의 요구를 확인하고 서로 존중하는 교수 전략을 강조하는 단계다. 두 번째는 문화적으로 응답하는 교육(culturally responsive education)으로 초등학교와 중등학교 교육과정 내용에 수업 매개로서 소수 집단 문화를 포함하여 소수 집단에 대한 학습을 증진시키는 단계다. 세 번째는 이중문화 교육(bicultural education)으로, 이중언어 교육 프로그램과 관련되어 있으며 주류문화의 언어와 다른 기술적 기능을 가르침과 동시에 소수민족 학생의 문화, 언어, 정체성을 강화하도록 고안된 단계다. 네 번째는 교육의 문화적 다원주의(cultural pluralism in education)로, 민족 집단의 정체성을 유지·고양시키고 소수민족 집단의 사회적, 정치적, 경제적 참여를 증가시키는 단계다. 다섯 번째는 인간 경험으로서의 다문화 교육(multicultural education as the normal human experience)으로, 개인이 다문화 사회에 완전하게 참여할 수 있게 되는 단계다. 즉, 이는 학생들이 일상적인 교육 경험의 부분으로 문화적 문맥에 다양성을 적용할 수 있도록 배우게 되는 것을 의미한다. 이러한 그녀의 분류는 다문화주의자들이 포용하고 옹호하는 이론으로서 다문화 교육을 가르치기 위한 교수 전략으로 사용될 수 있다(Gay, 2001).

뱅크스(2001)는 다문화 교육의 저서를 분류하는 기준으로 다섯 가지의 기본 틀을 제시하였는데, 내용 통합, 지식 구성과정, 편견 제거, 평등교육, 학교 문화와 사회 구조에의 권한 부여다. 첫 번째로 내용통합(content integration)은 교사가 과목의 중요 개념, 원리, 일반화, 이론을 보여 주기 위해 다양한 문화 집단으로부터의 예시, 자료, 정보를 사용하는 단계다. 대부분의 학교구나 저명한 저서에서도 다문화 교육은 내용통합의 수준이 일반적이다. 내용통합의 저서들은 어떤 정보가 교육과정에 포함되어야 하는지, 현존하는 교육과정과 어떻게 통합될 수 있는지, 교육과정의 어느 부분에 삽입되어야 하는지(별도 과목으로 가르칠지 혹은 중핵 교육과정으로 가르칠지)에 중점을 둔다. 또 다른 중요한 문제는 민족 내용이 모든 학생을 위한 것인지, 아니면 주로 소수인종의 학생만을 위한 것인지에 대한 결정이다. 역사적 발전에 있어서 내용통합 운동은 윌리엄스(1882~1883)의 역사적 저서로부터 시작한 초기 민족 연구에서 1960년대까지의 민족 연구로 이어진다.

두 번째는 지식 구성과정(knowledge construction process)으로 사회, 행동, 자연 과학자들이 지식을 창조하고 지식이 형성되는 방식에 영향을 미치는 원리 안에 함축된 문화적 가정, 창조의 틀, 관점, 편견의 절차를 묘사하는 단계다. 지식 구성과정은 교실에서는 교사가 학생이 어떻게 지식을 창출하고, 그 지식이 어떻게 개인과 집단의 인종, 민족, 사회계층에 의해서 영향을 받는지 이해하도록 도와주는 것이다. 주류 사회 학자들에 의해 만들어진 지식 구성과정의 지배적인 패러다임과 관점은 1960년대와 1970년대의 개혁학자들에 의해 도전을 받게 된다.

세 번째로 다문화 교육의 편견 감소(prejudice reduction) 차원은 학생들이 좀 더 민주적인 태도와 가치를 가지도록 돕는 전략을 제안하고 학생들이 가지는 인종에 대한 태도 특성을 기술하는 것이다. 연구자들은 1920년대 이후로 학생들의 인종에 대한 태도를 연구해 왔다(Lasker, 1929). 1940년대와 1950년대의 집단 간 교육운동의 많은 학자들은 학생들이 좀 더 긍정적으로 인종에 대한 태도와 가치를 가지도록 프로그램을 개발하였다. 편견 감소는 아동의 인종에 대한 태도와 자아정체감 인식 부분, 학생의 인종 태도의 수정 부분의 두 부분으로 나누어진다. 연구에 의하면 인종에 대한 인식은 3세부터 시작된다고 한다(Ramsey, 1987). 클락스와 클락스(Clarks & Clarks, 1939, 1950)에 따르면 아동은 인종 차이에 대한 정확한 지식을 가지고 있으나, 때때로 자신의 인종에 대해서는 부정확한 지식을 가지고 있으며 종종 백인에 대한 선호를 나타낸다. 이는 아프리칸계 미국 학생이 자기 자신을 거부하는 하나의 예가 된다고 하였다. 그러나 스펜서(Spencer, 1987)는 아프리칸계 미국 학생이 백인 편견의 선택을 하는 것은 그들 자신을 거부하거나 낮은 자아 개념 때문이 아니라 사회로부터 인지과정을 통하여 학습된 결과 때문이라고 주장한다. 학생의 인종 태도 수정에 대한 대부분의 연구는 교육과정의 자료와 개입이 학생의 인종 태도에 긍정적인 영향을 미치는 것으로 나타났다. 뱅크스(1991)는 교육과정의 개입에 대한 효과 연구를 종합하여 다음과 같이 결론을 내렸다.

> 교육과정 개입은 학생이 좀 더 긍정적인 인종 태도를 형성하는 데 도움을 줄 수 있으나 이러한 개입의 효과는 일관적이지 않다. 이러한 비일관성은 태도 변화를 측정하는 다른 측정 도구의 사용 때문이거나 개입의 기간이 다르기 때문이다(p. 464).

네 번째는 평등교육(equity pedagogy)으로 교사가 다양한 인종, 민족, 사회계층의 학생들의 학문적 성취를 도와주는 기법과 방법을 사용하는 단계다. 교사가 소수인종의 학생과 저소득 계층의 학생을 도와주기 위해 사용한 전략은 시대에 따라 다양하다. 1960년대 초기에는 문화박탈 패러다임이 발전하였다(Bloom, Davis, & Hess, 1965). 문화박탈 이론가들은 교육개혁은 학생의 초기 사회화 경험을 신장시킴으로써 변화가 이루어진다고 믿었다. 문화박탈 이론가들은 학교는 저소득층 학생이 성장 초기 가족과 사회의 경험에서 야기된 결핍을 극복하도록 도와야 한다고 생각하였다. 저소득층 학생에 대한 결핍을 강조하는 이론은 종종 이러한 학생들의 장점을 간과하게 되는 결과를 낳게 되었다. 또한 학생 결핍의 강조는 학교가 구조적으로 변화하여야 하는 부분에 대해서는 관심을 두지 않았다. 문화차이 이론은 문화박탈 이론과 대립되는 것으로 저소득 계층 학생의 학교에서의 학문적 실패 원인에 대해 문화박탈 이론과 다른 설명을 한다. 문화차이 이론은 이러한 학생들은 학교에서 심각한 문화적 갈등을 경험하기 때문에 실패한다고 주장한다. 이러한 학생들이 가지고 있는 풍부한 문화와 가치가 학교에서의 주류문화와 심각한 갈등을 경험하기 때문이라는 것이다. 문화박탈 이론은 변인으로 민족문화에 관심을 두지 않고 사회계층과 문화 빈곤에 중점을 두는 반면, 문화차이 이론은 사회계층에는 별로 관심을 두지 않고 민족문화를 강조한다. 문화차이 패러다임이 1970년 후반과 1980년 초반에 민족 집단 연구로 풍미하였으나, 1980년 후반부터 문화 박탈 개념이 '위기에 처한(at risk)' 이라는 새로운 형태의 개념으로 부활하였다(Richardson et al., 1989). '위기에 처한' 이라는 개념이 널리 퍼진 이유 중에 하나는 주정부와 연방 정부의 교육협회가 이 개념을 사용하면서 기금을 제공하였기 때문이다. 또 다른 이유는 이 용어가 정치적으로 널리 알려졌는데 학교에서 문제를 경험한 모든 학생 집단에 사용될 수 있기 때문이다.

다섯 번째 단계는 학교 문화와 사회 구조에의 권한 부여(empowering school culture)로 앞의 네 가지 차원이 문화 혹은 사회 체제 측면인 학교와 관련이 있지만, 이 단계는 학교를 형식적 · 비형식적 교육과정, 교수 자료, 상담 프로그램, 교수 전략보다 더 큰 하나의 사회체제로 개념화한다. 학교 문화와 사회 구조에 권한을 부여한다는 개념은 학교의 문화와 조직을 재조직하여 다양한 인종, 민족, 사회계층 출신의 학생이 교육 평등과 문화적 권한 부여를 경험하게 되는 것을 의미한다(Cummins, 1986). 이러한 운동은 콜먼 등(Coleman et al., 1966)과 젠크스 등(Jencks et al., 1972)의 연구 결과에 대한 반동으로 등장하였다. 그들의 연구 결과는 학생의 학문적 성취에 영향을 미치는 중요한 요인은 학생과 학교의 사회 계층이라는 것이다. 그러나 뱅크스(2001)는 많은 학교개혁 노력이 학교의 역할, 규정, 사회 사조가 개혁이 가능할 수 있는 기관으로 변화하지 않음으로 인하여 결국에는 실패하였다고 주장한다. 코머(Comer, 1988)는 학교의 사회심리학적인 분위기를 바꾸는 구조적 개입 모형을 개발하여 저소득, 도시 학생의 학문적 성취를 신장시키는 데 성공하였다. 그의 모형은 교사, 교장, 다른 학교 전문가가 협력적으로 학교에 대하여 결정을 내리고, 부모가 의사결정 과정에 참여하는 과정이다. 그의 모형은 뉴헤이번과 코네티컷에서 시작하여서 지금은 다른 미국 도시에서도 시행되고 있다.

이러한 유형학은 다문화 교육을 해석하고 유형화하는 데 유용한 기본 틀을 제공한다. 이러한 다섯 차원은 개념적으로 구분된 것으로 서로 유기적인 관계를 형성한다. 예를 들어, 내용통합은 교육과정에 인종이나 문화 집단의 내용을 통합하는 방법을 기술한다. 지식 구성과정은 교사가 학생이 어떻게 지식을 창조하고 어떻게 다양한 인종 집단과 문화 집단의 경험에 반영할 수 있는지를 도와주는 방법을 기술한 것이다. 내용통합은 필요하지만 지식 구성과정을 위한 충분조건은 되지 못한다. 예를 들어, 내용통합에서 교사는 멕시칸 미국인에 대한 내용을 학생들이 멕시칸 미국인의 관점으로 보지 않더라도 교육과정에 포함시킬 수 있다. 그러나 지식 구성과정은 내용통합 없이는 교육과정 안에 포함시킬 수 없다.

슬리터와 그랜트(Sleeter & Grant, 1988)는 다문화 교육의 일반화된 다섯 가지 기법을 분석하였다. 그들의 모형은 깁슨 모형의 구체적 범주나 기본 주제와 유사하다. 다문화 교육에 대한 다섯 가지 접근법은 뱅크스의 경우와 마찬가지로 저서 분석에 근거하여 나누어졌다. 다섯 가지 접근법은 문화적으로 다른 것을 가르치기, 인간관계, 단일 집단 연구, 다문화 교육, 다문화와 사회 재건을 위한 교육이다. 첫 번째 단계인 문화적으로 다른 것을 가르치기(teaching culturally different)는 가장 전통적이고 동화론적인 방법으로 깁슨의 문화 간 이해를 위한 다문화 교육과 유사한 개념이다. 이 단계는 주류 출신이 아닌 학생들에게 현존하는 구조에서 기능하는 데 필요한 인지적 기술, 언어, 가치를 가르치는 단계다. 이것은 '결핍 철학(deficit philosophy)'에 근거한 것으로 헤드스타트(Headstart)나 영어몰입 프로그램 같은 보상 프로그램의 형태로 나타난다. 교사의 역할은 소수 집단의 학생과 지배문화 간의 다리를 놓아 주는 것이다.

두 번째 단계는 인간관계(human relations)로 깁슨의 문화적으로 응답하는 교육과 유사하다. 이 단계는 문화 각성, 편견과 고정관념의 감소, 그리고 집단의 자아정체감과 자부심을 고양하도록 가르치는 다양한 교수 전략을 사용하여 집단 간의 조화를 신장하는 데 강조를 둔다. 기대되는 결과는 다양한 집단 간의 존중, 인내, 이해, 수용, 자기 존중, 집단과 개인의 독립성을 이해하는 것이다.

세 번째 단계는 단일 집단 연구(single-group studies)로 한 번에 한 집단에 대한 지식, 인식, 존중, 수용을 획득하는 데 강조점을 둔다. 분석 대상이 되는 집단은 민족성, 사회계층, 성별, 장애와 관련되어 있다. 학생들은 목표한 집단의 문화, 기여도, 억압의 형태와 함께 현재와 역사적 갈등, 관점, 경험을 배운다. 이 접근법에서는 학생이 활동적인 학습자로서 끊임없이 진실과 지식을 추구하고 자신의 학습을 반추한다.

네 번째 단계는 다문화 교육(multicultural education)으로 편견 감소, 평등한 교육 기회, 사회 정의, 문화 다양성의 인정을 강조한다. 단일 집단 연구와 다른 점은 동시에 다수의 집단, 전체적인 학교과정의 개혁, 모든 학생이 문화적으로 민감한 교육에 의해 수혜를 받을 수 있도록 하는 것이다. 교육과정 개혁의 중심이 개별 집단에서 집단을 아우를 수 있는 공통의 개념, 주제, 문제 관심으로 옮겨가는 것이다. 다문화 교육의 옹호자들은 문화의 다양화를 위해 학교 개혁에 필요한 개념적 틀, 경험적 배경, 사고방식, 학습 스타일을 가지고 있다. 그러므로 교육과정과 교수, 내용과 분위기, 인지와 감정, 문맥은 학교를 문화

다원주의로 변화시키는 데 필요한 요소다.

다섯 번째 단계는 다문화와 사회 재건을 위한 교육(education that is multicultural and social reconstructionist)이다. 미국이 인종, 계층, 성별, 능력 집단에 의해 사회경제적으로 어떻게 계층화되어 있는지를 이해하고, 학생들의 비판적 · 분석적 사고를 발전시켜 사회를 재건하기 위해서는 어떻게 사회적 조치에 참여하여야 하는지 가르치며, 학생 스스로 권한을 가질 수 있게 하여 자신의 목적을 조절할 수 있게 하는 것이다. 기대되는 결과는 모든 종류의 인종, 민족, 문화 집단의 불평등, 편견, 억압을 제거하기 위한 사회실천주의와 재건주의다. 이러한 변환은 모든 인간의 고유한 특성으로서의 집단 내, 집단 간의 다양성을 수용하는 것을 의미한다. 다문화 교육의 재건주의적 측면은 깁슨(1976)의 인간 경험으로서의 문화적 다양화와 맥을 함께한다. 뱅크스(1992)는 사회 재건에서의 교육과정의 기능을 다음과 같이 묘사한다.

> 교육과정은 학생들에게 권한을 부여하도록 고안되어서 개인 본성을 바꾸어 효과적으로 개인적, 사회적, 정치적, 경제적 행동에 대해 스스로 결정하고 그 결정을 반추할 수 있는 사회적 비판가가 되는 데 필요한 지식, 기술, 가치를 가지도록 도와주어야 한다. 변형적 교육과정은 학생이 과거, 현재, 미래에 대한 자신의 소견을 가지고, 문화적, 민족적, 사회계층적 집단의 관점으로부터 인간 경험을 조망하여 미국과 세계의 인간 경험을 다시 생각하고 재개념화할 수 있도록 도와주어야 한다(p. 159).

2) 다문화 교육과정 개발을 위한 모형

다문화 교육은 하나의 입장에 얽매이지 않는 영역이기 때문에 이론가들은 그들 자신의 방법을 위하여 다양한 개념적 모형을 사용한다. 뱅크스(1991)와 베넷(Bennett, 1990)은 다문화 교육에서의 반인종주의와 편견감소 이론을 발전시키기 위하여 올포트(Allport, 1958)의 편견의 본성과 사회적 접촉 이론을 언급하였다. 게이(1985)는 다문화 문맥 안에 민족적 자아정체감 모형을 설계하였는데, 에릭슨(Erikson, 1968)의 사회발달심리학을 기초로 삼았다(Gay, 2001). 슬리터와 그랜트(1988)는 비판적 이론 전통에서 다문화 교육을 개념화하였다. 그러나 이러한 모형들은 다문화 전체를 포용하기보다는 부분을 보여 주고 상세한 세부 사항을 제시하지는 못하였다. 그러므로 다문화 교육의 모형은 최소한의 모형, 부분적 모형 혹은 윤곽의 모형으로 간주하는 것이 적절하다.

베넷(1990)은 1948년 미국 인권선언과 인디언의 전통적 철학으로부터 국제적 다문화 관점을 위한 모형(model for global and multicultural perspective)의 핵심 가치를 만들었다(Gay, 2001). 네 가지 주요 민주주의 가치는 ① 문화 다양성 수용, ② 인간존엄의 존중, ③ 국제 사회 존중, ④ 지구 존중이다. 이러한 가치는 가정을 명백히 할 수 있는 지침을 제공하고 교육의 다문화와 국제화 측면을 전달하는 중요 목표에 근간을 제공해 준다. 목표들은 인종주의와 다른 형태의 억압과 투쟁하고, 지구 현상에 대해 인식하고, 사회 활동 기술을 획득하는 데 필요한 다양한 역사적 관점, 문화 인식, 다문화 간의 경쟁력에 강조를 둔다. 목표와 가치 간의 역동적 관계는 다문화와 국제화, 인권, 이해, 정의, 평등에 대한 공통의 관심을 나타내는 것이다.

게이(1979)는 일반 교육과 다문화 교육과정 계획 간의 상호관계를 제시하기 위하여 통합된 다문화 기본 기능(Integrative Multicultural Basic Skills: IMBS) 모형을 만들었다. IMBS 모형은 상호 보완적이고 상호 역동적인 세 개의 동심원으로 구성되어 있다. 첫 번째 원은 교육과정 결정의 중심(core)을 나타낸다. 문해, 비판적 사고, 문제 해결, 과목 구체적 기법 등 학교에서 일상적으로 가르치는 일반적인 기본 기술을 의미한다. 두 번째 원은 교육자들이 교육과정 생성에 있어 필수적인 활동(activities)을 포함한다. 이것은 학생의 요구 결정하기, 수업의 내용과 자료 선택하기, 학생의 활동과 교수행동 확인하기, 수행 평가 도구와 기법 선택하기 등을 포함한다. 세 번째 원은 다문화 자원(multicultural resource)이다. 다문화 자원은 문화다원론적 기여, 관점, 경험, 역사, 문화 등을 의미하며, 모든 학생들에게 기본 능력을 가르치기 위해 필요한 교육과정 계획과 모든 수행 결정에 생태학적인 환경과 참조의 지침을 제공한다. IMBS 모형이 수업 프로그램을 계획하고 수행할 때 사용된다면, 학생은 기본 학문 기능을 배우는 데 성공하기 위해 문화다원론에 대해 이해해야 한다. 왜냐하면 문화다원론이 기본 기능 습득을 하기 위한 문맥과 본문의 역할을 하기 때문이다. 예를 들어, 이들 세 원들의 관계를 문해와 관련하여 연관시켜 본다면 문해 내용(중심)이 다문화적 요소를 띠고 있고, 문해를 가르치기 위해서는 다양한 학생의 요구와 적절한 교수방법(활동)을 선택해서 가르쳐야 하기 때문에, 다문화 자원은 자연스럽게 두 개의 원과 맞물리게 된다. 이들 간의 관계를 도표로 나타내면 [그림 5-1]과 같다.

뱅크스(1993a)는 초등학교와 중등학교 교육과정에 민족 내용을 통합하여 학생들에게 민족 집단에 대해 가르치기 위하여 네 가지 접근법을 제시하였다. 그것은 기여적, 부가적, 전환적, 사회적 활동 접근법이다. 기여적(contribution) 접근법은 영웅, 명절, 특별한 문화적 요소에 강조를 두는 것이다. 예를 들면, 미국에서 음력설(Chinese New Year)에는 중국을 비롯한 아시아의 명절에 관해 공부

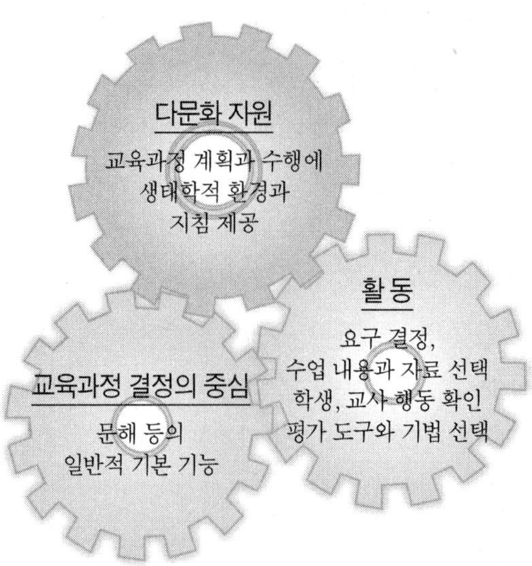

[그림 5-1] 통합된 다문화 기본 기능 모형(IMBS)

하는 것이다. 부가적(additive) 접근법은 교육과정의 기본 구조는 변경하지 않고 민족적 내용, 주제, 관점을 교육과정에 부가하는 것이다. 전환적(transformation) 접근법은 교육과정의 구조를 바꾸어서 학생들이 다양한 민족과 문화 집단의 관점에서 개념, 문제, 사건, 주제를 볼 수 있게 하는 방법이다. 학생들에게 다양한 관점에서 관찰에 근거한 비판적이고 타당한 일반화를 개발하도록 격려한다. 그리고 사회적 활동(social action) 접근법은 학생들이 중요한 사회 문제를 결정하고 그것을 해결하기 위해 행동을 취하는 것이다.

뱅크스는 다문화 교육과정 개혁에 대한 접근법을 계층적 구조로 설명하였다. 1단계와 2단계인 기여적 접근법과 부가적 접근법은 다른 문화를 가진 사람들의 행동을 설명하는 데 주류문화의 규정과 가치를 고수하는 반면, 3단계와 4단계인 전환적 접근법과 사회적 활동 접근법은 교육과정 개혁에 있어 주류문화의 규정과 가치를 벗어나서 각자의 문화를 존중하는 보다 높은 수준의

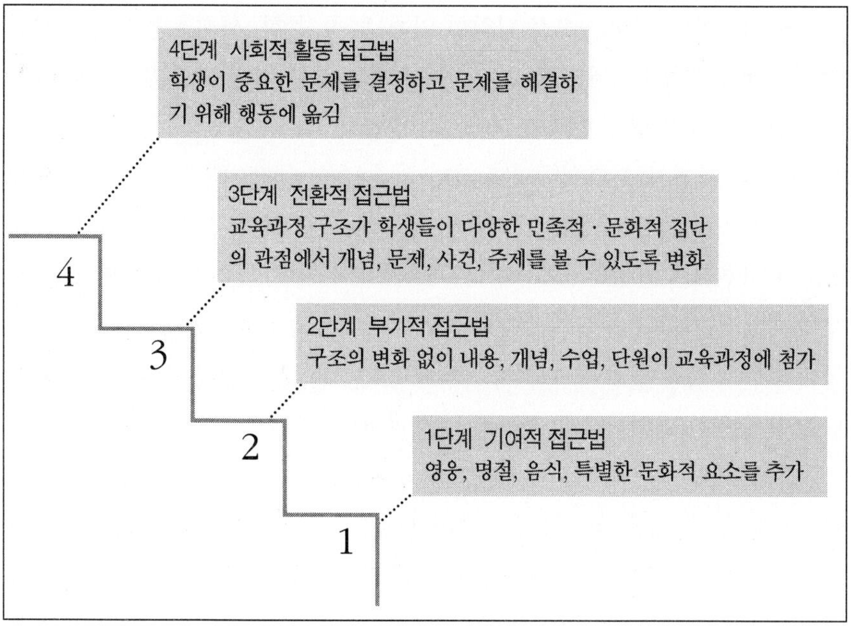

자료: Banks(1993a).

[그림 5-2] 다문화 교육과정 개혁 접근법

개혁을 의미한다(장인실, 2003). 대부분의 미국 초·중등과 대학의 교사 교육은 구조를 변화시키지 않고 교육과정에 개념, 내용, 강의를 부가하는 2단계의 부가적 접근법 수준에 머물러 있다. 이를 도표로 나타내면 [그림 5-2]와 같다.

5. 앞으로의 과제

처음으로 다문화 교육의 개념이 시작된 미국의 현황과 과제를 살펴보기 위하여, 다문화 교육의 개념, 다문화 교육의 역사, 다문화 교육의 정책, 다문화 교육의 일반적 모형과 다문화 교육과정 개발 모형으로 나누어서 살펴보았다. 미국에서의 교육 평등과 모든 학생을 위한 수월성 교육은 교육과정의 측면에서 문화다원주의와의 융합 없이는 이루어질 수 없다. 이러한 과정에서 교육과정은 중요한 기능을 수행하여 다문화 교육이 교육으로 스며들 수 있는 강력한 통로를 제공한다. 결과적으로 다양한 인종, 민족, 문화, 사회계층 출신 학생들이 학교에서 성공하기 위해서는 다문화 교육 사상과 특정 요소를 교육과정 개발을 통한 구체적 실천 형태와 연관시켜야 한다.

미국과 세계가 문화다원주의로 가기 위한 중요 원칙, 개념, 관심, 교육체제가 변화되어야 하는 방향에 대해서는 다문화 연구 학자 간에 상당한 수준의 합의가 이루어지고 있다. 그러나 다문화 교육의 의미, 강조점, 구성된 집단 성향에 대해서는 학자 간의 의견이 분분하다(Gay, 2001). 이는 다문화 교육이 미국에서 현재 가장 활발히 연구가 이루어지고 있는 분야 중에 하나이지만 아직도 연구해야 할 영역이 많은 분야임을 의미한다.

문화적으로 다른 학생들이 성공하기 위해서는 다문화 교육과 일반 교육을 연계시켜 줄 수 있는 추가적인 연구가 필요하다. 그러한 연구 영역은 교수법과 학습 양식 일치하기, 교육이 실행될 때 평등, 자유, 정의의 민주적 원리를 확대하기, 자기 결정을 통한 학생의 권한 부여, 개인의 능력과 사회정치적 효능감 신장하기, 기본 문해력와 과목에 대한 기능을 증대하기, 문화적으로 구체적인 대안 자료 이용하기 등이다. 교육 실행가와 연구자들은 이러한 것을 각자 행동으로 옮기기 전에 이러한 원리의 행동 차원을 구체화시키기 위하여 서로 협력해야 한다. 실제적으로 다문화 교육을 수행할 것인지의 여부는 교육자들이 다문화 교육을 얼마나 조작적으로 이해하고 있는지에 따라 직접적으로 반영할 수 있는가가 결정된다. 그러므로 다문화 교육에 대한 좀 더 분석적이고 실천적인 연구가 미래의 다문화 교육을 성장, 융합, 발전시킬 수 있을 것이다.

현재 한국은 몇몇 학자들에 의해 다문화 교육에서 첫걸음을 떼는 시기에 있다. 현대와 같은 세계화와 국제화 시대에 단일민족에 대한 자부심을 강조하기보다는 변화하는 한국 사회에 대응할 수 있으며 다양한 집단의 특색을 받아들일 수 있는 열린 마음을 기르도록 학생과 교사들을 교육하는 것이 중요하다. 다양성을 더해 가고 있는 한국 사회에 무엇보다도 필요한 것은 다문화 교육이다. 다문화 교육은 인종뿐만이 아닌 다양한 문화 집단에 속해 있는 서로 다른 사람들의 상호 이해와 평등 관계를 중시하고, 서로 다른 집단의 문화를 동등하게 가치 있는 것으로 인식하며, 학생들이 자신이 속해 있지 않은 다른 문화에 대한 편견을 줄이고 다양한 문화를 올바르게 이해하기 위한 지식, 태도, 가치 교육을 제공하는 것이다. 세계화, 다문화된 사회가 된다는 것은 세계를 하나의 기준으로 통일한다는 것이 아니라 다양한 기준이 상호 소통하며 공존하도록 하는 것이다. 그러기 위해서는 한국에서도 다문화 교육이 학교 교육과정 속에 나타나야 한다.

뱅크스(1993a)의 다문화 교육과정 개발 모형에서 나타나듯이, 미국의 경우에도 아직까지 다문화 교육은 교육과정의 개발에 있어서 기여적, 부가적 수준에 머물러 있다. 한국의 경우에는 사회과에서 세계 문화에 대해서 피상적으로 배우는 것 외에는 다문화적인 요소가 교육과정 안에 거의 포함되지 못하고 있다. 한국에서의 초기 다문화 교육도 기여적 수준인 자신과 다른 소수 집단의 문화를 지식으로 획득하는 것이 필수조건은 되지만 다문화 교육을 위한 충분조건은 되지 못함을 인식해야 한다. 전술한 모형들이 제시하는 바와 같이, 다양한 집단 문화에 대한 지식적인 요소와 함께 소수 집단에 대한 인식 전환이 다문화 교육의 중요한 부분이다. 그러기 위해서는 학교 교육과정이 단순히 기여적, 부가적 수준에서 머물기보다는 전환적, 사회적 활동 접근법으로 다가가야 하며, 전 교과에 다문화적 요소가 용해될 수 있도록 교육과정 학자와 관련 교과 간의 긴밀한 협조가 요구된다.

참/고/문/헌

김선미(2000). 다문화 교육의 개념과 사회과 적용에 따른 문제. **사회과 교육학연구**, 4, 63-81.

김종호(2003). 미국 사회과 교육의 최근 동향. **한국초등교육**, 14(2), 131-151.

박은덕(1995). 미국의 다문화 미술 교육. **조형교육**, 5, 5-14.

양옥승(1997). 유아교육과정 연구의 재개념화 III: 다문화주의의 적용. **교육연구**, 5, 49-66.

장인실(2003). 다문화 교육이 한국 교사 교육과정 개혁에 주는 시사점. **교육과정연구**, 21(3), 409-431.

장인실(2006). 미국 다문화 교육과 교육과정. **교육과정연구**, 24(4), 27-53.

지방행정종합정보공개시스템(2007). www.laiis.go.kr

한국교육개발원(2004). 교육소외 집단의 교육실태와 복지대책. KEDI 교육정책포럼 세미나 자료.

Allport, G. (1958). *The nature of prejudice*. Garden City, NY: Doubleday.

America Association of Colleges for Teacher Education (1973). *No one model American*. Washington, DC: Author.

Baker, G. (1977). Multicultural education: Two reservice approaches. *Journal of Teacher Education, 28*, 31-33.

Banks, J. A. (1973). *Teaching ethnic studies: Concepts and strategies*. Washington, DC: National Council for the Social Studies.

Banks, J. A. (1988). *Multiethnic education: Theory and practice.* Boston: Allyn and Bacon.

Banks, J. A. (1991). Multicultural education: Its effects on students' ethnic and gender role attitudes. In J. P. Shaver (Ed.), *Handbook of research on social studies teaching and learning* (pp. 459–469). New York: Macmillan.

Banks, J. A. (1992). Multicultural education: Approaches, development, and dimensions. In J. Lynch, C. Modgil, & S. Modgil (Eds.), *Cultural diversity and the schools, Vol. 1, Education for cultural diversity: Convergence and divergence* (pp. 83–94). London: The Falmer Press.

Banks, J. A. (1993a). Approaches to multicultural curriculum reform. In J. A. Banks & C. A. M. Banks (Eds.), *Multicultural education: Issues and perspectives* (pp. 195–214). Boston: Allyn and Bacon.

Banks, J. A. (1993b). Muticultural education: Characteristics and goals. In J. A. Banks & C. A. M. Banks (Eds.), *Multicultural education: Issues and perspectives* (pp. 3–28). Boston: Allyn and Bacon.

Banks, J. A. (2001). Multicultural education: Historical development, dimensions, and practice. A. J. Banks & M. C. Banks (Eds.), *Handbook of research on multicultural education* (pp. 3–24). California: Jossey–Bass, Inc. Publishers.

Banks, J. A., Cortes, C. E., Gay, G., Garcia, R. L., & Ochoa, A. S. (1976). *Curriculum guidelines for multiethnic education.* Washington, DC: National Council for the Social Studies.

Bates, P. (1990). Desegregation: Can we get there from here? *Phi Delta Kappa, 72*(1), 8–17.

Bennett, C. I. (1990). *Comprehensive multicultural education: Theory and practice.* Boston: Allyn and Bacon.

Bloom, B. S., Davis, A., & Hess, R. (1965). *Compensatory education for cultural deprivation.* New York: Holt.

Clark, K. B., & Clark, M. P. (1939). The development of consciousness of self and the emergence of racial identification in Negro preschool children. *Journal of Negro Education, 8,* 161–163.

Clark, K. B., & Clark, M. P. (1950). Emotional factors in racial identification and preference of Negro Children. *Journal of Negro Education, 19*, 341–350.

Coleman, J. S., Campbell, E. G., Hobson, C. J., McPartland, J., Mood, A. M., Weinfeld, F. D., & York, R. L. (1966). *Equality of educational opportunity*. Washington, DC: U.S. Government Printing Office.

Comer, J. P. (1988). Educating poor minority children. *Scientific American, 259*, 42–48.

Cubberly, E. P. (1909). *Changing conceptions of education* (pp. 15–16). Boston: Houghton Mifflin.

Cummins, J. (1986). Empowering minority students: A framwork for intervention. *Harvard Educational Review, 56*, 18–36.

DuBois, W. E. B. (1935). *Black reconstruction*. New York: Harcourt, Brace.

Erikson, E. H. (1968). *Identity, youth, and crisis*. New York: Norton.

Garcia, R. L. (1978). *Fostering a pluralistic society through multi–ethnic education*. Bloomington, Ind: Phi Delta Kappa.

Gay, B. (1985). Implications of selected models of ethnic identity development for educators. *Journal of Negro Education, 54*, 43–55.

Gay, G. (1971). Ethnic minority studies: How widespread? How successful? *Educational Leadership, 29*, 108–112.

Gay, G. (1979). On behalf of children: A curriculum design for multicultural education in the elementary school. *Journal of Negro Education, 48*, 324–340.

Gay, G. (2001). Curriculum theory and multicultural education. A. J. Banks & M. C. Banks (Eds.), *Handbook of research on multicultural education* (pp. 25–43). California: Jossey–Bass, Inc. Publishers.

Gibson, M. A. (1976). Approaches to multicultural education in the United States: Some concepts and assumptions. *Anthropology and Education Quarterly*, 7, 7–18.

Gollnick, M. D. (2001). National and state initiatives for multicultural education. A. J. Banks & M. C. Banks (Eds.), *Handbook of research on multicultural education* (pp. 44–64). California: Jossey–Bass, Inc. Publishers.

Grant, A. C., & Tate, F. W. (2001). Multicultural education through the lens of the multicultural education research literature. A. J. Banks & M. C. Banks (Eds.), *Handbook of research on multicultural education* (pp. 145–168). California: Jossey–Bass, Inc. Publishers.

Grant, C. A. (1973). Black studies materials do make a difference. *Journal of Educational Research, 66*, 400–404.

Grant, C. A. (1977). *Multicultural education: Commitments, issues, and applications.* Washington, DC: Association for Supervision and curriculum Development.

Grant, C. A. (1978). Education that is multicultural: Isn' t that what we mean? *Journal of Teacher Education, 29*, 45–48.

Grant, L. (1993). Race and schooling of young girls. In J. Wrigley (Ed.), *Education and gender equality* (pp. 91–114). London: Falmer Press.

Gutierrez, A. R. (2001). Historical and social science research on Mexican Americans. A. J. Banks & M. C. Banks (Eds.), *Handbook of research on multicultural education.* California: Jossey–Bass, Inc. Publishers.

Jencks, C., Smith, M., Acland, H., Bane, M. J., Cohen, D., Gintis, H., Heyns, B., & Michelson, S. (1972). *Inequality: A reassessment of the effect of family and schooling in America.* New York: Basic Books.

Klassen, F. H., & Gollnick, D. M. (1977). *Pluralism and the American teacher: Issues and case studies.* Washington, DC: Ethnic Heritage Center for Teacher Education of the American Association of Colleges for Teacher Education.

Lasker, B. (1929). *Race attitudes in children.* New York: Oxford University Press.

Leonard, P., & Leonard, L. (2006). Teachers and tolerance: Discriminating diversity dispositions. *The Teacher Educator, 42*(1), 30–62.

Massachusetts Board of Education, Massachusetts Department of Education (1990). *Amended regulations for the certification of educational personnel.* Quincy: Author.

Mayo–Smith, R. (1904). *Emigration & Immigration* (p. 78). New York: Scribner.

Nieto, S. (1986). *Affirming diversity.* New York: Longman.

Nieto, S. (1992). *Affirming diversity: The sociopolitical context of multicultural education.* New York: Longman.

Ramsey, P. G. (1987). Young children' s thinking about ethnic differences. In J. S. Phinney & M. J. Rotheram (Eds.), *Children' s ethnic socialization: Pluralism and development* (pp. 56–72). Beverly Hills, CA: Sage.

Ramsey, P. G., Vold, E. E., & Williams, L. R. (1989). *Multicultural education: A source book*. New York: Garland Publishing.

Richardson, V., Casanova, U., Placier, P., & Guilfoyle, K. (1989). *School children at risk*. New York: The Falmer Press.

Robertson, R. (1992). *Globalization: Social theory and global culture*. London: Sage Publication.

Sleeter, E. C., & Grant, A. C. (1987). An analysis of multicultural education in the United States. *Harvard Educational Review, 57*(4), 421–444.

Sleeter, E. C., & Grant, A. C. (1988). *Making choices for multicultural education: Five approaches to race, class and gender*. Columbus, OH: Merrill.

Spencer, M. B. (1987). Black children' s ethnic identity of formation: Risk and resilience of caste-like minorities. In J. S. Phinney & M. J. Rotheram (Eds.), *Children' s ethnic socialization: Pluralism and development* (pp. 103–116). Beverly Hills, CA: Sage.

U.S. Bureau of census (1992). www.census.gov/statab/www/part1.html

U.S. House of Representatives. (1975). *A compilation of federal education laws as amended through December 31, 1974*. Washington, DC: U.S. Government Printing Office.

Wesley, C. H. (1935). *Richard Allen: Apostle of freedom*. Washington, DC: The Associated Publishers.

White, A. O. (1973). The black leadership class and education in antebellum Boston. *Journal of Negro Education, 42*, 505–515.

Williams, G. W. (1882–1883). *History of the Negro race in America from 1619 to 1880: Negroes as slaves, as soldiers, and as citizens*. New York: G. P. Putnam' s Sons.

Woodson, C. G. (1933). *The mis-education of the Negro*. Washington, DC: The Associated Publishers.

Woodson, C. G., & Wesley, C. H. (1922). *The Negro in our history*. Washington, DC: The Associated Publishers.

제6장

일본 다문화 교육의 현황과 과제*

1. 일본에서 다문화 교육을 생각하게 된 배경
2. 일본 다문화 교육의 현상
3. 일본 다문화 교육의 문제점
4. 일본 다문화 교육의 금후 과제와 전망

---

*) 이 글은 2006년 10월 25일 부산대학교 교육연구소가 주최한 학술대회 '다문화 교육의 현황과 과제' 에서 일본의 다문화 교육에 대해 보고한 내용에 주와 참고문헌을 달고 약간의 수정을 가한 것이다. 일본 다문화 교육의 성격조차 우리나라에 거의 알려져 있지 않은 상황에서 일본의 다문화 교육이라는 제목 아래 무엇을 포함시켜야 할 것인가에 대해 많은 고심을 했다. 그 결과, 일본의 주류문화에 속하지 않거나 그 구성원과는 다른 문화적 정체성을 가지고 있다고 생각되는 집단의 오늘날 교육에 이르기까지의 역사적 배경을 개괄적으로 제시하고, 일본의 다문화 교육의 문제점으로서 필자가 인식하는 바를 지적하였다. 이 글에 쓰인 많은 역사적 사실과 통계적 숫자는 다른 사람들의 학문적 성과를 원용한 것에 지나지 않는다. (가능한 한 그 출처를 밝혀 놓았다.) 다만 이들 자료를 선별해서 개념 및 문장을 고르게 하고, 글의 전체적 방향과 통일성을 부여하며, 문제점을 지적 · 논의한 것은 필자의 공헌임을 밝혀 둔다.

1. 일본에서 다문화 교육을 생각하게 된 배경[1)]

현재 일본에서는 외국인의 정주화가 진행되고 있으며, 외국인을 관광객이나 일시적 체재자보다 생활자 내지 지역 주민으로 인식해야 한다는 의견이 탄력을 받고 있다. 외국인 주민을 종합적으로 지원함과 동시에 지역사회의 구성원으로서 사회 참여를 촉진하는 시스템의 구축 또한 중요하다는 인식도 확산되고 있다. 이는 금후 일본의 총인구가 급속히 감소해 갈 것이고, 사회의 활력을 유지하기 위해서는 외국인을 포함한 모든 사람이 능력을 최대한 발휘할 수 있도록 하는 사회 조성이 불가결하며, 글로벌화의 진전에 따른 사람의 국제 이동을 막을 수 없다는 현실적인 판단에 의한 현상이다. 아무튼 새로운 지역사회의 모습으로서 국적과 민족의 차이를 넘은 '다문화 공생' 을 추진해 나갈 필요성이 일본에 요구되고 있는 것이다.

이러한 배경에서 일본 총무성 산하 '다문화공생의 추진에 관한 연구회' 는 지역의 다문화 공생을 "국적과 민족 등이 다른 사람들이 상호 문화적 차이를 인정하고 대등한 관계를 이루면서 지역사회의 구성원으로서 함께 살아가는 것" 으로 정의하고 있다. 일본 정부의 다문화 교육에 대한 관심은 다문화 공생 추진 프로그램 중 외국인 생활지원의 일환으로 나타난 것이라고 볼 수 있다.

1) 외국인 주민의 수와 비율

2004년 말 현재 일본의 외국인 등록자 수는 197만 3,747명으로 일본 총인구

1) 이 부분은 일본 총무성이 간행한 『多文化共生の推進に關する研究會報告書』(2006년 3월)를 참조, 발췌, 재구성하였다.

김동광(한국대학교육협의회 대외협력부장)

의 약 1.6%를 점한다. 외국인 등록자 수는 최근 10년간 약 46% 증가했다. 그 중에 활동에 제한이 없는 재류 자격을 가진 자가 129만 6,026명(이 중 특별 영주자는 46만 5,619명)으로 실질적인 이민이라고 할 수 있다. 또 재류 자격을 가지고 있지 않으면서도 일본 국내에 체재하는 외국인도 적지 않다. 초과 체재자(불법 잔류자)는 20만 7,721명으로 상당수는 외국인 등록을 하고 있지 않다.

외국인 등록자의 인구비를 지역별로 보면 동경도의 약 2.8%를 필두로 아이치현, 오사카부, 시즈오카현, 기후현, 군마현, 미에현, 교토부가 2%를 넘는다. 밀집 지역으로는 외국인이 약 16%에 달하는 군마현 오오이즈미마치를 비롯해 동경도 신주쿠구 등 10%에 가까운 지방자치체도 있다.

2) 외국인 주민 증가의 배경

1970년대까지 일본의 외국인 주민의 대부분은 재일 한국 · 북한인, 즉 제2차 세계대전의 종전 후부터 계속해서 일본에 재류한 한반도 출신자 및 그 자손들이었다. 그러나 1980년 이후 경제 활동의 글로벌화 진전에 따라 국경을 넘은 사람의 활동이 활발하게 되었다. 일본 정부가 중국 귀국자 및 인도차이나 난민을 받아들인 사실과 '유학생 받아들이기 10만 명 계획'에 따른 유학생의 대량 진입도 있어서 일본에 있어서의 외국인 주민의 수는 증가해 갔다.

더욱이 1990년에 '출입국관리 및 난민 인정법(入管法)' 개정에 의해 일본계 남미인의 유입이 촉진되었다. 특히, 브라질인들의 증가는 현저해서 아이치현, 시즈오카현, 군마현 등의 제조업이 왕성한 지역에 있어서는 최근 15여 년 사이에 간접 고용의 형태에 의한 수용이 점점 늘고 있다. 또 아시아를 중심으로 하는 여러 나라로부터 연수생, 기능연습생의 수용이 확대되고 있다. 이 같은 외국인 주민은 인구의 증가와 함께 다국적화가 진행되고 있다. 그리고 이러한 경위로부터 1980년대부터 증가한 소위 '뉴커머(newcomers)' 중에는 정주화(定住化)가 진행되고 국제결혼도 늘어 영주 자격과 일본 국적을 취득하는 이들도 증가해 갔다.

금후 일본은 본격적인 출생률 감소와 고령화의 진전에 의해 인구 감소의 시대를 맞아 일본의 노동력 인구가 크게 감소될 것으로 판단된다. 한편으로 필리핀과의 경제연휴협정(Economic Partnership Agreement: EPA)의 교섭에 따라 간호사, 개호(介護)복지사를 받아들이기를 검토하는 등, 여러 외국과의 EPA를 계기로 일본의 외국인 받아들이기가 더욱 확대될 가능성도 있다. 이러한 일본 국내외의 다양한 요인에 의해 외국인 주민의 증가가 가일층 예상된다.

3) 외국인을 둘러싼 문제

일본 정부가 1980년 전후로 '국제인권규약' 을 비준하고 '난민의 지위에 관한 조약' 에 가입함으로써 사회보장의 분야를 중심으로 하는 내외국인 평등이 어느 정도로 실현되었지만, 생활자로서의 외국인 주민은 오늘도 수많은 곤란을 안고 있다. 외국인 주민을 둘러싼 문제로는 우선 언어 문제가 있다. 특히, '뉴커머' 중에는 일본어를 이해 못하는 사람도 있고 일본어를 통한 의사소통이 곤란한 것으로 인해 여러 문제가 발생하고 있다. 문화와 습관 등의 차이로 인한 생활상의 곤란도 크다. 더욱이 일본의 행정제도와 지역에 관한 정보와 지식이 부족하므로 일본인 주민과 동등한 입장에서 행정 서비스를 받는 것이 곤란한 경우도 많다.

다음으로 외국인 주민은 정주화의 경향을 보이고 있으나 정주생활에 필요한 기본적인 조건이 충분히 일본의 사회체제 속에 정비되어 있지 않은 것이 문제로 지적된다. 예를 들어, 외국인 주민 중에는 건강보험에 가입하지 않은 사람이 많음으로 해서 의료 문제가 심각하다. 또 재주 외국인의 증가에 따라 외국인의 아이도 증가하고 있어 교육 현장에서는 여러 문제가 발생하고 있다.

그 외에도 지역사회에서의 교류 기회가 부족하여 고립된다는 문제도 있다. 게다가 지역사회에 있어서 일본인 주민과 외국인 주민 사이에 알력이 생기는 문제도 적지 않다. 주거와 일을 찾는 외국인 주민에 대한 차별 문제, 재일 한국 · 북한인의 고령자 복지와 개호 등 사회보장 문제, 외국에 뿌리를 둔 아이들의 정체성 문제와 외국인 주민의 사회 참여 문제 등도 지적되고 있다. 이상과 같이 외국인 주민의 증가와 정주화의 진전에 따라 행정이 직면하는 문제는 다양화, 복잡화되고 있고 지금까지의 시책으로는 충분하다고 할 수 없는 상황에 있다.

2. 일본 다문화 교육의 현상

1) '뉴커머'의 교육 현상[2)]

'뉴커머'란 일본 사회에 역사상 처음으로 다문화 교육의 필요성을 인식시킨 인도차이나 난민, 중국 귀국 고아 · 부인의 2, 3세, 남미 일계인 등을 지칭한다.

현 시점에서 일본이 받아들인 인도차이나 난민은 1만 명 정도다. 또 가족이 재결합하고 새로운 가정이 형성되면 아이들이 태어나고 또 제3국으로의 출국도 있으므로, 실제로 정주하고 있는 사람 수는 차이가 있을 것이다. 그리고 제2세대가 성인이 되면 정주 난민이 자연히 증가해 갈 것임은 말할 필요조차 없다. 이들 인도차이나계의 어린이, 학생들은 대다수가 보통의 일본 학교에 취학하고 있다.

1989년의 출입관리법(입관법) 개정에 의해 일계인(일본인 2, 3세)은 외국인이지만 그 취로를 자유화하는 조처가 취해져 브라질인, 페루인 등이 급증하였고, 2004년도에는 30여만 명에 달했다. 일계인의 집주 지역은 토오카이 지구 및 북칸토이다. 아이치현이 약 7만 명, 시즈오카현이 약 5만 명으로 가장 군집해 있는 셈인데, 거기에는 토요타, 스즈키, 야마하, 혼다 등의 자동차산업이 집

2) 이 부분은 石橋直一, 依光正哲 공저(2003). 「日本に在住する外國人勞働者第二世代の進路選擇の研究-2002年度調査より-」; 黃英蓮, 依光正哲 공저(2002). 「中國歸國者 2世 · 3世の教育に關する現狀と課題」 등을 참조, 발췌, 재구성하였다.

중해 있다. 이들 지역에는 많은 브라질 학교와 페루 학교가 설립되고 있는데, 그 어느 것도 '각종학교' 도 아닌 단순한 '사숙(私塾)' 에 지나지 않는다. 이러한 가운데 시즈오카현은 이들 학교의 처우 개선에 나서 2004년 3월 종래의 '각종학교' 및 '학교법인' 의 심사 기준을 완화해서, 학교 부지와 교사의 차용이 안정되어 있는 학교는 인정하기로 결정했다. 그리하여 2004년 12월에 동경의 하마마츠에 있는 페루 학교가 '각종학교' 로 인가되었고, 2005년 8월에는 그 설립자가 '학교법인' 으로 인가되었다.

'중국 귀국자' 란 제2차 세계대전이 막바지에 다다를 무렵 중국, 주로 만주 지역에서 철수하지 못한 중국 잔류 일본인을 지칭한다. 그 대부분이 부녀자이거나 어린아이들로 사실상 일본에 버림받은 사람들이었다. 이들은 나중에 중국 가정에서 거두어들여져 생활을 하거나 양육되었다. 이 중국 귀국자의 귀국은 1972년 중 · 일 국교정상화 이후부터 시작하여, 특히 1980년대 이후 2, 3세가 귀국을 시작하여 이미 20년의 세월이 흘렀다. 중국 귀국자는 원래 일본인으로서 가족 및 그 2, 3세라는 가족 단위로 일본에 오는 경우가 많고, 귀국 당초부터 '가족 재결합' 을 염두에 두고 정주화가 진행되고 있다. 2, 3세에게 주어진 재류 자격은 '일본인의 배우자 등' 혹은 '정주자' 이고 일본에서의 정주가 인정되고 있는 것이다. 그들 중에는 일본 국적을 취득한 사람도 있어 정확한 수는 파악하기 힘드나, '중국 귀국자' 전체 수는 약 10만 명에 달하는 것으로 추계된다. '중국 잔류 부인' 과 '중국 잔류 고아' 본인의 경우는 패전 시의 집단 철수로부터 때늦은 '귀환' 이고, 잔류 부인은 심정적으로나 현실적으로나 '조국에의 귀환' 으로 생각하고 있다. 반면에 잔류 고아는 심정적으로는 육친에 대한 강한 그리움이 귀국 동기의 하나가 되지만 실제의 생활은 '이국에의 이주' 를 지향하고 있다.

여기서 중국 귀국자와 인도차이나 난민 이외에 일본에 정주 혹은 체류하는 외국인에 대해 간단히 언급하면 다음과 같다. 1980년대에 들어오면서 일본사회로의 외국인 출입국자의 유입이 조금씩 증가하기 시작해, 1985년 이후 7년간의 버블경제에 의한 호경기로 노동수요가 늘어 버블경제가 붕괴하는 1991년 가을까지 외국인 노동자를 막 받아들이고 있었다. 이 시기의 유입 내용을 상세히 살펴보면, 1986년에 처음으로 눈에 띄기 시작한 것은 주로 '풍속업' 에 종사하는 특히 필리핀 출신의 여성 노동자였다. 다음으로 현저하게 된 것이 남미 출신의 일계인이다. 당시의 입관법 개정 이전에도 친족 방문이라는 명목으로 일본에 와서 취업이 가능했지만, 브라질에서의 심각한 경제위기의 영향에 촉발되어 실제로 친족 방문이 아닌 사실상의 해외 돈벌이의 흐름이 생기게 되었다. 더욱이 1988년 무렵이 되자 파키스탄, 방글라데시, 이란으로부터, 그 이후로는 아시아의 여러 이웃 나라로부터 대량의 노동자가 들어오게 되었다. 그들 대부분은 필리핀 국적의 예와는 달리 남성으로 주로 토목 작업과 중소기업의 제조업 분야의 노동에 종사했다.

그러나 외국인 노동자 유입의 급증에 직면해도 일본 정부는 계속해서 이 문제에 소극적인 태도를 취하고 있었다. 그 결과 불법취업 형태로의 외국인 노동자 유입의 촉진을 방치하는 셈이 되었다. 이 사태를 보고 참지 못하여 일본 정부는 느릿느릿 1990년에 출입국관리법의 개정에 나섰다. 개정의 요점은 특수 기능을 가진 외국인에 대한 재류 자격의 완화(18종에서 28종으로 확대)와 일계인에 대한 입국구제 완화의 특별조치 그리고 불법취업에 대한 고용자 벌칙 규정의 설정이다.

버블경제의 붕괴와 그 후의 불황의 영향으로 외국인 노동자의 증가가 둔화하였지만 그때까지 없었던 새로운 흐름이 나타나게 되었다. 우선 입관법 개정 이후 얼마간 시간이 지나자 새롭게 정비된 기능실습제도에 의해 연수생의 수가 증대하였다(연수생의 대부분은 중국인이 점하고 있다.). 또 주로 브라질·페루인을 중심으로 한 일계남미인에게 사실상의 단순노동의 종사가 가능하게 되었다. 이것은 그때까지 주류였던 아시아계 및 중동계 외국인을 대신하여 일계남미 출신자의 일본으로의 입국이 폭발적으로 증대된 결과를 초래하였다.

일본으로의 '나들이 벌이' 를 몇 번이나 되풀이하는 재입국자가 늘고 있고, 과거에 서구에서 목격된 바 있는 가족을 불러들이는 현상이 있다고 한다. 또 아시아의 '나들이 벌이' 이민들 역시 입국 당초에는 일정의 목표액을 달성하면 귀국할 예정이었던 것이 서서히 일본 사회에서의 정주화 과정을 밟게 되었다. 일본이 본격적인 이민의 유입에 직면한 것은 이미 전후의 부흥기인 1960년대부터 경험하고 있는 유럽의 여러 국가에 비해 늦은 것이며, 특히 외국인노동자 2세의 교육 문제에 있어서는 더욱 낙후되어 있다.

그러면 지금 일본의 '다문화 교육' 현상은 어떠한 형태를 띠고 있을까? 물론 구미와 비교하여 역사가 일천하여 아직 체계적인 정리를 하는 것은 어렵다. 그러나 이와 같은 외국인 교육 문제의 직접적인 당사자인 지역의 학교 및 교원들은 '빼내기 수업(取り出し授業)'과 '들어가기 수업(入り込み授業)'을 하고 있다. 이러한 수업은 중국 귀국 고아 · 부인들의 2, 3세들의 교육에서 그 전형을 볼 수 있다. '빼내기 수업'이란 보통수업 이외에 2, 3세 학생들을 빼내어 일본어와 일본의 습관, 제도 등을 가르치고 일본에서의 생활상의 요령을 지도하는 수업을 말한다. '들어가기 수업'이란 일종의 팀티칭으로 보통의 일본 학생과 함께 있는 2, 3세들의 수업 현장에 '외국인 아동생도 등 지도원'이 들어가 이들에게 교사의 강의나 지시 등을 적시에 그리고, 필요에 따라 통역하고 지도하는 형태의 수업이다. 2, 3세들의 교육에 있어서 '외국인 아동생도 등 지도원(外國人児童生徒等指導員)'의 역할이 수업에 한정되어 있어 그 효과를 무시할 수는 없으나 제한적이고, 수업 밖에서는 2, 3세 학생들이 자신의 힘 외에는 별로 의지할 데가 없는 상태다. 그래서 2, 3세 교육은 사실상 방치되고 있는 실정이라고 볼 수 있다. 빼내기 수업과 들어가기 수업 외에도 다른 교직원에게 다문화 교육의 중요성 설명, 연구회의 개최, 학교 · 신분을 초월한 지역 전체의 지원체제 촉진, 외국인 아동 부모들의 네트워크화 지원과 같은 활동을 시작하고 있다. 아울러 '이질성 인식' '내적인 민족 문제'를 다시 생각해 보려는 움직임이 생겨나고 있다.

다문화 교육의 현상 및 내용을 조금 더 구체적으로 살펴보자. 다문화 교육의 근간을 이루는 것은 일본어 교육으로 문부성은 1992년부터 '뉴커머'가 일정 정도 이상으로 재적하는 학교에 전임교원을 배치하는 조치를 취하고 있다. 이를 반영하여 전임의 전문교사와 임시직 교사에 의해 특별히 교실을 설치하고 있는 학교가 있다. 그것을 설치하지 않고 있는 학교는 빈 시간이나 다른 시간을 이용하여 지도를 하거나 특수학급에 넣어 위에서도 언급한 빼내기 수업으로 대응하고 있다. 일본어 교실이 설정되어 있는 학교일수록 체계적인 교육과정을 편성하고 있고 효과도 높다고 한다. 그러나 배치된 전문교사와 강사가 결코 전문가는 아니며 실제로 시행착오로 행해지고 있는 것이 현 실정이다. 더욱 큰 문제는 학습 시 사용하는 언어로서의 일본어 습득의 어려움에 있다. 사회생활 언어로서의 일본어 습득의 지원은 어느 정도 성과를 이루고 있으나, 많은 외국인이 '학습 사용 언어' 로서의 일본어 구사 능력을 갖추지 못하고 있으므로 원래 학급에서의 교과학습을 따라가는 것은 어려움이 있다. 이러한 상황에서 일본어만에 의한 일본어 지도에 기초를 둔 '일본어지상주의' 방식이 외국인 노동자의 2세에 대해 모국어에 의한 사고를 불충분하게 하고, 그 결과 학습교과에의 실질적인 접근을 저지하고 있다는 지적이 나오고 있다.

이상에서 언급한 것 외에도 다문화 교육의 실천 예로는 상호이해 교육 및 국제교류 교육이 있다. 몇몇 지방자치체의 교육위원회에 의해 재일 외국인에 대한 교육 방침이 작성되어 있다. 그 내용 중에 공통적인 특색은 단지 재일 외국인 아동 · 학생을 대상으로 그들의 민족적 자각과 긍지를 고양하거나 그들의 학력의 향상과 진로지도의 충실 등 진로의 보장만을 목적으로 하는 것이 아니라, 모든 아동 · 학생을 대상으로 서로의 나라의 생활과 문화, 역사를 올바르게 이해시킴으로써 차별과 편견을 없애고 함께 배우고 함께 자라는 집단의 육성을 목적으로 하고 있다는 것이다. 그러나 구미의 다문화 교육에 대해서도 전해지고 있듯이, 그 성공은 교사의 자질에 달려 있고 이 방침에서도 교직원의 지도력 강화가 요구되고 있다. 이러한 방침을 바탕으로 각 자치체(自治體)의 교육 현장에서는 나름대로 지역의 실정에 맞추어 다양한 대처가 이루어지고 있다.

아이에게 있어서 자기 정의의 곤란 및 동기부여의 곤란도 큰 영향을 미치고 있는데, 그것은 국적에 의해 명백한 차이가 보인다. 우선 남미 출신 일계인의 자식 세대의 경우, 일본에 온 후로 이동을 되풀이하는 부모와 함께 반강제적인 이동을 강요받고 있으므로 학습의 동기부여가 어려운 상태다. 또 부모의 장시간 노동으로 적절한 상호작용과 원조가 이루어져야 할 장으로서의 가족 존립 자체가 어렵다. 게다가 귀국 가능성을 장래 계획에 포함시키고 있어서 일본 체제를 잠정적으로 간주하여 교육 투자를 꺼리는 실정이므로 부모와 자식 양자로부터 교육에의 참여가 중단될 위험이 있다. 이에 비해 인도차이나계의 자식 세대는 본래 유교적 영향이 강해서인지 또는 모국으로부터 도망쳐 와 있는 부모의 사정을 이해해서인지 남미계 일계인에게서 보이는 영향은 현저하지 않다. 가족도 학교 교육에 적극적이고 취학과 진학을 장려하는 분위기가 발견된다. 하지만 부모의 일본어 구사 능력의 불충분함과 일본인과의 접촉 부족, 장시간에 걸친 노동에의 종사로 아이의 교육과의 관련은 희박하다. 이 같은 요인은 취학, 학습의 태도에도 반영된다고 생각된다. 인도차이나계는 전체적으로 학교 세계와의 관련은 유지하지만, 남미 출신 일계인의 학교 이탈 현상은 보다 심각한 상태에 처해 있다. 학교 이탈은 학습의 좌절과 더불어 이문화(異文化)에의 갑작스러운 진입에 대한 저항이며, 이 저항은 '반학교' 적 자립을 의미하는 것이 아닌가 하는 지적도 나오고 있다. 그리고 이러한 현상은 이민에 대한 원조와 조언의 필요성을 표명함과 동시에 그들을 사실상 배제하고 있는 일본 사회의 사회 및 교육 체제에 경종을 울리고 있으며, 그것의 가치 전제와 교육과정에도 검토를 요구하는 것이다.

2) '올드커머'의 교육 현상[3)]

'올드커머(oldcomer)' 란 다른 민족 집단보다 일본 재류의 역사가 긴 외국인

3) 이 부분은 金敬得 편(2006). 『わが家の民族教育: 在日コリアンの親の思い』; 柳學洙 저(2004). 「多文化・民族教育の國際比較~在日コリアンの民族教育の展望~」; 方政雄 저(2002). 「多文化教育におけるカリキュラム開發と授業實踐に關する研究—在日コリアンを主題として—」; 黃丹靑 저(2005). 「日本における中華學校のバイリンガル教育實踐に關する一考察」 등을 참조, 발췌, 재구성하였다.

집단인 한국 · 북한계 교포와 화교를 지칭한다. 이것은 일본에 여러 과제를 안겨 주고 있는 최근 20년 전후로 도착한 외국인 집단 '뉴커머' 에 대응하는 용어로서 통상적으로 '재일 한국인' '재일 북조선인' '재일 화교' 등 '재일(在日)' 로 통한다. 이들은 일본 제국주의 통치하에서 강도 높은 동화정책인 '황국신민교육' 을 받았기에 해방 이후 일본에서 잃어버린 민족성을 되찾고자 민족학교를 세웠다. 이 민족학교가 여러 우여곡절을 겪은 후 2005년 4월 현재 조선 학교라는 명칭으로 일본 전국에 73개교(유, 초, 중, 고 포함) 정도 있다. 한국 학교는 민족학교는 아니나 현재 4개의 학교법인에 13개교(유, 초, 중, 고 포함) 정도 있으며, 화교 학교는 5개교 정도 있는 듯하다. 일반적으로 이들 '올드커머' 는 자신의 손으로 학교를 세워 운영하고 있는 데서 자녀의 교육을 일본학교에 의지하는 '뉴커머' 와는 다른 점이 있다.

제2차 세계대전 종결 후의 재일 조선인 수는 약 230만에 달하고 있었으나, 전후 단기간에 귀국하고 약 60만 명이 일본에 잔류하여 재일교포의 원형을 이루었다. 이 60만 명이 전후 어떠한 지위, 처우에 처해 있었는가 하는 문제 속에 재일교포의 민족교육에 관한 경위도 포함되어 있다. 재일 조선인의 신상에 제일 먼저 일어난 변화는 참정권의 정지였다. 그다음의 변화는 외국인 등록의 의무화다. 그러나 교육에 관해서는 전혀 변함없는 취급을 받았다. 1948년 1월 문부성 학교교육국장은 "조선인의 자제라도 학령에 해당하는 자는 일본인과 마찬가지로 시정촌립(市町村立) 또는 사립의 소학교 또는 중학교에 취학시키지 않으면 안 된다."(1월 24일, 官学 5호 '조선인 설립 학교의 취급에 대하여')라는 견해를 보였다. 즉, 일본인과 같은 '취학의무' 를 가진다는 것이다.

전쟁 전에는 일본어가 '국어' 로 지칭되고, '황국신민의 서사' 로 상징된 '황국신민교육' 이 행해지고, '창시개명' 에 의해 이름이 일본식으로 변하는 등 조선인의 민족성이 부정되었다. 한글도 모르고 민족의 역사와 문화도 모르는 아이들이 성장하고 있었던 것이다. 전후 재일 조선인은 빼앗긴 언어, 문화, 역사, 민족성의 복권이라는 어려운 사업을 한꺼번에 시도하였다. 일본 각지에 서당과 같은 '국어(조선어) 강습소' 가 생겨났고 이윽고 조선 학교로 발전해 갔다.

그러나 앞에서 언급한 문부성의 견해에 의거하여 조선 학교의 폐쇄와 개조가 진행되었다. 이에 대한 조선인 부모의 반대는 치열하여, 예를 들어 1948년 4월 점령하에서 유일한 '비상사태선언' 이 선포된 것이 오사카, 고베 지역에서의 조선 학교 폐쇄에 관한 사건이었다('阪神 교육사건').

전후 일본은 약 7년간 미국의 점령하에 두어졌는데 대일평화조약의 발효에 의해 점령이 풀리고 다시 주권을 회복했다. 그러나 강화의 시기는 전부 한국전쟁(6 · 25)과 겹쳤고, 샌프란시스코 강화회의(남북한 정부 모두 초청되지 않음)의 개최, 평화조약의 조인은 1951년 9월 8일, 그 발효는 1952년 4월 28일에 이루어졌다. 일본 정부는 이 조약의 발효일을 기하여 재일 조선인은 '일본 국적' 을 상실하고 '외국인' 이 되었다고 선언했다. 즉, 국적 상실에 의해 '취학 의무' 가 없어졌고, 따라서 '교육을 받을 권리' 도 잃게 된 것이다. 일본 국적을 가지고 있었다고 취급된 시기(1952년 4월까지)에는 취학 의무를 근거로 도립(都立)조선인 학교라는 독자적인 형태를 갖춘 학교들이 있었던 것도 사실이나, 이들은 조선인의 일본 국적 상실을 계기로 폐교된다. 이후로 조선인 학교는 어느 것도 자주학교로 설립 · 운영된다. 그 결과 매년 받던 수천만 엔의 지원비는 중단되고(1954년도의 예산은 약 8,500만 엔) 학교의 경비는 전부 보호자의 부담이 되어 버렸다. 이 선언으로 일본 정부는 더 이상 외국인의 교육에 대해 어떠한 '의무' 나 '책임' 도 지지 않는다고 천명한 것이다.

1955년 5월에 결성된 재일조선인총연합회(조선총련)는 민족교육에 주력하여 조선 학교의 정비 확충을 하였다. 북한 정부도 이를 물심양면으로 지원하고 일본에 있어서의 민족학교의 기반 구축에 큰 공헌을 하였다. 조선총련에 의한 민족학교의 운영에 대해 문부성은 1965년 12월 각 도도부현(都道府懸)의 교육위원회와 지사(知事)에게 문부사무차관 통달(通達) '조선인만을 수용하는 교육시설의 취급에 대하여' 를 제시하였다. 그것은 '민족성 또는 국민성의 함양을 목적으로 하는' 학교는 모든 의미에서 '학교' 라고 인정하지 않으며, 금후에는 외국인학교제도를 창설할 예정이라는 것이다. 그리고 이듬해 1966년부터 '외국인학교법안' 이 국회에 제안되었으나, 결국 그 성립을 보지 못하고 오늘에 이르렀다.

문부성의 '통달' 및 '법안' 이 가지는 사상은 극단적인 외국인 적시(敵視)정책이라고 부를 수밖에 없으나, 외국적 주민과 직접 접하는 지방자치체의 인식은 그와는 달리 현실을 수용하고 있다. 1968년 4월, 당시의 미노베 동경지사는 문부성의 통달에도 불구하고 법에 의거하여 조선 대학교를 '각종학교' 로 인가했다. 현재로는 모든 조선 학교가 각 지사에 의하여 인가되어 있다. 그러므로 위에서 언급한 문부차관의 통달은 사문화(死文化)되었다고 말할 수 있다. 또한 도도부현 차원에서는 근소하나마 외국인 학교에 대한 조성(助成, 재정적 지원)도 이루어지게 되었다. 지금 동경도의 조성금 지원을 받는 외국인 사립학교는 23개교인데, 그중 11교는 조선 학교이고 나머지는 동경한국학교 초등부, 동경한국학교 중고등부, 동경중화학교를 포함한 주로 서양 계통의 12개교다. '보조금의 액수는 아동, 학생 1인당 월액 6,000엔으로 한다.' 고 명시되어 있다. 여기서 외국인 학교에서의 교육은 사실상 '보통교육' 으로 인식되고 있음을 볼 수 있다.

외국인 학교의 냉우책의 하나로 그 졸업자에게 일본 학교로의 입학 자격을 인정하지 않는 문제가 있었다. 예를 들어, 외국인 학교의 고교 상당과정의 졸업자는 '대학입학자격검정(大檢)' 에 합격하지 않으면 대학에 수험할 수 없었다. 학교교육법 시행규칙 제69조 6호는 "그 외 대학에 있어서 상당하는 연령에 달해 고등학교를 졸업한 자와 동등 이상의 학력이 있다고 인정한 자"는 대학입학 자격을 가진다고 정하고 있다(大学認定條項). 공·사립대학에서는 이 조항을 활용하여 조선 고급학교의 졸업자에게 입학 자격을 인정하는 곳이 늘어 벌써 과반수에 달해 있지만, 국립대학만은 충실히 문부성의 의향에 따라 대검 합격을 대학 입학 지원(志願) 조건으로 내세워 왔다.

그러나 1998년 가을 경도대학 대학원이 문부성의 의향에 반대하여 조선 대학교 졸업자의 대학원 수험을 인정했다(합격). 같은 해 큐슈대학 대학원도 문호를 개방했다. 양자 모두 공·사립대학이 활용한 대학인정조항을 적용해서 얻은 결과다. 대학원 차원이기는 하지만, 국립대학의 일각이 무너진 사실로부터 문부성도 어쩔 수 없이 방침 변경을 하지 않으면 안 되게 되어, 이듬해 1999년 7월 각 대학원의 판단에 맡기기로 결정했다. 구체적으로는 '대학원에 있어서 개별 입학자격심사에 의해 대졸과 동등 이상의 학력이 있다고 인정한 자'를 첨가하는 省令(일본의 행정기구인 省-이 경우, 文部省-의 법령) 개정이 단행되었다.

남은 것은 학부 차원의 문제다. 규제 완화의 흐름의 영향도 있고 해서 문부과학성은 2003년 3월 6일 외국인 학교(고교 차원) 40개교 중에 구미계의 3개 국제평가기관(Western Association of Schools & Colleges: WASC; Association of Christian Schools International: ACSI; European Council of International Schools: ECIS)의 인정을 받은 16개교의 졸업자에게는 대학입학 자격을 인정한다고 발표했다. 그러나 아시아계(조선 학교, 한국 학교, 중화 학교 등)를 배제하는 것은 차별이라는 강한 반발을 불러일으켜, 3월 28일에 그것을 동결하고 재검토한다고 표명했다.

문부과학성이 2003년 9월 드디어 학부의 입학 자격 문제에 관해서도 방침을 바꾸지 않을 수 없게 되어 기본적인 문제는 해결되었다. 그것은 ① 3개의 국제평가기관(전술)의 인정을 받은 인터내셔널 스쿨의 졸업자, ② 본국의 고교와 동등한 교육과정을 가진다고 판단된 학교의 졸업자, ③ 각 대학의 개별 심사에 의해 인정된 자는 누구나 대학입학 자격을 가진다는 것이다(조선 학교 졸업생의 경우는 ②에 해당되는 것이 아니고 ③에 의해 인정되도록 되었다). 이 사실은 외국인 학교 졸업자는 일본의 고등학교 졸업자와 '동등 이상의 학력이 있다'고 인정된 것을 의미하고, 외국인 학교의 교육이 가지는 '상당성(相當性)'이 승인되었다는 것이 된다. 일본 내 모든 외국인 학교가 수혜자가 되는 이 조처는 사실상 조선 학교의 오랜 개척과 노력의 결실로 얻어진 성과다.

이상 외국인 학교의 학교 조성과 학력 인정 문제는 이론상 해결된 것같이 보이나, 실제로는 많은 문제를 안고 있다. 아직도 많은 조선 학교가 조성금을 전혀 못 받거나 조성금 액수가 필요에 못 미치는 학교가 많으며, 독일계 학교는 학력이 인정되나 한국 학교는 그렇지 못하다는 운영상의 이중 척도가 적용되고 있다. 그리고 화교 학교는 대학 진학에서 학력 인정 문제에 발목이 잡혀 입학생 수가 격감하는 고등학교부를 없애고, 일본 사회에서도 중국어의 중요성이 인정되는 지금 일본인 학생도 상당수 입학을 허용하는 등 민족학교에서 국제학교로 탈바꿈을 하면서 활로를 찾고 있는 실정이다.

3) '선주민(先住民)' 일본인의 교육 상황[4)]

여기서 필자가 편의상 '선주민(先住民)' 일본인이라고 부르는 집단에 속하는 사람들은 부라쿠민, 아이누, 오키나와인이다. 아이누와 오키나와인은 현재 일본인의 호적과 국적을 가지고 있으나, 본래는 일본인의 주종을 이루는 야마토 민족과는 인종을 달리한다. 반면에 부라쿠민은 민족적으로나 국적 면에 있어서 '순수한' 일본인이다. 그러나 그들은 오랫동안 차별을 받은 역사가 있으며 현재도 그 차별로 인해 일본 내의 사회 전반에 걸친 활동에서 제한과 불이익을 받고 있기에 굳이 다문화 교육에서 고려되어야 할 대상에 넣었다. 그들에 대한 차별이 특히 학교에서 두드러지게 나타나고 있기 때문이기도 하다.

(1) 동화(同和) 문제

일본 헌법은 "모든 국민은 법 앞에서 평등해서 인종, 신조, 성별, 사회적 신분 또는 문벌에 의하여 정치적, 경제적 또는 사회적 관계에 있어서 차별되지 않는다."(제14조)라고 법 앞의 평등을 명시하고 있다. 그러나 현실적으로는 여성과 장애자에 대한 차별, 외국인 주민에 대한 차별 등 여러 가지의 차별이 발생하고 있다. 그중에서도 '동화 문제'(부락차별)는 동화지구(피차별 부락) 출신이라는 사실만으로 차별당하고 사회적인 불이익을 받고 있는 문제다(同和란

4) 이 부분은 인터넷 자료 同和問題の正しい理解の(http://www.pref.kanagawa.jp/osirase/jinkendanjo/dowa1.html. 2006년 10월 20일 검색); 小川正人 저(1997). 『近代アイヌ教育制度史研究』; 獨立行政法人國際協力機構 調査研究 저(2005). 「沖繩縄にみる教育の復興」 등을 참조, 발췌, 재구성하였다.

말은 昭和天皇이 즉위 당시에 말한 "사람의 마음은 같고(同) 민풍은 화(和)한다."고 한 구절로부터 따왔다고 한다).

부락차별 문제는 일본 역사의 전개 중에 인위적 · 정치적으로 만들어진 것이다. 에도 막부는 봉건제도를 확립하기 위해 무사와 농민, 정인(町人, 즉 職人과 商人)이라는 세습적 신분제도를 만들었다. 또 다른 신분을 정해 그에 속하는 사람들을 일정한 지역(피차별 부락, 동화지구)에 살게 했다. 그렇게 함으로써 농민과 정인에게 자기들보다 낮은 신분이 있음을 알려 무사 계급에 대한 불만을 다른 데로 돌리고 막부와 여러 다이묘에 의한 지배체제를 유지하려고 했다. 이 신분제도에서 농민과 정인보다 낮은 신분에 속하게 된 사람들은 사는 장소와 복장, 촌민과의 교제 등에 있어서도 제한을 받았다. 이들은 엄격한 차별을 받으면서도 황무지를 개간하고 연공을 바치고 뛰어난 기술을 사용하여 사회에 필요한 도구를 만드는 등 사회에 보탬이 되어 왔다. 또 옛날부터 전해오는 예능을 번성하게 하여 문화에도 큰 영향을 미쳤다.

이러한 동화 문제의 본질은 일본 사회의 역사적 발전과정에 있어서 형성된 신분계층 구조(무사, 농민, 정민, 부락민)에 의거한 차별로 일본 국민의 일부 집단이 경제적 · 사회적 · 문화적으로 하위 상태에 있고, 현대사회에서도 현저하게 기본적인 인권이 침해되며, 특히 근대사회의 원리로서 누구에게나 보장된 시민적 권리(이동의 자유, 직업 선택의 자유, 결혼의 자유, 교육을 받을 권리 등)와 자유를 완전히 보장받지 못하고 있는 데 있다.

부락차별에는 '심적 차별(차별적인 언사와 태도로 상대를 경멸하거나 선입견과 편견으로 결혼이나 교제를 피하는 것 등)'과 '생활 실태의 차별(직업의 안정과 주택, 도로 등 환경 정비의 낙후 등)'이 있다. 이 두 종류의 차별로부터 생기는 동화지구 사람들의 궁핍한 생활은 심적 차별을 한층 더 심화시켜 그것이 또 생활을 괴롭게 하는 악순환이 되풀이됨이 지적되고 있다. 일본 전국적으로 보면 오늘날에도 동화 문제의 해결을 방해하는 사태가 일어나고 있다. 예컨대, 취직시험에서 본인의 능력과 적성에 전혀 관계없는 본적지(출생지)와 부모의 직업에 대한 질문이 나온다거나 인터넷 게시판에서 동화지구의 지명과 모욕적인 말이 함께 적혀 있거나 하는 일이 벌어지고 있다. 이러한 예는 헌법의 취지에 반하고 특히 동화지구 관계자의 취직에 있어서 중대한 영향을 미칠 뿐만 아니라 여러 가지 차별을 조장하는 악질적인 차별 현상이다.

부락차별의 해소를 위한 여러 사업과 조처가 행해져 온 것도 사실이다. 특히, 교육에 있어서는 학생들이 학교 교육, 사회 교육을 통하여 생애에 걸쳐 적극적으로 동화 문제에 관한 올바른 이해와 지식을 습득하고 일상생활 속의 태도와 행동에 연결시키도록 지도해 왔다. 또 지도자의 양성과 지도 내용 및 방법의 연구, 계발용 책자의 작성 등에 노력이 동원되어 왔다. 그러나 부락 문제는 아직도 해결되지 않고 있다.

동화교육은 교육을 통한 부락차별 해소의 도모를 직접적인 목적으로 하고, 이를 통해 차별과 편견을 꿰뚫어 보는 합리적인 견해, 사고방식을 키우며 차별과 편견을 허용하지 않는 실천력을 육성해 왔다. 그 결과, 부락차별뿐만 아니라 다양한 차별을 해소하기 위한 시도로 확산되어 왔다는 성과도 어느 정도 이루었다. 인권에 관한 국제적 운동과 시각은 20세기의 최대의 공적으로 아파르트헤이트의 철폐를 꼽고 있으며, 일본의 부락차별과 인도의 카스트제도의 철폐를 21세기의 목표 중 하나로 삼고 있다. 동화교육으로 배양한 차별을 허용하지 않는 태도와 인권감각은 또 다른 차별을 해소해 가기 위해서도 활용될 수 있을 것이다.

(2) 아이누 민족의 교육 상황

20세기 구미 열강보다 뒤늦게 제국주의 경쟁에 뛰어든 일본은 청일전쟁으로 타이완을 획득하고, 식민지를 조선, 만주 그리고 제2차 세계대전 중 남태평양까지 확대해 간다. 일본의 식민지정책에서 눈에 띄는 것은 그 과격한 교육정책이다. 이것은 다른 구미 열강과 비교해서 프랑스의 그것과 유사한 점도 있으나 독특한 성격을 지녔다. 일본은 식민지에서 일본어 교육을 통하여 속국의 주민들이 일본의 '신민' 이 되도록 강요하였다. 주지하는 바와 같이 조선에서의 창씨개명은 이 강제 정책의 한 실례다.

당시의 일본어는 '언문불일치' 였으므로 구미와 같은 '언문일치' 를 향해 표준어정책도 전개되었다. 구미열강에 대해 열등감을 가지고 있었던 일본은 일본인보다 더 '열등한' 사람들을 만들고자 했다고 생각된다. 일본이 이러한 식민지 경영정책으로 성공을 거둔 첫 예는 당시 일본의 식민지였던 홋카이도의 아이누 민족에 대한 것이다('아이누' 는 아이누어로 '인간' 을 뜻함). 이것은 이후의 식민지 정책에도 큰 영향을 미친 것으로 추정된다. 이 아이누 민족에 대한 정책은 처음에는 러시아의 남하정책을 막기 위해서, 구미 선교사의 아이누 교육에 대항해서 등으로 외국 세력을 의식한 점이 있어 적극적인 것은 아니었다. 그러나 명치시대 이후에 일본은 아이누 민족을 '멸망하는 민족' 이라고 부르며 신민화 형식의 일본 편입을 감행해 나갔다.

에도막부는 기본적으로 에조지(地)(아이누 민족이 살던 지역)를 마츠마에번(藩)으로 하여금 지배하게 하였지만, 러시아의 남하 위협을 느낄 때마다 직할(直轄)을 검토하고 1799년에 동(東)에조지를, 1807년에 서(西)에조지를 직할하였다. 거기서 종래 혹사해 온 아이누 민족의 대우 개선을 시도함과 동시에 일본어를 장려하고 귀걸이, 문신, 곰을 사용한 곡예 등 전통적 풍습을 금지하고 아이누 문화의 일본화를 도모하려고 했다. 그러나 러일 간의 긴장이 풀리자 1822년 에조지를 마츠마에번으로 돌려준다. 에조지 직할에 의해 막부는 거대한 손실을 입었다고 하는데, 결국은 막부의 재정난 때문에 그 직할을 단념했다고 생각된다.

19세기 중엽 러시아의 사할린 진출에 따른 국경 확정 요구의 압력하에 1854년의 미 · 일 화친조약으로 하코다테의 개항이 결정되자, 1855년에 막부는 또다시 에조지를 직할로 돌렸다. 이 시대는 아이누 민족에게는 일본인에 의한 수탈, 강제 노동과 일본인이 퍼뜨린 천연두의 유행 등에 의한 인구 격감 때문에 최고의 고난 시기였다. 아이누의 옛 인구는 알 수 없지만, 1804년에 인구 23,797명이었던 것이 겨우 반세기 후인 1854년에는 17,810명으로 감소해 있었다. 이러한 에조지 직할정책은 후에 명치정부의 개척정책의 바탕이 되었다.

이상과 같이 명치 이전의 아이누 민족의 일본화 교육에 대한 마츠마에번의 방침은 아이누 민족을 노동력으로만 간주해 그들의 생활, 풍습에는 일체 간섭하지 않았다는 것이다. 그뿐만 아니라 아이누인들의 일본어 사용을 금하기조차 했다. 그러나 러시아의 남하정책에 따른 위협으로부터 막부가 에조지를 직할하게 되자 방침은 일변했다. 1798년 막부는 처음으로 아이누 민족에 대한 동화(同化)의 방침을 내세웠으나 막부 권력의 약체화, 재정난으로 인해 본격적인 동화교육은 명치 이후로 미루어진다.

명치시대가 되자 아이누 민족에게도 일본인의 호적이 주어졌다. 명치 초기에 아이누의 교육에 가장 노력한 것은 구미 선교사들이다. 이 선교사들이 명치 새 정부에게는 위협으로 인식된다. 선교사들의 경우 아이누의 종교를 버리게 하고 적극적으로 기독교를 포교하는 측면이 있었지만 아이누로부터는 신망을 얻고 있었다. 그들이 로마자를 통해 문자가 없는 아이누어를 아이누인들에게 가르치고 있는 것에 위협을 느낀 일본 정부는 1899년 사립학교령을 내려 정부의 허가 없이는 선교사들의 교육 활동을 금하려고 했다. 왜냐하면 선교사들은 아이누의 궁핍에 대한 동정심에서 활동하는 측면이 강했는데, 이는 일본 정부의 아이누 정책에 대한 비판으로 연결될 가능성이 있었기 때문이다.

1899년에 '구토인(舊土人)보호법' 이 제정되고, 1901년 3월 31일에는 '구토인(舊土人) 교육과정' 이, 같은 해 5월 7일에는 '구토인(舊土人) 교육과정 실시상 주의요령' 이 공포되어 일본 정부에 의한 아이누의 동화정책이 본격적으로 실시된다. 이제부터는 아이누의 모국어는 전혀 가르치지 않고 일본어만으로 교육을 하고 언문일치체를 취한 것이다. 이는 아이누의 사고방식의 일본화를 목표로 하는 동화교육에 필수불가결한 것이었다.

'구토인보호법' 이 공포된 지 약 100년이 지났다. 1997년 5월에는 소위 아이누신법이 성립되어 구토인보호법이 폐지되고 7월부터 시행되었다. 1993년의 조사로는 홋카이도에 2만 3,830명의 아이누 민족이 살고 있지만 3할 정도는 자신이 아이누임을 숨기는 것으로 추정된다. 학력 내역을 보면 중졸이 87.4%, 고졸이 11.8%이고, 생활보호의 비율도 3.88%로 높다. 직업별로는 일차산업이 가장 많은 34.6%다. 차별은 생각보다 적어서 받은 적이 있다고 답한 사람은 7.3%였고, 다른 사람이 받은 것을 알고 있다고 답한 사람은 10.1%였다. 그러나 그중에서도 가장 많은 것은 차별이 있어서는 안 될 학교에서의 차별로 42.0%다. 아이들을 위한 장소여야 할 학교가 옛날부터 정치에 의해 많은 부분 좌우되어 왔고 아이누 차별의 온상이 되어 온 것이다.

그 외에도 결혼, 직장, 교재, 취직의 순으로 차별을 받고 있는 듯하다. 전체적으로 차별은 줄어들었지만 '샤모(아이누 측에서 본 일본인)' 가운데서뿐만 아니라 아이누 가운데서도 아이누 민족의 의식이라는 것이 좋은 의미에서건 나쁜 의미에서건 희박해지고 있는 실정이다. 현대에서는 아이누 민족도 완전히 일본인과 같은 교육을 하고 또 받고 있다. 그러나 이 결과가 반드시 사태의 호전을 의미하는 것은 아니라고 생각된다. 그것은 아이누민족의 동화가 진행되어 아이누 민족 자체를 모르는 일본의 젊은이들이 있으며, 아이누인도 '아이누 민족' 이라는 것을 고집해서는 살아갈 수 없다고 생각하기 때문인 듯하다.

아이누인에 대한 위의 조사에서 '아이누인들에 대해 특별한 대책이 필요하다고 생각합니까' 라는 질문에 대해 1986년에는 78.3%가 필요하다고 대답했는데 1993년에는 54.0%로 감소하였다. 그런데 그 내용으로는 70.0%가 '진학의 장려, 기술 및 기능의 습득 등으로 하고 있는 교육을 위한 대책' 이며, '아이누 문화 보존과 계승을 위한 대책' 은 28.0%에 그치고 있다. 이와 관련하여 '아이누 문화의 보존과 계승은 필요합니까' 라는 질문에는 1986년보다 21.3% 감소한 66.7%로 나타났다. 연령대별 내역으로는 30대 이상에서는 70%를 넘었는 데 반해 30대 미만에서는 55.6%에 그쳤고 42.3%는 '모르겠다' 고 대답하였다. 이것은 현상을 단적으로 나타내고 있는 것이 아닌가. 학교 등에서도 거의 자신의 역사를 접하지 못하고 판단할 정도의 정보를 가지고 있지 못하는 아이누 민족의 동화를 단적으로 증명하는 것이라 하겠다.

(3) 오키나와인의 교육 상황

홋카이도와 오키나와를 가리켜 '내국식민지' 라는 용어가 쓰이는 경우가 있다. 일본이 식민지를 보유하고 있었던 시대에 식민지를 '외지(外地)', 일본을 '내지(內地)' 라고 했는데, 명치시대에 '내지' 라는 표현이 금지되어 '부현(府懸)' 이라는 말을 쓰도록 지시된 바가 있음에도 불구하고 지금도 홋카이도에서는 혼슈, 시코쿠, 큐슈(오키나와는 제외)를 '내지' 라는 말로 지칭한다. 오키나와에서도 같은 현상이 있다.

홋카이도와 오키나와는 일본에 '내지 식민지' 로 편입되었다. 우선 오키나와현이 '내국화' 되는 과정을 살펴보면, 오키나와는 일본에 있어서 '제국의 남문' 의 위치에 있었다(홋카이도는 '제국의 북문'). 작은 섬인 데다가 오키나와에는 30만 명의 류큐 민족(아이누는 2만 명 정도)이 생활하고 있었다. 이 류큐 왕국을 일본에 편입하는 데에는 큰 비용이 드는 데다 청나라와의 마찰도 예상되었다. 그래서 일본 정부 내에서는 류큐왕국을 없애지 않고 '속국' 의 형태로 종속시키고자 생각한 일본인들이 적지 않았다. 그러나 당시의 구미열강에 의한 아시아 침략 등의 위협으로부터 일본을 지키기 위해서, 적자를 각오하고서라도 일본으로부터 가능한 한 멀리 떨어져 있는 오키나와에 국경을 긋고자 하는 방위상의 수단으로서 1879년(명치 12년) 4월 '류큐처분' 을 감행했다.

류큐왕국에 의한 지배로부터 민중을 해방한다는 것이 일본의 대의명분이었지만, 결국은 오키나와에도 동화정책이 시행되었다. 오키나와에 있어서의 교육은 류큐처분 후 1979년 12월에 오키나와현청이 대장성에게 올린 상신서(上申書)에서 교육으로 언어풍속을 혼슈와 동일하게 하는 것은 당현 시정상의 최고의 급무라고 하면서 학교 정비의 목적을 말하였다. 홋카이도 이상으로 오키나와 교육에 힘을 쏟은 이유는 오키나와는 본토로부터의 이민도 적고 30만 명의 주민의 대부분이 류큐 민족이었기 때문이다.

당시 오키나와의 취학률은 수업료를 거두지 않고 보조금을 지원했음에도 불구하고 극단적으로 낮았고, 전국 평균이 40%대였는 데에 비해 겨우 3%에 지나지 않았다. 1896년 오키나와 사립교육위원회의 개선점은, 첫째 충애의 국가 사상을 환기시키는 것, 둘째 질서를 존중하게 하는 위경예법(爲敬禮法)을 엄격하게 하는 것, 셋째 보통어 보급의 목적을 가지고 구두시험을 부가하고 고등소학교에 설화회(說話會)를 설치하는 것의 세 가지다. 여기에서도 드러나듯이 교육에서는 일본에의 충성심 함양과 동화가 중시되었고 '일본인' 이라는 자각이 없는 사람을 '일본인' 으로 개조해 가는 작업이었다. 그러나 오키나와 측으로서는 일본에 대한 회의심과 학교에서 사용하는 언어가 '표준어(일본어)' 였던 이유도 있어서 부모들이 취학을 거부하고 취학률은 늘지 않았다. 이 취학률이 급격히 상승하는 계기가 되었던 것은 청일전쟁이었다. 청나라의 패배로 남자는 45%, 여자는 17%까지 증가하였고 1907년까지는 93%나 되었다.

이 교육정책은 아이누 민족에 대한 정책과 큰 틀에서는 같았지만, 오키나와는 일본인 이주자가 거의 없어서 이런 의미에서 아이누 민족 이상으로 류큐 민족에게는 일본에 대한 충성심 함양과 동화가 중시되었다. 그러므로 아주 초창기부터 확고한 방침을 가지고 실시되었다는 데에 아이누 교육과의 차이가 있다.

제2차 세계대전 중 오키나와는 전쟁터가 되어 10여만 명이 생명을 잃었고, 전후에는 본토로부터 분리되어 미국의 통치하에 놓여 있다가 사반세기 후 1972년 5월 15일 본토로 복귀된다. 그동안 오키나와인들은 일본에의 복귀를 요구하였고, 특히 교육의 지향은 일본의 교육기본법대로 모두 '일본 국민의 육성' 이라는 점에 집중되었다. 이 때문에 교육 내용에 있어서는 항상 본토와 궤를 같이하여 진행되어 왔다. 그러나 오키나와인들은 전후 미 · 일 방어조약의 일환으로 미군의 일본 주둔의 70%를 부당하게 부담하는 역할이 맡겨져, 일본 정부와 야마토인(오키나와인 측에서 본 일본인)에 대한 불신을 품고 인종적으로나 문화적으로 다르다는 인식이 있다. 그러나 이들의 다른 인식은 교육에는 반영되지 않고 '묵살' 되고 있는 상태다.

3. 일본 다문화 교육의 문제점

다문화 교육과 관련하여 일본의 교육에서 드러나는 부정적인 현상은 외국인 자녀들의 학업 성적만을 중시하여 같은 학년의 일본인 학생과 같은 기준을 추구하는 데 역점을 두고 있는 교육체제에 기인한 것이다. 이 상황하에서 외국인 노동자의 제2세대가 동년대의 일본인과 같은 수준의 능력을 극히 짧은 시간 내에 습득할 것이 요구되지만, 일본어 능력의 한계와 문화의 단절 등의 장애로 인해 이를 달성하는 데는 어려움이 있다. 그 결과가 높은 교육 기피 현상으로 드러나고, 또 다음 단계의 학교로 진학했다 해도 장래의 선택에 대해 우왕좌왕하는 현실을 초래하고 있다. 그러나 외국인 노동자 2세의 교육지원에 관계하고 있는 사람들이 추방과 억압을 의도하고 활동하고 있지는 않다. 대부분의 경우 숭고한 문제의식과 선의에 기초해 있다. 문제의 본질은 외국인 노동자의 제2세대에게 여러 단계에서 적용되는 대책과 지원이 그 의도와는 괴리된 효과를 결과적으로 가지고 온 데 있다. 때로는 과도한 동질성을 요구하거나 필요 이상으로 주목하거나 입시 등에서 우대 조치를 취하는 등 아직 다문화 교육에 대한 효율적인 방도가 합의되고 정착되지 않은 채 실시되고 있다는 데 근본적인 문제가 있는 듯하다.

그러나 위에서 언급한 바와 같은 일본의 다문화 교육은 좋은 의미에서든 나쁜 의미에서든 함께 살아야 할 외국인 주민들을 안고 있는 지역사회의 노력의 결과물이다. 반면에 일본 정부의 노력은 소극적이며 그 영향 또한 부정적인 것이 많다. 일본 정부는 다문화 교육의 필요를 인식하여 겨우 움직이려는 의향은 있는 듯하나, 사실상 학력 인정 문제와 조성의 면에서 다문화 교육을 방해하고 있는 실정이다.

그 외에도 '히노마루' (국기)에 대한 경례와 '기미가요' (국가) 제창을 교직원과 학생들에게 강요하고 따르지 않는 이들에게는 처벌하는 등 교육에 강력한 국가주의의 개입을 보이고 있다. 현재 일본 정치의 우경화도 다문화 교육에 부정적인 영향을 미칠 것으로 추정된다.

4. 일본 다문화 교육의 금후 과제와 전망

이상에서 일본의 다문화 교육의 대상에는 주류 일본인 이외에 ① 뉴커머, ② 올드커머, ③ '선주민' 일본인이 있음을 보았다. 뉴커머의 다문화 교육과 관련된 일본 사회의 태도는 '태동' 이라고 특징지을 수 있을 것이다. 즉, 역사상 처음으로 일본의 사회와 국가가 다문화 교육의 필요성을 인식하고 그것이 일본 사회에 미칠 영향과 중요성에 착안하여 시행착오를 반복하면서도 다문화 교육의 시도를 하고 있는 것이다. 그러나 이 인식은 처음부터 자발적인 면이 없었던 것은 아니나 일본인들의 인도차이나 난민들에 대한 무관심, 무대책에 대한 외국, 특히 서방 언론의 비판을 통해 일깨워진 측면이 크다. 이것은 일본 민족은 단일민족이라는 신화, 고립된 자연환경 속에서 생겨 나온 소위 '섬나라 근성' 과 문화적 동질성이 높은 나라라는 문화적 인식이 일본 역사를 통해 일본인의 뇌리에 각인되어 있다는 사실에 연유하는 것이다. 또한 일본인이 자기와는 이질적인 집단에게 '동화' 를 강요해 왔다는 사실의 많은 부분을 설명한다.

오랫동안 두드러진 소수민족으로서 그에 대한 차별적 대우가 일본을 인종 문제와 관련해 국제 사회의 비판의 과녁이 되게 한 우리의 재일교포와 화교에 대해서 일본은 아직도 다문화 교육 면에서 이렇다 할 대안이나 조치를 취하지 않고 있다. 이들에 대한 일본 사회와 국가의 반응은 '동화' 였다. 사실 이들의 동화의 역사는 우리나라와 대만 등이 일본의 식민지였던 시대로 거슬러 올라간다. 아시아 제국주의의 맹주 일본은 한국인과 대만인들을 황국신민화하였고, 각 나라가 독립한 이후 일본에 남게 된 우리 교포와 화교는 잃어버렸던 민족의 고유성을 되찾고 또 유지하기 위해 민족교육을 실시해 왔다. 일본의 사회와 국가가 이들의 이러한 움직임에 대해 여러 가지 방해공작을 벌여 온 증거는 많이 있다. 이들에 대한 일본 사회와 국가의 태도는 전쟁 전과 마찬가지로 일관되게 일본 사회에의 동화였다. 사실 우리 교포와 화교는 본래 동아시아의 문화전통을 많이 공유하고 있고 문화적으로 일본에 동화된 면도 많이 있으며, 언어적으로도 전혀 문제가 없으므로 이들에 대해 다문화 교육을 실시할 필요는 애당초 없다. 그러나 이들에 대한 사회적 차별은 일본의 교육과 사회와 국가가 반드시 해결해야 할 문제다.

일본의 다문화 교육과 관련하여 '선주민'을 언급하는 사람은 없다. 왜냐하면 아이누 민족이건 오키나와인이건 부라쿠민이건 모두 일본인이며, 일본 문화에의 동화의 역사는 그 어느 민족 집단보다 길기 때문이다. 그러나 이들도 주류 일본인과의 차이점을 의식의 어딘가에 간직하고 있으며, 정도의 차이는 있다고 하나 남북한 재일동포와 화교와 같이 넓은 의미에서 차별을 받고 있다. 서로의 차이를 인정하고 문화 집단으로서 각 인종의 가치를 존중하는 것이 다문화 교육의 중요한 철학적 전제임을 고려할 때, 이들 선주민에 대한 일본 사회와 국가의 태도는 '무의식' 또는 '묵살'이라고 하겠다. 한국인이 일본 사회의 우리 교포들에 대한 차별에 분개하여 우리 정부에게 무슨 조처를 취하도록 요구하는 일도 왕왕 있어 왔다. 그러나 자신들을 위해 국가적 혹은 국제적 차원에서 조처를 취해 줄 정부를 가지지 못한 일본의 선주민이야말로 가장 불리한 입장에 처해 있다고 하겠다.

일본의 다문화 교육이 여러 다른 민족과 문화 집단들의 편협한 국가주의를 극복하고 서로 진정한 공생을 지향해야 함은 말할 필요조차 없다. 인류의 진정한 공생을 위한 노력이라면 그것이 '다문화 교육'이라고 불리건, '고도의 문화'라고 불리건, '평화'라고 불리건, 인간의 '기본적 상식'이라고 불리건 상관이 없다. 결국 그것이 추구하는 바는 삶의 인간다운 조건의 형성이기 때문이다.

참/고/문/헌

金敬得(2006). わが家の民族教育: 在日コリアンの親の思い. 東京: 新幹社.

獨立行政法人國際協力機構 調査研究(2005). 沖校の教育復興僅驗と平和構築.

柳學洙(2004). 多文化・民族教育の國際比較～在日コリアンの民族教育の展望～(2004年度コリアン學生學術フォーラム提出論文).

方政雄(2002. 11. 30). 多文化教育におけるカリキュラム開發と授業實踐に關する研究—在日コリアンを主題として—. 日本教育實踐學會 第5回研究大會 研究發表論文.

石橋直一, 依光正哲(2003). 日本に在住する外國人勞働者第二世代の進路選擇の研究−2002年度調査より—. 一橋大學 経濟研究所 世代間利害調整プロジェクト(特定領域研究) 2003年度 Discussion Paper No. 166.

小川正人(1997). 近代アイヌ教育制度史研究. 札幌: 北海道大學 書刊行會.

總務省(2006. 3). 多文化共生の推進に關する研究會報告書.

黃丹青(2005). 日本における中華學校のバイリンガル教育實踐に關する一考察. 國立教育政策研究所紀要, 第134集(2005. 3).

黃英蓮, 依光正哲(2002). 中國歸國者 2世・3世の教育に關する現狀と課題. 一橋大學 経濟研究所 世代間利害調整プロジェクト(特定領域研究) 2002年度 Discussion Paper No. 130.

제7장

중국 다문화 교육의 현황과 과제

1. 중국 다문화 교육과 소수민족
2. 중국 소수민족 정책의 변천과정
3. 중국 소수민족 교육의 변천과정
4. 21세기 중국 소수민족 교육의 현황 및 과제
5. 다문화 교육의 나아갈 길

1. 중국 다문화 교육과 소수민족

중국은 56개 민족으로 구성된 다민족 국가다. 한족 외의 55개 민족을 소수민족이라 부르고 있으며, 소수민족의 인구는 1억 600만 명으로 전국 총인구수의 8.41%를 차지하고 있다. 이렇게 볼 때 중국은 한족 중심의 사회라고 할 수 있다. 그러나 소수민족이 차지하고 있는 영토는 전체 영토의 63.7%에 달한다. 이들 소수민족은 대부분 변강(邊疆) 지역에 분포되어 있으며 그들의 언어, 역사와 문화, 종교를 가지고 있다. 심지어 중국의 한 부분이라는 것을 인정하지 않고 암암리에 분리 독립을 추진하고 있는 민족들도 있으며, 망명정부를 가지고 있는 나라도 있다. 신중국 성립 이후 중국은 '단 하나의 중국(只有一個中國)' 이라는 민족정책을 지금까지 유지하고 있으며 어떠한 분리 독립에도 단호히 대처한다는 입장을 견지하고 있다.

중국의 다문화 교육은 기본적으로 이들 소수민족 교육이 핵심 내용이며, 소수민족 교육에 대한 정책은 소수민족 정책과 궤를 같이한다. 실제 중국에서는 다문화 교육이라는 개념은 거의 사용하지 않고, 대신 민족교육 혹은 소수민족 교육이라는 말을 사용한다. 중국의 다문화 교육은 민국정부(손문의 중화민국) 시기에는 '변강교육(邊疆教育)' 의 용어로 시작하여, 중화인민공화국 성립 직후에 '소수민족 교육' 이라는 용어가 만들어졌으며, 이를 줄여 '민족교육' 이라 부르고 있다. '소수민족 교육' 을 연구하는 학자들은 최근 민족교육을 광의의 민족교육과 협의의 민족교육으로 구분하고 있다(歐以克, 2005; 哈經雄, 滕星, 2001, 孫若窮, 1990).

광의의 민족교육은 '과문화교육(跨文化教育, trans cultural education)' 혹은 공동문화를 가진 민족이 동일 민족 성원에 대하여 문화를 전승하고 배양하는 것이라고 말하고 있다. 협의의 민족교육은 소수민족 교육이며, 이는 다민족

안경식(부산대학교 교육학과 교수)

국가 중의 소수민족 성원에 대해 실시하는 복합민족 교육, 즉 '다원민족 교육(多元民族教育)'이라고 하였다. 그러니까 다수민족인 한족 이외의 기타 민족에 대해 실시하는 교육이 중국에서의 소수민족 교육이며 다문화 교육인 것이다(歐以克, 2005: 2-3). 그러나 앞서 말한 바와 같이 중국에서의 다문화 교육 연구는 거의 소수민족 연구가 주가 되고 있으며, 그중 상당 부분은 '소수민족학술연구문고(少數民族學術研究文庫)' '민족교육연구총서(民族教育研究叢書)' '중국소수민족교육사총서(中國少數民族教育史叢書)' 등과 같이 교육부의 지정 과제 형태로 정책적으로 연구되고 있다. 중국이 이처럼 다문화 교육의 문제를 소수민족 교육 문제로 한정하다시피 하는 것은 연구의 역량 문제라기보다는 정책적인 결정이라고 보아야 한다. 다문화 교육을 소수민족 교육의 문제로 '한정'하게 되면 이 문제는 결국 최근 우리의 관심사인 '동북공정(東北工程, 東北邊疆歷史與現狀系列研究工程의 약칭)' 문제와도 직결되며, 국제 사회의 관심사인 티베트 문제와도 직결되게 된다. 소수민족 교육정책 위에 소수민족 정책이 있으며, 소수민족 정책 위에 민족정책 더 나아가 중국의 대외정책이 있는 것이다.

이 장에서는 소수민족 정책의 이면에 작용하는 사상적 배경은 무엇이며, 소수민족 정책 아래서 소수민족 교육정책이 어떻게 변천되어 왔는가를 고찰한 다음, 중국이 현재 취하고 있는 민족교육의 주요 내용과 문제점 등을 살펴봄으로써 중국 다문화 교육의 특색과 성격을 살펴본다.

2. 중국 소수민족 정책의 변천과정

1) 소수민족 정책의 사상적 배경

중국의 소수민족 정책의 사상적 배경은 전통적인 '중화주의(中華主義)'를 비롯하여 청나라 말기의 '한민족주의(漢民族主義)', 개혁·개방 이후 강조되고 있는 '국가민족주의'나 '신중화주의' 등을 들 수 있을 것이다. 이 가운데 중화주의는 화하족(華夏族)이 중심이 되어 '중심[華]'과 '주변[夷]' '문명[華]'과 '야만[夷]'을 구분하는 화이관(華夷觀)과 천하관념(天下觀念)으로 나타나게 된다. 이른바 "온 천하가 다 왕의 땅이 아님이 없고 온 땅 끝의 사람도 왕의 신하가 아닌 사람이 없다(普天下, 莫非王土, 率土之濱, 莫非王臣)."는 말로 대표되는 것이 선진시대(先秦時代)의 천하사상이다. 그러다 천하가 통일되고 한 제국이 성립하면서 여전히 화하족을 중심으로 새롭게 한족 문화를 만들기 시작하였고 급기야 대한주의(大漢主義)를 표방하게 된다. 한 제국에는 고명사(高明士)가 말한 유교, 불교, 한자, 율령 등을 바탕으로 당대에 형성되었다는 '동아세계(東亞世界)' 혹은 '동아교육권(東亞敎育圈)'의 기본이 체계를 마련하였다(高明士, 1984). 이 시기에 한 무제(漢 武帝, B.C. 141~B.C. 87 재위)의 팽창정책과 동중서(董仲舒, B.C. 170?~B.C. 120?)가 건의한 독존유술(獨尊儒術) 정책으로 많은 소수민족들이 한 제국에 무력적으로, 문화적으로 복속되거나 동화되었다. 이후에도 한족과 소수민족은 격렬한 투쟁과 복속, 동화를 거치며 중국역사를 만들어 왔다. 그런 가운데 중국의 전통적인 중화주의와 한민족주의는 한족들에게는 지속적으로 투쟁의 동력, 민족적 자존심으로 살아 있었다.

중국의 한민족주의가 새롭게 대두된 것은 청나라 말기다. 만주족이 세운 왕조였던 청조를 타도하고 새로운 혁명을 위해서 반만주(反滿洲)의 사상적 구심점으로 다시 한민족주의를 들고 나왔던 것이다. 이는 국민당이나 공산당이나 마찬가지였다. 최초로 '중국인'의 문제를 들고 나온 사람은 장병린(章炳麟, 1868~1836)이었다. 그는 외래인으로서 만주족에 대항하여 중국인을 개념화하였다. 그러나 근대적 의미의 중국인을 구성하는 데 만주족을 포함하고 청나라를 계승해야 하는 딜레마에 빠지게 되었다. 손문(孫文, 1866~1925)은 '한족 인구에 비해 한족 아닌 자는 적으며', 그러므로 '중국은 하나의 민족으로 이루어져 있다.'는 한족중심주의를 주장했고, 장개석(蔣介石, 1887~1975)은 '중국에 사는 모든 거주민은 동일한 핏줄'을 가지고 있으며 그들 간의 차이는 지역적 · 종교적 차이이지 종족이나 민족의 차이가 아니라고 하였다(이진영, 1999:

289-290). 민족주의에 입각한 이러한 발언들은 한민족주의를 강화하는 측면에서는 유효하지만 '혁명' 이후의 비한족의 처리 문제에 있어서는 여전히 난제를 안고 있었던 것이다.

공산당이 신중국을 수립하고 나서 한민족주의는 국가민족주의로 전환되었고, 국민과 민족을 구별하여 중국인은 시민권을 가진 국민으로 정의되었다. 그리고 민족은 '중화민족' 이라는 새로운 용어로 개념화되었다. 여기서 그들이 말하는 중화민족이란 다원일체(多元一體)의 틀 속에서 다민족 상호 간의 이주와 융합을 거쳐 각 민족이 다른 민족의 문화전통을 받아들여 축적하고 변강을 개발하며 중국 문화를 풍부하게 하고 외적의 침입에 공동으로 대적하면서 생겨난 민족 응집력의 결과다. 따라서 중화민족은 현재 중국의 영토 내에 존재하고 있는 한족 및 소수민족뿐만 아니라 과거 중국의 강역 내에 살아왔던 고대의 모든 민족 집단까지를 포괄하는 민족 개념이다(윤휘탁, 2006: 113). 이 중화민족 아래에 하위 개념으로 민족이 규정되었는데 그것이 바로 '족(族)' 이다. 즉, 중국이라는 국가는 56개 민족으로 이루어진 '통일적 다민족 국가' 라는 것이다(이진영, 1999: 291).

오늘날 중국의 소수민족 정책의 이론은 바로 이 '통일적 다민족 국가론' 이다. 통일적 다민족 국가론은 오늘날 중국의 '중화민족 대가정 만들기' 에서 비롯된 것이다. '중화민족 대가정 만들기' 란 중화민족의 부흥을 실현하고 중화민족의 대단결을 굳게 하고 중화민족의 정신을 드높이며, 국가의 주권과 영토의 완결성을 유지하고 양안(兩岸, 대륙과 대만)의 통일을 추진하려는 중국의 국가 전략이다. '중화민족 대가정 만들기' 는 중화주의의 전통을 비판적으로 계승하면서 청 제국이 옹유하고 있던 민족과 영토를 온전하게 통합하여 과거에 화려했던 중화민족 국가의 새로운 부흥을 시도한다는 점에서 중국의 '신중화주의' 라고 볼 수 있다. 여기서 '신중화주의' 는 전통적 중화 문화 패권주의로서의 '중화주의' 를 개혁·개방 정책 속에서 새로운 형태로 계승한 중국의 '팽창적 문화주의' 를 의미한다(윤휘탁, 2006: 7-8). 한중 간의 역사전쟁으로 일컬어지는 '동북공정' 과 고구려사 문제, 최근의 백두산 문제 등도 이론적으로는 기본적으로 이러한 '통일적 다민족 국가론'에 따른 것이다. 그리고 이 글의 주제인 소수민족 교육도 이러한 새로운 민족론에 바탕을 두고 있는 것이다. 다시 말하면, 통일적 다민족 국가론은 영토 통일과 국민 통합이라는 두 과제를 달성하려는 중국의 정책에서 나온 것이다. 중국의 다문화 교육, 즉 이른바 소수민족 교육은 이 두 가지 과제 달성의 수단적 역할을 하고 있다.

2) 소수민족 정책의 변천과정

(1) 신중국 성립 이전(1911~1949)의 소수민족 정책

신중국 성립 이전에는 각 당파의 입장에 따라 소수민족에 대한 의견이 다소 차이가 있었다. 앞서 언급한 바와 같이 1911년 중화민족을 세운 손문과 국민당은 민족 문제에 대해 한민족주의를 내세웠다. 즉, 국가와 민족을 동일한 개념으로 취급하여 중국에서는 하나의 민족성이 있음을 강조하였다. 손문이 중국 내에 거주하는 모든 개별 인종의 명칭을 소멸시키고 모든 인종들의 요구를 통합 · 흡수하여 단일의 문화적, 정치적 공동체를 형성해야 한다고 주장한 것, 그리고 장개석이 중국 내의 모든 민족은 같은 혈통을 가진 동족으로서 민족의 구분은 인종적, 혈연적 차이에서 비롯되는 것이 아니라 단지 종교적, 지역적 차이에서 기인하는 것이라고 주장하여 소수민족의 한족으로의 동화를 강조하였다는 것은 앞서 제시한 바와 같다(방수옥, 2000: 142; 이진영, 1999: 289).

중국 공산당의 소수민족에 대한 관심은 1927년 국민당과의 제1차 국공합작이 결렬된 이후부터다. 이는 대부분의 소수민족이 위치하고 있던 오지의 전략적 중요성과 군중노선의 뿌리를 변방 인민에 내려야 한다는 모택동(毛澤東)의 사상적 배경 때문이었다(남정걸, 1996: 288-289; 방수옥, 2000: 142-143). 이른바 민족자결주의는 1931년에 제정된 '강서헌법(江西憲法)'에도 반영되었고, 대장정 기간에도 그들이 지나는 곳마다 모든 소수민족에게 민족자결의 입장을 선전하였다. 그러나 1938년부터 민족자결주의를 서서히 거두기 시작하였고, 민족자결의 의미를 한족과 자발적으로 연합을 형성하는 것으로 바꾸게 된다. 분리 독립보다는 하나의 독립된 국가 속에서 자치권을 인정하는 방향으로 선회한 것이다. 국민당이 동화정책을 너무 강조하여 소수민족 정책을 경직된 방향으로 이끌고 간 것을 거울 삼아 회유적인 동화정책을 전개한 것이다(남정걸, 1996: 290-292).

(2) 신중국 성립기(1949~1958)와 대약진운동기(1958~1966)의 소수민족 정책

중화인민공화국을 세우고 나서는 민족자결주의 대신 제시한 민족자치주의를 법률적으로 뒷받침하기 시작하였다. 1949년 '중국인민정치협상회의'를 소집하여 공동강령을 통과시켰는데, 여기서 다음과 같은 소수민족 관련 내용을 포함하였다. "중화인민공화국 내의 각 민족은 일률적으로 평등하고 서로 단결·협조하여 제국주의와 각 민족 내부의 인민의 공적에 반대하고 중화인민공화국이 각 민족 간에 서로 사랑하고 협조하는 대가정이 되도록 한다."(제50조). "각 소수민족이 집단으로 거주하고 있는 지역의 인구 비례와 거주 지역의 크기에 따라 각종 민족자치기관을 분별하여 건립한다."(제51조). "각 소수민족은 모두 그들의 언어·문자를 발전시키고 그들의 풍속·습관 및 종교·신앙을 유지하거나 개혁할 수 있는 자유를 갖는다. 인민정부는 마땅히 각 소수민족의 인민대중이 그들의 정치·경제·문화·교육을 발전시키는 건설사업에 협력하여야 한다."(제53조). 그리고 1952년에는 '중화인민공화국 민족구역자치실시요강'을 발표했다. 여기서는 세 가지 원칙을 제시했는데, 첫째 자치구는 한 소수민족의 집단 거주 지역을 기초로 한다는 것, 둘째 큰 소수민족의 집단 거주 지역이 기초가 되고 인구가 적은 소수민족은 자치구를 그리고 자치구 내의 인구가 적은 소수민족은 구역자치를 실시한다는 것, 셋째 두 개 또는 여러 개의 소수민족이 집단 거주하고 있는 지역은 연합으로 건립한 자치구를 갖는다는 것이다. 그리하여 성급(省級)의 자치구(自治區), 성 산하의 자치주(自治州), 주 산하의 자치현(自治縣), 현 산하의 자치향(自治鄉)이 생기게 되었다. 그리고 1954년에 제정된 헌법에서도 중화인민공화국은 전국의 각 민족 인민들이 공동으로 체결하여 만든 다민족 국가임을 명시하였고, 민족 간의 평등, 단결, 상호 원조의 사회주의적 관계를 유지하면서 대한족주의(大漢族主義)도 반대하고 지방민족주의(地方民族主義)도 반대한다고 하였다(방수옥, 2000: 145-146).

1958년 모택동은 '총노선(總路線)' '대약진(大躍進)' '인민공사(人民公社)' 등을 내세우며 고도 경제성장 정책을 전개하였다. 이른바 '대약진운동'이다. 운동의 슬로건 가운데 '인민공사'는 민족향(民族鄕) 또는 일반 향(鄕)·진(鎭)을 철폐하고 보다 넓은 범위의 행정구역을 설치한 종합적인 사회조직 구성 단위로서 협동농장을 통한 농촌의 재편을 가져왔다. 그리하여 이 시기에는 민족의 다양성은 생산 활동을 방해하는 것으로 간주되고 민족들 간의 통합과 단결이 강조되었다. 이때 통합과 단결에 걸림돌로 작용한 것이 언어 문제다. 그 해결책은 우선 모든 연령의 모든 소수민족 인민들에게 중국어(漢語, 이하 중국어로 표기)를 배우게 하는 것이다. 둘째로 만약 이것이 불가능하다면 정부 선전의 완벽한 효과가 나타날 수 있도록 소수민족의 언어를 새로 만들거나 개조하게끔 하는 것이다. 셋째로 중국어를 초·중등학교에 의무적으로 사용하게 함으로써 모든 소수민족 지역의 인민들을 완전하게 중국 시민으로 만드는 것이다. 그러나 대약진운동은 실패로 끝나고 이 시기의 강력한 동화정책은 오히려 한족과 소수민족 간의 차이를 인식시켜 주는 계기가 되었다(남정걸, 1996: 297). 그리고 1959년 티베트의 독립운동을 중앙정부는 무력으로 진압하였다. 계속해서 1961년에는 신강(新疆) 자치구에서 중앙정부에 대한 반란이 있었으며 내몽고 자치구에서도 독립운동이 있어났다. 이런 과정에서 중앙정부는 다시 한족과 소수민족 간의 평등을 강조할 수밖에 없었다.

(3) 문화대혁명기(1966~1976)의 소수민족 정책

모든 것이 급진적으로 추진되었던 문화혁명기에는 민족 문제 역시 급진적으로 추진되었다. 지역자치와 민족자치가 무시되고 전통적인 민족지도자들이 숙청되었다. 동시에 민족 업무 기구들도 모두 제 기능을 발휘할 수 없었다. 민족주의의 강조는 민족적 분파주의로 치부되었다. 이 기간 중 임표(林彪), 강청

(江青) 등은 민족 문제는 계급 문제라는 모택동의 교시만을 강조하면서 사회주의 내에서는 민족 문제란 존재하지 않는다고 하였다. 그리하여 소수민족들의 권리가 축소되었고 다른 어떤 시기보다 빠른 속도로 한족에 동화되었다(남정걸, 1996: 300). 그러나 문화혁명 후반기로 가면서 민족 문제를 계급 문제와 결부하는 관점은 사라지고 또다시 민족 문제를 인정하는 동화주의적인 경향이 나타났다.

(4) 개혁 · 개방기(1977~)의 소수민족 정책

모택동의 죽음과 함께 문화대혁명은 막을 내리고 민족정책에도 새로운 변화가 생겼다. 1978년에 만들어진 신헌법에서는 4개항의 새로운 소수민족 정책이 강조된다. 즉, 각 민족 고유의 언어 · 문자 · 풍속 · 습관에 대한 폭넓은 자유 부여, 민족구역 자치기관의 적절한 수의 민족대표 선출 허용, 자치기관이 각 민족의 정치 · 경제자치 조례의 제정, 소수민족 간부의 양성이 그것이다. 그리고 1982년 헌법에서는 소수민족에 대한 구체적인 내용을 담고 있는데, "중화인민공화국의 각 민족은 일률적으로 평등, 단결, 상호 원조 관계를 유지 · 발전시킨다. 어느 민족에 대한 차별과 탄압도 금지하며 단결을 파괴하고 민족의 분열을 조장하는 행위도 금지한다."고 명시해 놓았다(방수옥, 2000: 147).

3. 중국 소수민족 교육의 변천과정

1) 신중국 성립 이전의 소수민족 교육(1911~1949)

이 시기의 소수민족 교육정책은 국민정부와 초기 공산당의 입장이 차이가 있다. 국민정부는 이른바 '변경교육(邊境教育)'을 제창하였는데, 그 실질은 소수민족 교육이었다. 즉, 남경국민정부행정원(南京國民政府行政院)은 '변경지역 청소년교육 및 인사행정 실시요강(邊地青年教育及人事行政實施綱領)' 을 1941년 제정하여 특수한(중국어가 아닌) 언어와 문화를 가진 지역의 인민들에게는 모두 변지교육(邊地教育)을 실시한다고 하였다. 그리고 그 목적은 "비한어인 집단을 대상으로 철저한 국가민족의식을 배양하고 전국적인 문화의 통일을 기하는 것이다."라고 하였다. 그런데 이러한 국민정부의 변강교육은 사상적으로는 당시 유행한 신교육사조인 듀이(J. Dewey)의 실용주의의 영향을 받아 내용의 측면에서 실용성을 강조했다는 특색이 있다. 즉, 학교 운영을 현지 실정에 맞게 한다든지, 교육 내용을 생산 및 생활과 결합시킨다든지 하여 전통적 교육의 형식주의와 기계주의를 탈피하려는 움직임이 그것이다(杜生一, 2006: 121-128).

한편, 중국 공산당 역시 1931년 이래 소수민족 교육을 매우 중시해 왔다. 1937년 중화소비에트 제1차 전국대표대회에서 '중국 영토 내 소수민족문제의결결의안(中國境內少數民族問題議決決議案)' 에서 소수민족 경제와 문화 교육에 대한 규정을 만들었다. 또한 1941년 공산주의 사상을 가진 민족 간부를 양성하기 위해 연안에 중국 최초의 민족학원인 연안민족학원을 설립하였고, 내몽고에도 민족학교를 세웠다. 그리고 건국 전야에는 "중화인민공화국의 문화교육은 신민주주의적이어야 한다. 다시 말하면, 중국은 민족적, 과학적, 인민대중적인 새로운 문화와 새로운 교육을 건설하여야 한다." "일체의 노예적, 봉건주의적 및 파쇼주의적 문화와 교육은 적절하고도 견결한 조치를 취하여 일소하여 버려야 한다."라는 공동강령을 발표하였다(연변대학교교육학심리학교연실, 1989: 134-135).

2) 신중국 성립 후의 소수민족 교육(1949~1966)

건국 직후 중국의 소수민족 교육정책의 방향은 모택동에 의해 제시되었다. 1950년 11월 중국 정무원(政務院)은 '소수민족간부배양시행방안(培養少數民族幹部施行方案)' 과 '중앙민족학원설립시행방안(籌辦中央民族學院施行方案)' 을 비준하였다. '소수민족간부배양시행방안' 에는 "국가 건설과 민족교육 자치를 위해서 그리고 공동강령을 실현시키고자 하는 민족정책의 필요성에 따라서 중앙에서 관련 성, 현에 이르기까지 마땅히 신민주주의의 교육 방침에 근거하여 광범위하고도 대량으로 각 소수민족의 간부들을 양성해야만 한다. 아울러 현재의 현실 정황에 근거하여 정치학교와 정치훈련반을 열어 보통정치간부의 육성을 위주로 하고 절박하게 필요한 전업 및 기술 간부의 양성을 부차적인 임무로 한다."는 명문 규정이 있다(謝啓晃, 1984: 13). 이에 따라 1951년 북경에 중앙민족학원(中央民族學院)이 설립되고 각 지방에도 10개의 민족학원이 설립되었다. 그리고 1951년 9월 북경에서 교육부가 소집한 '제1차 전국민족교육업무회의(第一次全國民族教育工作會議)' 가 개최되어 몽고족, 티베트족, 회족, 위구르족, 카자흐족, 묘족, 이족, 나시족, 조선족, 고산족, 만주족 등 총 126명의 대표가 모여 "소수민족 교육은 반드시 신민주주의 내용이어야 하며 각 민족 인민의 발전과 진보에 적합한 민족 형식을 채용해야 한다."는 민족교육 발전의 방침을 내세웠다. 이때 제시된 내용을 살펴보면 다음과 같다. "각 소수민족의 교수 계획, 교수 요강은 중앙 교육부의 규정을 기초로 하여야 하며, 각급 학교의 학제는 정무원의 '학제개혁에 관한 결정' 을 준수하여 각 소수민족 지구의 구체적인 상황과 결합시켜 절도 있게 개혁 · 건립하여야 한다." "현행의 통용문자를 가진 몽고족, 조선족, 티베트족, 위구르족, 카자흐족 등은 소학 · 중학의 각 교과과정에서 반드시 해당 민족의 어문으로 교육해야 하며, 문자가 미비한 민족은 문자의 창제 · 개혁에 착수하는 한편 자원(自願)의 원칙에 의거하여 중국어(漢語)나 그 민족이 습관이 된 다른 민족어로 교육해야 한다."(謝啓晃, 1984: 15; 조점환, 1990: 30) 그리고 1956년 6월 북경에서 소집한 '제2차 전국민족교육업무회의' 에서는 주로 해방 후의 민족교육 사업을 총결산하고 이후 민족교육의 방침 임무인 문맹퇴치 사업, 소학교 교육의 보급, 교원 양성의 문제, 교재 편찬의 문제, 민족어문 교수개혁의 문제 등을 확정하면서 민족교육 12년 발전계획(1956~1967)을 수립하였다. 1958년에는 민족교육 사업 분야에서 '민족융합론' 을 내세우는 좌파적 사조가 나타나 좌절을 겪게 된다. 민족융합론이란, 첫째 민족 간의 공통성을 증강하고 차이성을 축소해야 한다는 것이며, 둘째 민족 간의 공통성은 다수민족이고 주체 민족인 한족을 따라 배워 그와의 차이성을 줄여야 한다는 것, 셋째 사회주의 역사 시기에 민족의 특수성을 강조하는 것은 민족 간의 분열을 조장시키고 조국의 통일과 사회주의 사업을 해치게 된다는 것이 주요 골자다. 이러한 좌파적 사조에 따라 민족학교와 한족 학교를 합친 민족연합 학교를 꾸리는 새로운 바람이 일어났으며, 민족학교에서의 교수 용어를 중국어로 고치거나 민족어문 교수 시간을 최대한 축소하는 경향들이 나타난다(연변대학교교육학심리학교연실, 1989: 213-214). 이러한 혁명적 조치들은 1960년에 이르러 원래대로 복귀되었다.

3) 문화혁명기의 소수민족 교육(1966~1976)

문화혁명기의 소수민족 교육은 크게 위축되었다. 혁명 주도자인 강청과 임표 등은 "사회주의 나라에 무슨 민족의 불평등이 있는가?"라면서 민족 문제의 존재를 부인하였다. 이들은 자신들의 정치적 필요에 따라 "민족투쟁의 실질은 계급투쟁 문제다."라고 하면서 소수민족들에게 인위적인 융합을 강조하였다(연변대학교교육학심리학교연실, 1989: 307). 그리하여 이 시기에 전국적으로 10개소에 불과한 민족학원 중 8개가 폐쇄 혹은 정지되었고, 전국 각지의 민족 중·소학은 폐쇄되거나 합병되었다. 장기간 종사해 온 민족교육 행정가 및 교사가 대대적으로 피해를 입었으며, 민족어문 교육도 큰 타격을 받았다(조점환, 1990: 31). 특히 강청은 소수민족 문자는 '쓸데없는 것'이라고 하였는데 이에 따라 민족어문 교육의 안정적 체계가 완전히 바뀌게 되었다. 그러나 문화혁명 후반기 들어 혁명 세력의 과격한 조치들은 다수 민중의 반감을 불러일으켰고, 모택동, 주은래(周恩來)의 관심으로 기존의 정책들이 부활하게 되었다.

4) 개혁 · 개방기의 소수민족 교육(1977~2000)

1978년 등소평이 입각하여 개혁과 개방 정책을 펼치면서 실용주의 노선에 따른 경제개발을 우선 가치로 추구하게 되었다. 특히, 개혁 · 개방 이후 지역 간 경제 발전의 불균형, 소수민족 인구 유동성의 증가, 소수민족의 민족의식 변화로 인한 민족 갈등이 빈번해지면서 민족교육으로 이들 문제를 해결하려는 정책을 펴게 된다. 그리하여 소수민족 교육을 강화할 필요성을 느끼게 된다. 1979년에 교육부에 민족교육 전담부서인 '민족교육사(民族教育司)' 를 설립하고, 1980년 중국 교육부와 국가민족사무위원회(國家民族事務委員會)는 '민족교육의 업무 강화에 대한 의견(關於加强民族教育工作的意見)' 을 제출하였다. 이 시기 소수민족 교육의 기본 방향을 알 수 있는 이 의견에는 소수민족 지구의 '4화(四化, 즉 革命化, 年輕化, 知識化, 專門化) 건설' 과 번영 · 발전을 위한 대량의 전문 인력을 양성한다는 것과 각급 학교 교육을 반드시 발전시켜야 한다는 것 등이 포함되어 있다. 특히, 인재 양성과 관련하여 소수민족 출신의 과학기술 인재 양성과 행정 인력의 양성 없이는 민족 문제의 실질적 해결은 어렵다고 본 것이 특색이다. 그리고 '조정과 개혁, 정돈과 제고' 의 방침을 말하면서 온고한 개혁을 제창하였다(何東昌, 1996: 40). 1981년 2월 20여 년 만에 개최된 '제3차 전국민족교육업무회의' 를 계기로 민족교육은 이전의 성과에 대해 정(正)과 반(反)의 경험과 교훈을 총 결산하면서 이후 새로운 시기의 소수민족 교육의 방침과 임무를 확정하였다. 이때 확정된 주요 내용은 우선 조정 작업을 진지하고 확실하게 하는 것이다. 즉, 조정을 통하여 중국의 민족교육 사업을 전체 교육사업 중에서 마땅한 위치에 자리 잡도록 하는 것이다. 두 번째는 학교에서 정치사상 교육을 강화하는 것이다. 즉, 조국과 민족의 단결과 상호 부조의 교육을 실시하여, 과학교육으로 종교와 미신 사상을 제거하는 데 힘쓰는 교육을 실시한다. 세 번째는 각급의 학교교육을 발전시켜 지역 현실에 맞게 계획을 수립하고 질의 제고에 힘쓰는 것이다. 특히, 초 · 중등 학교교육을 강화하고 문화적 측면에서 특별히 낙후된 소수민족 교육에 대해 추가적 조치를 취하여 도와주어야 하며, 그 밖에도 직업교육과 기술교육을 강화하여야 한다고 하였다. 이 회의에서는 소수민족의 고등교육과 민족사범 교육의 발전 필요성에 대해서도 언급하였다(何東昌, 1996: 40-41).

이러한 방침에 따라 각 성과 시의 자치구에서 전담 민족교육 행정기구를 새로 만들거나 복귀시켰고 민족교육의 업무의 지도를 강화했다. 또 소수민족의 언어 및 문자 정책이 구체화되었다. 개혁·개방 초기인 1980년대의 소수민족 교육정책은, 첫째 민족의 특성에 적합한 사회주의 교육제도를 건립하되 한족 지역의 교육방법을 그대로 옮기는 것은 아니었으며, 둘째 각 민족지역의 실제 상황에 근거하여 실제적으로 민족교육에 적합한 계획을 제정하였으며, 셋째 민족교육을 발전시키기 위해서는 반드시 국가의 지원과 소수민족 교육의 자력갱생이 함께하여야 함을 강조하였다(김정호, 2001: 39). 그리고 1990년대에 들어서도 민족교육은 경제개발과 민족통합의 측면에서 강조되었는데, 1992년에 개최된 '제4차 전국민족교육업무회의(第四次全國民族教育工作會議)'에서 20세기 1990년대의 민족교육의 발전과 개혁의 3대 요구가 제시되었다. 3대 요구는 기초를 잘 다져 기초교육을 강화하는 것, 개혁을 지속적으로 견지하여 현지의 경제 건설과 인민군중의 빈곤 탈출을 위해 봉사하는 것, 낙후된 민족 지구와 전국의 평균적 발전 정도 간의 수준차를 줄이는 것이다(杜生一, 2006: 148). 이렇게 볼 때 개혁·개방기인 1980년대와 1990년대의 소수민족 교육의 특색은 경제 발전의 측면에서 민족교육의 정책을 전개했다는 것이다.

4. 21세기 중국 소수민족 교육의 현황 및 과제

1) 정책과 성과

2000년 이후 지금의 중국의 소수민족 교육에 대한 기본 골격은 2002년에 발표된 '민족교육발전을 가속화하는 개혁에 대한 국무원의 결정(國務院關於深化

改革加快發展民族敎育的決定, 약칭 '決定')' 이다. 이 국무원 '결정' 은 각 성과 자치구 그리고 직할시의 인민정부를 비롯한 국무원 각 부서와 소속 기구에 일괄 하달된 결정으로 "근래 국제투쟁의 분위기에서 해외의 적대 세력과 주변 국가의 종교 집단과 극단주의자들이 중국 내 민족분열주의자와 서로 연합하여 중국의 일부 민족지구에 사건을 일으켜 민족분열 활동을 하고, 중국의 교육 영역까지 침투하여 민족분열 세력을 키우려 하고 있다."는 위기의식에서 출발하였다. 이 '결정' 은 먼저 새로운 21세기 소수민족 교육의 지도 사상으로 교육이 '서부대개발(西部大開發)' (서부 변강지역의 경제적 개발을 통한 변강민족 통합정책)과 민족지구 경제 · 사회 발전 및 민족단결과 국가통일에 도움이 되어야 한다는 전제하에서 다음과 같은 네 가지 기본 방침과 원칙을 제시하고 있다.

① 민족교육의 개혁과 발전은 실사구시 정신을 견지하여야 하고 철저히 현실에서 출발하여야 한다(因地制宜). 그리하여 교육발전의 계획이나 교육개혁의 단계, 교육 목표 요구, 학교 설립의 원칙, 교수 용어, 교육과정의 개설, 학제 등에서 민족과 현지의 상황에 따라 적당한 제도를 만들어야 한다.
② 종교와 국민교육의 상호 분리 원칙을 견지한다. 헌법 등 법률에 따라 어떠한 조직이나 개인도 종교를 이용해서 국민교육에 간여하지 못하며, 어떤 형식으로도 학교에서 종교를 선전하지 못한다.
③ 민족지구의 자력갱생을 도모하되, 발달된 지역 및 관련 고등교육 기관과 민족교육 기관이 결연을 맺어 민족지역의 교육사업을 발전시킨다.
④ 일관된 준비로 골고루 배려하며 중점 사항이 드러나게 처리한다(統籌兼顧, 突出重點). 즉, 미개발된 소수민족 지역의 교육과 개발된 동 · 중부 지역의 교육 사이에 협조를 강화한다. 또 소수민족과 서부 지역에서 현대적 원격교육을 적극 지원하여 민족교육의 경계를 넘는 발전을 실현한다.

국무원의 '결정' 은 또한 민족교육을 개혁하고 발전시키는 아홉 가지 정책적 조치를 발표하였다.

① 교육개혁을 심도 있게 추진하고 학교 설립과 운영에 활력을 불어넣는다. 진일보한 학교 운영과 체제 개혁을 시도하고, 민족학교의 설립 및 운영 주체의 변화와 운영 방식의 변화를 도모한다. 지역사회의 역량으로 지역 학교를 운영하는 것을 지지한다. 동부와 중부 지역사회의 힘으로 소수민족과 서부 지구의 학교를 세우는 것도 지지한다. 혹은 소수민족이 동부나 중부 지역에 학교를 세우는 것도 지지한다. 그리고 민족지역의 사람들이 자비로 자녀들을 동부, 중부 지역에 보내 교육시키는 것도 지지한다.
② 초·중등교육의 두 가지 기초교육을 의미하는 '양기(兩基)' 교육을 신속히 추진한다. 국무원의 영도 아래 지방정부가 책임지고 현이 주가 되어 농촌의 의무교육 관리체제를 성실히 실행한다. '양기'의 막중한 중요성을 감안하여 사회 각 방면의 역량을 모아 경제개발 10차 5개년 계획(1996~2000) 기간의 목표를 실현하도록 한다. 특히, 인구가 적은 민족교육 사업의 발전에는 특별히 관심을 가지며, 기숙식 초·중등교육의 운영과 생활 조건의 개선에 노력한다. 소수민족 및 서부 지역의 잘된 시범 중등학교를 도와 중등교육을 발전시키도록 한다.
③ 고등교육에 대한 지원 정도를 한층 더 높인다. 대학의 민족반 및 민족 예과반의 신입생 모집 업무를 제대로 수행하기 위해 앞 학년의 전국 일반 대학에 입학한 소수민족 학생의 비율에 맞추어 금년도의 동부, 중부 지구 대학의 민족반 및 민족예과반의 정원을 확정한다. 예과생의 경비는 본과생에 따라 정하되 중앙과 지방의 재정에서 분담한다. 2003년부터는 소수민족의 고등 정예 인재(高層次骨幹人才) 양성 계획에 따라 소수민족 및 서부 지역에 위치한 몇몇 거점 대학을 선택하여 소수민족 석·박사 인재를 양성하는 특수 조치를 취한다.
④ 재정투자를 확대한다. 경제개발 10차 5개년 계획 및 2010년까지 '국가빈곤지구의무교육 프로젝트(國家貧困地區義務教育工程)' '국가빈곤지원교

육 프로젝트(國家扶貧教育工程)' '서부직업교육개발 프로젝트(西部職業教育開發工程)' '고등직업기술교육 프로젝트(高等職業技術教育工程)' '교육정보화 프로젝트(教育信息化工程)' 등 각종 프로젝트를 통해 소수민족과 서부 지구에 재정 '집중지원(傾斜)' 정책을 추진한다. 소수민족과 서부 지구의 각 기관의 재정으로 중앙의 재정에 상응하는 재정을 확보하여 기숙식 초·중등학교의 학생생활 보조 전용자금을 마련한다. 같은 조건 아래서 소수민족의 빈곤 대학생도 국가의 보조정책의 혜택을 우선적으로 받을 수 있고, 어떤 대학생도 경제적 빈곤으로 인해 학업을 중단하는 일이 없도록 한다. 또 국제기구의 교육차관이나 해외 및 홍콩, 마카오, 대만의 교육기부금은 소수민족과 서부 지구에 집중 지원한다.

⑤ 결연을 통한 민족교육 지원을 한층 강화한다. '동·서부지구 학교결연지원업무 추진에 대한 중앙관공서와 국무원관공서의 통지(中央辦公廳, 國務院辦公廳關於推動東西部地區學校對口支援工作的通知)' 의 요구에 따라 '동부지구학교의 서부빈곤지구학교 결연 지원 프로젝트(東西部地區學校對口支援西部貧困地區學校工程)' 와 '서부지구의 대도시, 중도시 학교의 본성(자치구, 직할시)빈곤지구학교 결연지원 프로젝트(西部地區大中城市學校對口支援本省貧困地區學校工程)' 등을 착실히 수행한다. 교육결연지원제는 목표책임제로 운영되며, 자금, 설비, 교사, 수업 경험 등의 측면으로 지원된다. 특히, 내지(內地) 티베트반(학교), 신강(新疆) 중등반의 운영을 강화한다.

⑥ 교사진 조직에 주력한다. 교사진 조직을 민족교육 발전의 출발점으로 인식하고 특히 서부 및 소수민족 지역의 이중언어 교사 양성에 주력한다. 진일보한 교사 교육의 개혁을 위해 사범대학의 교사진의 수업 및 연구의 질을 높이며, 현급 지역에도 교사 연수 장소를 만든다. 아울러 원격교육 등 현대화된 수단을 통하여 계속교육의 질과 효율을 높이고, 교장 연수를 통해 민족지역 학교의 관리 수준을 높인다. 교사 자원의 통로를 넓히기 위해 비사범학교 졸업생 및 동부, 중부 지역의 대학 졸업생에게 소수민족

및 서부 지구에서 교육을 담당하도록 한다.

⑦ 초 · 중등학교의 이중언어 수업에 역점을 둔다. 민족 초 · 중등학교에서 소수민족 언어와 한어 수업을 할 수 있는 교육과정 체제를 만들고, 여건이 되는 지역에서는 하나의 외국어 과목도 개설한다. 그리고 이중언어 수업교재 편찬 작업을 현지의 교육발전 계획에 포함시켜야 한다. 새로운 '전일제 민족 초 · 중등학교 중국어수업 대강(大綱)' 에 따라 소수민족에게 맞는 중국어 교재를 편찬해야 한다. 적극적으로 중국어 수업환경을 만들어 초등 1학년부터 중국어 과정을 개설하도록 해야 한다. 국가는 이중언어 수업 연구에 대해 교재 개발 및 출판을 적극 지원해야 한다. 소수민족이 자국어로 교육받을 권리를 존중하고 보장하기 위해 민족 문자로 된 교재 편찬을 강화하며, 중국어 교재를 편역할 때에는 현지 특색에 맞는 민족문자 교재로 편찬하여 편역 교재의 질을 높여야 한다. 그리고 그 경비는 교육예산에 포함해야 한다.

⑧ 교육방법의 현대화를 추진한다. 현대적 원격교육 네트워크 설치를 적극 지원하고 여건이 되는 지역에서는 인트라넷을 가동한다. 교사 및 직원에게 필요한 연수를 실시한다. 민족 초 · 중등학교의 어학실과 전산실을 설치하도록 하고, 정보화기술 교육의 걸음을 가속화한다.

⑨ 민족단결 교육과 학교도덕 교육의 업무를 강화한다. 중국은 다민족으로 조직된 사회주의 국가이므로 민족단결을 강화하고 국가통일을 유지하며 민족분열을 반대하는 것은 모든 인민의 공동책임이다. 민족단결을 위해 각급 학교교육에서 다방면, 다수준으로 민족단결 교육을 강화한다. 평등과 단결, 상호상조의 새로운 형태의 사회주의 민족관계에 대한 교육이 애국주의 교육, 공민도덕 교육, 적성교육의 중요 내용이 되어야 한다. 이를 위해 마르크스주의 민족종교관과 당의 민족종교 정책교육을 강화해야 한다. 사회주의 조국 건설을 위해 중국 각 민족의 구성원에 대한 역사교육을 강화해야 하며, '3개의 불가분(한족은 소수민족과 불가분이며, 소수민족은 한족과 불가분이며, 소수민족 간에도 불가분이다)' 사상을 교사와

> 학생에게 강화시키고, 국가통일을 유지해야 한다는 관념을 확고히 심어주어야 한다. 또 민족 분열의식을 반대하게 해야 한다(教育部, 國務院關於深化改革加快發展民族教育的決定, 2002年 7月, http://www.moe.edu.cn/edoas/website18/info1089.htm).

이러한 국무원 차원의 '결정'은 상당히 이례적인 것으로 볼 수 있으며, 그 이면에는 티베트의 독립에 대한 대내외적인 관심과 유사종교 단체이자 수련단체인 '법륜공(法輪功)' 등에 대한 위기의식이 깔려 있다고 할 수 있다. 그리하여 2002년에 개최된 '제5차 전국민족교육업무회의'에서도 이러한 위기의식이 재천명되었다. 이것은 먼저 소수민족 교육에 대한 세 가지 차원에서 새로운 인식의 필요성을 제기하고 있다. 첫째, 중국 공산당의 정책인 '3개 대표(三個代表)' 이론(江澤民의 이론)에 대한 사상적 무장의 필요성이다. 이른바 '3개 대표' 이론은 중국 공산당은 ① 항상 중국의 선진 사회 생산력의 발전 요구를 대표한다(始終代表中國先進社會生産力的發展要求), ② 항상 중국의 선진문화의 전진 방향을 대표한다(始終代表中國先進文化的前進方向), ③ 항상 중국 대부분의 인민의 근본 이익을 대표한다(始終代表中國最廣大人民的根本利益)는 이론이다. 이것으로 생산력 발전 수준의 낙후, 문화 발전 수준의 낙후, 민중 생활 수준의 낙후 등 소수민족의 '3개 낙후' 문제를 해결한다는 것이다. 둘째, 소수민족과 소수민족 지구의 발전을 가속화함으로써 여러 민족의 공동번영을 촉진한다는 인식을 높이는 것이다. 그러기 위해서 중요한 것이 소수민족의 간부를 양성하는 것이라고 보고 있다. 강택민(江澤民)은 "민족교육의 발전에 노력하는 것이 민족 공동의 번영을 촉진하는 길이다."라고 하였으며, 이에 따라 민족교육을 민족 발전의 수단 및 기초 조건으로 보고 있다. 셋째, 민족의 단결과 국가통일을 지키는 것에 관심을 더 높이는 것이다. 강택민 역시 "지금은 경쟁의 시대며 경제력, 국방력, 민족 응집력에 교육이 결정적으로 중요하다. 그러나 민족 응집력에서 교육이 큰 역할을 한다는 것에 특히 주목해야 한다."고 함으로써 종교와 민족의 갈등으로 인해 민족분열이 일어나서는 안 된다는 점을 분명히 하고 있다(教育部, 李德洙在全國五次民族教育工作會議上總結的講話, 2003年 3月 30日, http://www.moe.edu.cn/edoas/website18/ info12112.htm).

다음으로 2002년 말 현재까지의 소수민족 교육의 성과를 중국 교육부 발표 자료를 통해 정리해 보면 다음과 같다(陳至立, 高擧鄧小平理論偉大旗幟, 認眞實踐 '三個代表' 重要思想努力開創民族教育工作新局面, http://www.moe.edu.cn/edoas/website18/info12116.htm).

(1) 학생, 교직원 및 전임교사의 수의 증가

학생과 교직원, 전임교사 수의 증가 등은 소수민족 교육의 양적 성장을 말해 준다. 2002년 전국 초·중등 각급 소수민족 학교 학생 수는 1,990만 명으로 전년도에 비해 2.1% 증가되었다. 또 소수민족 수험생에 대한 우대정책 등으로 고등교육기관의 학생 수는 310,000명에서 540,000명으로 32% 증가했다. 중등학교 학생 수도 전년도의 5,670,000명에서 6,130,000명으로 8.1% 증가하였다. 그러나 초등학교와 중등사범학교의 학생 수는 전년도 대비 각각 1.9%와 3.4% 감소하였다.

(2) 국가 교육 재정의 확충

1990년대부터 국가에서 민족교육의 전용 보조경비를 책정하였다. 경제개발 9차 5개년 계획('九五計劃', 1996~2000) 기간에 중앙 재정으로 '국가빈곤지구 의무교육 프로젝트(國家貧困地區義務教育工程)'로 39억 원을 마련하여, 그중 22억을 상황이 더욱 어려운 서부 12개 성과 구에 투입하였다. 또 '국가빈곤지구 의무교육보조금'은 민족지구에 1억 3천만 원이 투자되어 가정이 곤란한 민족아동의 취학 자금으로 지원되었다.

(3) 양기 목표의 달성

'양기' 정책의 목표는 민족교육에서도 일정한 성과를 이루었다. 즉, 20세기 말까지 중국의 85%에 달하는 지역에서 기초교육을 보급하고 90% 이상이 문자 해득을 하는 것이 두 가지 목표인데, 소수민족 교육의 청 · 장년 문맹률이 평균 15% 이하로 낮아졌으며, 2001년 말까지 전국 민족자치 지역 699개 현급 행정구획 단위 중 358개 현에서 '양기'의 목표를 달성하였다. 이는 민족자치 지역 현급의 행정구획 단위의 51%에 해당되는 것이다. 2002년에는 국무원의 '결정'을 따라 각급 정부가 민족교육에 특별한 관심을 가지기 시작하였다. 그리하여 2002년 말까지는 전국의 민족지구 698개 현급의 지역 행정 단위에서 368개 현(旗)과 시, 구에서 '양기'의 목표를 실현하였다. 이는 전체의 52.7%에 해당하는 수치다.

(4) 소수민족 고등교육 인재 양성

'서부대개발' 및 민족지구에 대한 현대화 건설의 필요에 따라 소수민족 전문 인재의 육성을 가속화하고 있다. 국가는 대학 신입생 모집 및 육성 방면에서 소수민족 수험생에게 점수를 낮추어 선발하고 있으며, 예과과정(豫科課程)을 이수하여 기초를 다진 다음 본과에서 전공을 이수할 수 있도록 하고 있다. 2001년까지 전국에 이미 17개 성과 구 등의 100여 개의 고등교육기관에서 민족예과반과 민족반을 만들었으며, 11,000여 명의 학생을 모집하였다. 대학원의 경우도 소수민족의 우선 선발을 위해 입학 점수를 낮추고 있다. 특히, 2002년 6월 교육부는 소수민족 고등교육과 관련하여 계획을 하달하였는데, 그 주요 내용은 다음과 같다. 첫째, 대학 예과반의 모집과 수업 및 학적 관리 업무를 한층 체계화한다. 둘째, 대학 민족 예과반의 학사 운영과 관련된 평가제도를 만든다. 셋째, 대학 민족 예과 수업은 통일된 수업 계획과 통일된 수업 기준, 통일된 교재에 따라 실행한다. 넷째, 대학 민족 예과과정의 통일된 교육과정은 어문, 수학, 외국어, 기초 컴퓨터, 마르크스주의 민족관과 당의 민족정책의 5개며, 교육부가 교재를 통일하여 조직 · 편찬하여 대학에서 사용하도록 하며, 기타 교육과정은 대학이 실제 필요에 따라 개설한다는 것 등이다(民族教育年鑑, 2002, http://www.moe.edu.cn/edoas/website18/info7985.htm).

(5) 소수민족 전임교사 양성

1990년 이래 국가에서는 일련의 조치를 통해 내지의 발달된 지역의 대학에서 민족지역에서 일할 수 있는 민족교사를 대거 양성하고 있으며, 내지 교사에게 민족지구에서 근무하도록 독려하고 있다. 2002년부터 민족빈곤지구의 초 · 중등학교 교사 종합 소양연수를 실시하여 이미 17개 성과 구에서 400,000명에 달하는 교사들이 연수에 참가하여 교사의 소양을 높이도록 했다. 2001년 말 현재 전국 각급 학교의 소수민족 전임교사는 950,000명이다.

(6) 이중언어 수업의 강화

국가의 관련 법규에 근거하여 민족자치 지역의 민족 초 · 중등학교는 민족어와 중국어로 수업을 받는 이중언어 교육체제하에 있다. 전국 1만여 곳의 민족 초 · 중등학교에서 21개 민족어로 이중언어 수업이 실시되고 있다. 일부 지역에서는 민족어, 중국어, 외국어 등 3개 언어 수업의 실험도 이루어지고 있다. 민족어 수업의 원활한 진행을 돕기 위해 국가와 지방 재정으로 민족문자 교재 개발 전용 경비를 마련하고 있으며, 매년 소수민족 교재 3,500여 종이 편역 · 출판되고 있다.

(7) 교육 결연의 실시

1992년부터 상해, 광동, 북경 등 동부 13개 성, 시와 내몽고, 운남 등 9개 성, 시의 143개 민족빈곤 현(旗) 사이에 결연을 맺어 금전과 교육 기자재, 교육행정 직원 및 핵심 교사와 교육개혁 프로그램 등의 측면에서 지원을 하고 있다. 2000년부터는 동부와 서부 지역의 학교 결연과 도시와 농촌 사이의 학교 결연이라는 '2개 프로젝트(兩個工程)' 를 실시하고 있다.

(8) 초 · 중등학교에서 민족단결 교육 실시

공산당과 정부에서는 지속적으로 각 민족 인민군중에게 마르크스주의 민족관, 종교관과 당의 민족정책, 종교정책을 중시하여 교육하고 있다. 당과 국가의 요구에 따라 중국의 인구 분포의 특징 및 민족관계 현실에서 출발하여 1994년부터는 전국 초 · 중등학교에서 민족단결 교육 활동을 실시하고 있으며, 초 · 중등학교의 학생들에게 중국의 유구한 역사, 중화민족의 우수한 문화 전통 등을 가르치고 있다. 더불어 민족학생들이 국가통일의 필요성을 인식하고 민족분열을 반대하도록 하는 애국심 교육을 실시하고 있다.

(9) 지방정부의 민족교육 활동 중시

각 지방정부는 지방 현지의 현실을 고려하여 민족지구의 의무교육을 실시하고, 교육 조건을 개선하기 위해 지방교육조례를 제정하고 있다. 예를 들면, 2000년부터 사천성에서는 '사천성 민족교육발전 10년 행동계획(四川省民族學校發展十年行動計劃)'을 실시하고 있으며, 1997년에 흑룡강성에서는 '흑룡강성 민족교육조례(黑龍江省民族教育條例)'를 제정하였고, 길림성에서는 '길림성 소수민족 교육조례(吉林省民族教育條例)'를 1998년에 제정하였다. 그리고 영하 회족 자치구에서는 2001년에 '영하회족자치구 민족교육조례(寧夏回族自治區民族教育條例)'를 만들었다.

이 밖에 서부지역, 특히 티베트와 신강 지구의 교육에는 남다른 관심을 보이고 있는 것도 중국 소수민족 교육의 큰 성과라고 말하고 있다. 즉, 티베트에 대한 교육지원을 위해 교육부는 2002년 10월에 북경에서 '티베트에 대한 전국 교육지원업무회의(全國教育支援西藏工作會議)'를 개최하였다. 이 회의에서는 19개 성의 교육청(교육위원회) 관계자, 32개 고등교육기관 및 교육부 직속 사업부서와 티베트 자치구의 관련 부서 책임자 등 총 116명이 참여하여 지원 업무를 협의하였다. 통계에 의하면 이 회의가 1993년 처음 개최된 이래 2001년 말까지 티베트 각급 학교 학생 수가 397,000명으로 1993년에 비해 71.68% 증가하였으며, 입학 적령기 아동의 입학률은 87.2%이며, 청 · 장년 문맹률은 38.1%로 감소되었다고 한다. 그리고 내지 티베트반(티베트 자치구 밖, 한족이 다수로 사는 지역에서 티베트 사람을 위해 개설한 학반)의 중학생은 24,294명이며,

중등기술학교, 중등사범학교, 고등학교 수는 15,666명이며, 본과 대학생 수는 3,496명이다. 이 회의에서는 또한 21세기 티베트에 대한 전국 교육지원 업무의 주요 임무와 정책으로 다음과 같은 내용을 제시하였다.

① 계속적으로 내지 티베트반을 개설하고 교육의 질과 여건을 개선한다.
② 내지 18개 성, 직할시의 결연 지원 업무를 강화하고 티베트의 기초교육과 중등 전문기술 교육에 대해 중점적으로 지원한다.
③ 내지 고등교육기관의 티베트 지원 업무를 강화하고 티베트 간부진의 양성에 힘쓴다.
④ 인민교육출판사, 고등교육출판사, 중국교육신문사, 중앙교육과학대학원, 교육부시험센터, 중앙TV대학 등 11개 교육부 직속 기관이 티베트 교재편역센터 등의 티베트 자치구 교육청 직속 단위 및 대학과 결연을 맺고 지원한다.

신강 지역에 대한 특별법도 제정하여 티베트와 마찬가지로 내지 고등교육기관이 특별히 신강 출신의 학생을 선발하도록 하고 있다. '2002년 하달된 내지 고등교육기관의 신강 소수민족 학생 모집에 대한 통지(關於下達2002年內地高等學校招收新疆少數民族學生協作計劃的通知)' 에 따라 2001년에는 내지 고등교육기관에 1,000명의 모집 인원이 할당되었고, 2002년에는 1,540명으로 확대 할당되었다(民族教育年鑑, 2002, http://www.moe.edu.cn/edoas/website18/info7985.htm).

이상에서 살펴본 바와 같이 중국의 다문화 교육은 21세기 들어서 새삼 국가주의적 색채를 강하게 하고 있다. 한편으로는 소수민족 교육의 양적 · 질적 면에 관심을 가지면서도 다른 한편으로는 내외적인 정치 및 사회 상황이 당과 국가로의 구심력을 강화할 수밖에 없게 하고 있다. 특히, 티베트와 신강 등지에 대해서는 '서부대개발' 과 같은 국가적 경제지원 프로젝트를 통해 아낌없는 '지원' 을 하고 있지만 이러한 지원은 오히려 민족의 특색을 희석시키는 원인이 되고 있다. 최근 개통된 칭하이와 티베트를 잇는 칭창철도(青藏鐵路)로 티베트의 경제성장을 기대할 수 있지만, 그보다는 달라이 라마가 한족의 대량 유입으로 인한 '문화대학살' 로 티베트의 고유한 문화가 큰 타격을 입을 것이라고 우려한 것은 바로 소수민족의 다문화 교육에 대한 우려도 될 수 있다.

2) 과제

장예모(張藝謨) 감독의 1999년작, 〈책상서랍 속의 동화(一個都不能少)〉라는 영화가 있다. 영화의 줄거리를 살펴보면, 시골학교의 한 담임교사가 어머니의 병으로 한 달간 자리를 비우게 되면서 그 기간 동안 대리교사를 구하게 된다. 초등학교를 갓 마친 열세 살의 웨이민즈가 촌장의 추천을 받았다. 그러나 그는 담임교사 앞에서 공산당 노래와 간단한 율동도 제대로 못해 내고 돈에만 관심이 있다. 촌이라 대리교사를 할 사람이 없기에 다른 선택은 없다. 담임선생은 웨이민즈에게 26개의 분필을 주며 아껴 쓰라고 한다. 그리고 신신당부한 말이 바로 영화의 원제목인 "한 명도 없어져서는 안 된다(一個都不能少)."는 말이다. 이는 한 명의 학생도 그만두게 해서는 안 된다는 의미다. 그렇게 하면 보너스로 10원을 더 주겠다고 한다. 그러나 아이들은 생활고에 시달리는 관계로 공부에는 큰 관심이 없고, 급기야 원래의 40명에서 28명으로 준다. 그런 가운데 한 문제아가 도시로 떠나게 되고 웨이민즈는 그 아이를 찾아 도시로 따라가게 된다. 이 영화의 배우들은 실제 현지의 인물들이며 이야기도 실제 상황이다. 그런데 이 영화는 중국 소수민족 교육의 난점과 과제를 사실적으로 잘 말해 주고 있다.

우선 중국 정부가 주장하는 소수민족 교육의 양적인 성장은 부정할 수 없다. 학교 수가 늘고 학교에 등록된 학생 수 또한 통계적으로 늘었다. 그러나 실제 학교의 자퇴율 또한 높다. 입학률과 재학률, 진학률이 낮은 반면 자퇴율이 높은 '3저1고(三抵一高)' 현상이 나타나고 있다(윤휘탁, 2006: 195). 소수민족 지구에서는 "첫해에는 많지만 2년째는 적고, 3 · 4년째가 되면 보이지 않는다."는 말이 유행하고 있을 정도로 민족학교에서의 자퇴율이 높다(張建成, 2000: 331). 이렇게 민족학교의 학생 자퇴율이 높은 이유는 우선 교육 조건이 좋지 않고, 주거지와 학교가 멀리 떨어져 있으며, 학교의 학생 관리가 부실하다는 등 교육 여건의 부실함에 원인이 있다. 두 번째는 경제력 문제다. 대부분의 가구가 빈곤에 시달리니 아이들을 학교에 보낼 수가 없다. 그래서 정부는 기숙학교와 보조금 제도를 통해 이 문제를 해결하려 하고 있으나 보조금이 터무니없이 적어 효과를 낼 수가 없다. 세 번째는 일부 소수민족을 중심으로 문화적으로 공부 무용론이 퍼져 있으며, 교육 수준이 낮아 실제 졸업 후에도 뚜렷한 진로가 없다는 점이다(杜生一, 2006: 204).

교사의 자질 문제도 영화 속의 이야기만은 아니다. 교사의 자원도 부족하며, 전문 지식이나 소양이 부족한 사람이 많다. 티베트 자치구를 예로 들면, 자격에 미달하는 불합격 교사의 비율이 초등학교 61.1%, 중학교 44.7%, 고등학교 43.4%에 이른다. 게다가 음악, 미술, 체육, 외국어, 기술직업 교육의 교사는 크게 부족한 상황이며, 어떤 과목은 장기적으로 개설 불가 상태에 있다고 한다(張建成, 2000: 333). 이런 상황에서 초등학교를 졸업하고 초등학생을 가르치고, 중학교를 졸업하고 중학생을 가르치는 현상은 별 이상한 상황이 아닌 것이 되고 만다.

사실 학교의 수가 엄청나게 증가한 것은 사실이지만, 이러한 학교 설립은 실제로 정부의 재정보다 정부가 민족감정을 빌려 '희망 프로젝트(希望工程)'라는 이름으로 해외에서 하고 있는 대규모 모금 활동에 의존하고 있다(張建成, 2000: 331). 이렇게 정부의 노력이 상당히 제한적인 것도 발전의 장애가 되고 있다. 영화 속에서 분필 28개를 주며 아껴 쓰라는 말은 과장이 아니다. 실험실을 비롯한 건물, 교구 등이 크게 부족한 형편이다 보니 교육의 질도 떨어지게 되고 아이들도 떨어져 나가게 되는 것이다.

더불어 교육과정면에서 비록 중앙정부에서 소수민족에게 자율적 권한을 주어도 소수민족은 이를 충분히 활용하지 못하는 상황이 많다. 많은 소수민족

학교의 교육과정이 한족의 교육과정과 내용상 큰 차이가 없으며, 언어 교재도 중국어 교재의 번역이 많다. 그리고 내용 역시 자신들의 역사나 문화를 반영하지 못해 소수민족의 실제 생활과 괴리되어 있다. 아이를 절에 보내 경전을 읽게 하면 '자기(소수민족)' 교육을 받는 것이지만, 학교에 보내서 책을 읽게 하면 '그들(한족)' 의 교육을 받는 것이라고 소수민족들은 생각하고 있다(楊愛程, 1995, 張建成, 2000, 재인용: 332). 그러다 보니 한족과 비교하여 소수민족의 교육 성과가 낮을 수밖에 없다. 2000년 티베트 지역 장족의 15세 이상 인구 중 문맹률은 장족 전체 인구 중 47.55%로서 회족의 17.7%, 한족의 8.6%(전국 평균은 9.08%)에 비해 월등히 높았다(杜生一, 2006: 28).

이중언어 교육은 중국 정부에서 소수민족 교육의 한 특색으로 크게 관심을 가지고 있는 부분이다. 그리하여 현재 이중언어 교육은 활발하게 실시되고는 있지만 시행 방식이 천차만별이다. 어떤 곳은 1학년부터 두 언어를 동시에 가르치고, 어떤 곳은 3학년까지는 중국어를, 4학년부터는 민족어를 가르치고 있다. 심지어 어떤 곳은 아예 중국어나 민족어를 가르치지 않는 곳도 있다. 학생의 능력이나 언어의 특색 또는 이중언어 교육의 최근 연구 성과를 반영하여 가르치는 것이 아니라, 교사의 능력이나 심지어 학부모의 요구 또는 학생의 선호, 당 간부의 선호도에 따라 교육이 이루어지고 마는 것이다. 말로는 '현실에 바탕을 둔' 교육이라고 하지만 실제 교육학적 근거에 의한 것이 아니다. 오히려 이중언어 교육의 실시는 소수민족 학생들에게 공부의 큰 부담이 되는 경우가 많다. 즉, 그들은 자기 민족어를 공부하여야 하며, 주류 사회인 한족과 경쟁하려면 중국어를 해야 하고, 더 나아가 세계화에 발맞추려면 외국어까지 해야 하는 것이다. 그러다 보면 부담이 생겨 중도 포기하는 경우가 많이 생기게 된다(張建成, 2000: 332–333). 출세를 위해 아예 모국어인 민족어를 포기하고 한족 학교에 보내는 일은 일상적인 일이 되었다. 결과적으로 이중언어 교육은 다민족교육의 핵심적인 내용이면서도 소수민족의 정체성을 흔들 수 있는 '이중성' 을 지녔으며, 현실적으로 볼 때 이중언어 교육은 '동화' 의 수단으로 작용하고 있다.

5. 다문화 교육의 나아갈 길

지금까지 중국의 다문화 교육으로서 소수민족 교육의 역사와 현황 그리고 과제를 개괄적으로 살펴보았다. 다문화 교육은 나라마다 상황이 다르고 중심 과제가 다르다. 그러나 근본적으로는 '중심'과 '주변'의 문제며 '힘'의 문제다. 그렇기에 교육 문제이기도 하지만 '정치' 문제이기도 하다. 중국에서의 다문화 교육이 반드시 소수민족 교육만으로 한정될 이유는 없다. 대만의 경우 정치적인 접근도 없지는 않지만 많은 연구들이 교육 문제로 접근하고 있다. 그러나 현재로서 중국은 다문화 교육 문제를 민족교육의 문제로만 환원시키고 있으며, 다문화 교육의 또 다른 과제들, 가령 사회계층, 성별, 종교 등과 관련해서는 별다른 논의를 진전시키지 못하고 있다. 이렇게 중국의 다문화 교육이 소수민족 교육으로 한정되고 있는 것은 중국의 경제적 문제 때문이 아니라 중국의 민족정책 때문이다. 오늘날 중국의 민족정책의 토대는 '신중화주의' 또는 '국가민족주의'라 할 수 있다. 과거의 중화주의가 주변부를 무력과 문화로 복속·동화시키는 패권적 이데올로기였듯이, '신중화주의'의 본질 역시 패권주의다. 아무리 법적으로 소수민족의 평등과 민족 특징을 보장한다고 규정해 놓는다 하더라도 민족정책이 신중화주의(형식적으로는 '통일적 다민족 국가론')에 머무는 한 민족교육은 '동화주의'를 벗어날 수 없다. 그래서 중국의 다문화 교육은 그들이 통칭하는 대로 소수민족 교육일 뿐이며, 국가주의 교육일 뿐이지 진정한 다문화 교육과는 거리가 있는 것이다.

최근 동아시아의 세 나라는 역사 전쟁을 벌이고 있다. 일본의 역사 교과서 왜곡과 수상의 신사참배 문제에 대해 한·중 두 나라 정부가 하나로 격렬히 공격하고 있고 일본은 무시로 응전하고 있다. 두 나라가 일본을 공격하고 있는 것은 일본의 우경화 때문으로, 군국주의의 부활을 우려하고 있는 것이다. 때마침 일본은 교육기본법을 개정하여 애국주의를 강화하려 하고 있다. 한편, 중국은 일본과 역사 전쟁을 치르는 동시에 고구려사 문제, 발해 문제 등을 놓고 우리나라와도 전쟁을 치르고 있다. 문제의 발단은 바로 '통일적 다민족 국가론' 이다. 통일적 다민족 국가론에 의하면 현재 중국 땅에 살고 있는 민족은 말할 것도 없고 과거 중국의 강역 내에 살았던 모든 민족 집단이 모두 중화민족이라는 것이다. 고구려를 자신들의 지방 정권으로 보고 오늘날 대한민국과 무관함을 주장하며 나아가 고구려의 중화민족설을 정설화하려는 것은 현재주의 역사관에 입각한 명백한 패권주의며 국가민족주의의 극치다. 중국 역시 일본과 마찬가지로 애국주의 교육을 국가적 차원에서 강화하고 있다. 특히, 1990년대 중반 이후 애국주의 교육은 사회주의 교육의 핵심 내용이 되었으며, 민족교육에서도 중점을 두어 강조하고 있다. 중국 역시 교과서에 애국주의를 크게 반영하고 있고 왜곡된 역사의식을 후세대와 타 민족에게 심어 주고 있으니 일본의 교과서 왜곡과 다를 바 없다. 이러한 상황을 맞아 우리나라에서는 방송에서 〈연개소문〉 〈주몽〉 〈대조영〉이라는 드라마를 앞다투어 방영하였으며, 부산대학교를 포함한 국립대학 입시에서는 사회탐구 영역에서 국사과목을 선택하면 10%의 가산점을 주는 상황까지 일어나고 있다. 왜 이러한 상황이 초래되었는가? 세계화 시대다 지구촌 사회다 하여 국제이해 교육과 다문화 교육을 통해 평화와 정의, 공존의 사회를 실현하자는 움직임이 활발해지고 있는 이즈음 동아시아 삼국은 여전히 민족(국가)의 순수성과 우월성에 집착하는 것은 아닌가? 국가 주도의 다문화 교육은 정도의 차이는 있지만 그 본질상 '동화주의' 를 벗어나기 어렵다. 지금 동아시아 세 나라의 민족정책은 국가주의, 애국주의, 근본주의가 시대에 맞지 않게 지나치게 강조되고 있다. 지나친 국가주의와 근본주의는 배타주의와 맥락을 같이한다. 민간 차원의 다문화 교육, 기초 지역 단위의 생활 다문화 교육을 뿌리 내리게 하는 것이 21세기의 다문화 교육을 준비하는 길일 것이다.

참/고/문/헌

김숙이(1997). 중국의 소수민족 교육정책 연구. 한국교육행정학회, 교육행정학연구, 15권, 2호, 24-43.

김정호(2001). 중국의 소수민족 교육정책에 관한 연구. 서강대 공공정책대학원 석사 학위논문.

김천일(1993). 중국 소수민족 정책에 관한 연구. 조선대학교 통일문제연구소, 통일문제연구, 11호, 113−128.

남정걸(1996). 중국의 소수민족 정책: 그 변화와 영속성. 경기대학교 산업경제연구소, 산업연구, 7호, 285−304.

방수옥(2000). 중국의 소수민족 정책과 연변조선족사회. 중앙대학교 민족발전연구원, 민족발전연구, 3집, 138−157.

연변대학교교육학심리학교연실(1989). 연변조선족교육사. 서울: 논장.

윤휘탁(2006). 신중화주의. 서울: 푸른역사.

이진영(1999). 중국 소수민족 정책의 이론적 기초에 대한 연구. 아태연구, 6권, 2호, 277-298, 경희대학교 아태지역연구원.

조점환(1990). 중국의 소수민족 교육정책. 한성대학교 논문집, 14호, 23-47.

허평길(1997). 중국 소수민족 정책의 사상(중화사상의 형성과 변화). 한국민족문화, 10집, 169-203. 부산대학교 한국민족문화연구소.

高明士(1984). 唐代東亞教育圈的形成. 臺北: 國立編譯館.

歐以克(2005). 民族高等教育學概論. 北京: 民族出版社.

譚光鼎 外 編著(2001). 多元文化教育. 臺北: 國立空中大學.

譚志松 主編(2005). 武陵地區民族教育理論與實踐. 北京: 民族出版社.

譚志松 主編(2005). 武陵地區民族教育的歷史與現狀. 北京: 民族出版社.

陶增駢 主編(1994). 東北民族教育史. 沈陽: 遼寧大學出版社.

杜生一(2006). 甘青藏族現代教育發展研究. 北京: 民族出版社.

馬麒麟 主編(2001). 中國民族高等教育的改革與發展. 北京: 教育科學出版社.

謝啓晃(1984). 民族教育概論. 廣西: 民族出版社.

孫若窮(1990). 中國少數民族教育學概論. 北京: 中國勞動出版社.

楊愛程(1995). 西北多民族雜居地區課程改革初探. 民族教育研究, 第1期, 20−23.

張建成 主編(2000). 多元文化教育. 臺北: 師大書苑.

何東昌 主編(1996). **當代中國(下)**. 北京: 當代中國出版社.

哈經雄, 滕星 主編(2001). **民族教育學通論**. 北京: 教育科學出版社.

胡萍, 周興茂(2005). "中國民族教育及其學科的歷史回顧, 成就與展望." **武陵地區民族教育理論與實踐**. 北京: 民族出版社.

중국정부 문건

教育部, 李德洙在全國第五次民族教育工作會議上總結的講話(2003年 3月 30日) (http://www.moe.edu.cn/edoas/website18/info12112.htm)

教育部, 高擧鄧小平理論偉大旗幟 認眞實踐"三個代表"重要思想 努力開創民族教育工作新局面(2002年 7月 26日) (http://www.moe.edu.cn/edoas/website18/info12116.htm)

教育部, 教育部民族教育司2006年工作要点 (http://www.moe.edu.cn/edoas/website18/info18248.htm)

教育部, 2004年民族教育發展概况 (http://www.moe.edu.cn/edoas/website18/info12054.htm)

教育部, 教育部 國家發展改革委 國家民委 財政部 人事部關于大力培養少數民族高層次骨干人才的意見 (http://www.moe.edu.cn/edoas/website18/info12320.htm)

教育部, 培養少數民族高層次骨干人才計劃的實施方案(2005年 6月) (http://www.moe.edu.cn/edoas/website18/info12310.htm)

教育部, 教育部辦公廳關于全國普通高等學校民族預科班, 民族班招生, 管理等有關問題的通知 (http://www.moe.edu.cn/edoas/website18/info4511.htm)

教育部, 普通高等學校少數民族預科班, 民族班管理辦法(2005年) (http://www.moe.edu.cn/edoas/website18/info12105.htm)

教育部, 教育部關于在有關省區試行中國少數民族漢語水平等級考試的通知 (http://www.moe.edu.cn/edoas/website18/info1095.htm)

教育部, 關于做好中國少數民族教育學會成立大會暨第一屆會員代表大會籌備工作的通知 (http://www.moe.edu.cn/edoas/website18/info19445.htm)

教育部, 國務院關于深化改革加快發展民族教育的決定(2002年 7月) (http://www.moe.edu.cn/edoas/website18/info1089.htm)

教育部, 國家民委, 教育部關于加快少數民族和民族地區職業教育改革和發展的意見(2000年) (http://www.moe.edu.cn/edoas/website18/info1085.htm)

教育部, 教育部關于印發普通高等學校少數民族預科班, 民族班管理辦法(試行)的通知

(2005) (http://www.moe.edu.cn/edoas/website18/info13580.htm)
教育部, 教育部關于貫徹落實 中共中央 國務院關于進一步加强民族工作加快少數民族和民族地區經濟社會發展的決定 做好民族教育工作的通知(2005) (http://www.moe.edu.cn/edoas/website18/info18249.htm)

연감 자료

2003年 民族教育年鑑 (http://www.moe.edu.cn/edoas/website18/info13610.htm)
2002年 民族教育年鑑 (http://www.moe.edu.cn/edoas/website18/info7985.htm)
2001年 民族教育年鑑 (http://www.moe.edu.cn/edoas/website18/info7003.htm)
2000年 民族教育年鑑 (http://www.moe.edu.cn/edoas/website18/info7026.htm)

| 찾아보기 |

인 명

내 용

저자 소개

안경식 sinosan@pusan.ac.kr

현) 부산대학교 교육학과 교수

부산대학교 교육연구소장

저서

소파 방정환의 아동교육운동과 사상

한국 전통아동교육사상(개정판) 외 다수

김동광 dkkimjp@hanmail.net

현) 한국대학교육협의회 대외협력부장

전) 일본 동경복지대학 assistant professor

부산대학교 교육학과 국제화지향 교육혁신전문인력 양성사업단 BK21전담교수

논문

고르기아스의 철학과 교육적 함의

소크라테스문답법의 교육적 의미

이소크라테스의 철학정의와 교육사상

플라톤의 교육적 이상으로서의 프쉬카고기아

한국의 대학교육개혁의 방향성 문제에 대하여(일문) 외 다수 논문

김향은 hekim@kosin.ac.kr

현) 고신대학교 사회복지학부 교수

저서

가족희생양이 된 자녀의 심리와 상담

자녀의 자아존중감과 정서지능을 키워주는 부모

청소년 자녀에게 이렇게 하세요 외 다수

김회용 khy@pusan.ac.kr

현) 부산대학교 교육학과 교수

저 · 역서 및 논문

좋은 교육, 머리 속의 수레바퀴(역)

"어린이 철학교육의 방법론 및 도덕교육에의 활용" 외 다수 논문

박천응 chupak@hotmail.com

현) (사) 안산이주민센터 대표

(사) 국경없는 마을 안산외국인근로자 자원센터 대표

저서

이주민 신학과 국경없는 마을 실천

한국기독교사회복지총람

한국적 다문화주의의 이론화

이철호 asiaschool77@hanmail.net

현) 아시아공동체학교 교장

장인실 ichang@gin.ac.kr

현) 경인교육대학교 교육학과 교수

역서 및 논문

교육과정-기초 · 원리 · 쟁점

"교재분석을 통한 교육과정학의 영역과 발전 동향 탐색"

"다문화 교육(Multicultural Education)이 한국 교사 교육과정 개혁에 주는 시사점" 외 다수 논문

다문화 교육의 현황과 과제

2008년 10월 10일 1판 1쇄 발행
2014년 4월 15일 1판 4쇄 발행

지은이 • 안경식 · 김동광 · 김향은 · 김회용
박천응 · 이철호 · 장인실

펴낸이 • 김진환
펴낸곳 • 학지사
121-837 서울특별시 마포구 서교동 352-29 마인드월드빌딩 5층
대표전화 • 02)330-5114 / 팩스 02)324-2345
홈페이지 • http://www.hakjisa.co.kr
등 록 • 1992년 2월 19일 제2-1329호

ISBN 978-89-5891-902-5 93370
정가 13,000원